- 给学校和教师 -

读懂孩子 · 学校家长社会协同育人

家校合作

操作手册

小学卷

边玉芳◎主编

北京师范大学出版集团
BEIJING NORMAL UNIVERSITY PUBLISHING GROUP
北京师范大学出版社

图书在版编目（CIP）数据

家校合作操作手册. 给学校和教师. 小学卷/边玉芳主编. —北京：
北京师范大学出版社，2023.11
（读懂孩子·学校家长社会协同育人丛书）
ISBN 978-7-303-28245-6

I. ①家… II. ①边… III. ①小学生—家庭教育 IV. ①G782

中国版本图书馆 CIP 数据核字（2022）第 210746 号

主　　编：边玉芳
编委会成员：汤振君　谭漫书　韩　菲　夏　妮　陈艳娇　汪　芬　霍平欣
　　　　　　时晓萍　苏佳怡　许英美　陈一彬

营 销 中 心 电 话　010-58805532 58808058

出版发行：北京师范大学出版社 www.bnupg.com
　　　　　北京市西城区新街口外大街12-3号
　　　　　邮政编码：100088
印　　刷：天津中印联印务有限公司
经　　销：全国新华书店
开　　本：889mm×1194mm　1/20
印　　张：19.2
字　　数：379 千字
版　　次：2023 年 11 月第 1 版
印　　次：2023 年 11 月第 1 次印刷
定　　价：82.80 元

策划编辑：尹莉莉　　　　　责任编辑：王思琪
美术编辑：袁　麟　　　　　装帧设计：锋尚设计
责任校对：陈　民　　　　　责任印制：乔　宇

读懂孩子、家校合作，让每个孩子幸福成长

一、新时代呼唤家校合作：学校和教师既要提升自身的家校合作能力，也要为家长赋能；家长要做好家庭教育，与学校教育同向同行

儿童青少年是国家之未来，民族之希望。他们的健康成长不只取决于学校教育，学校、家庭、社会三者环环紧扣，缺一不可。学校、家庭、社会是促进儿童青少年健康成长的共同体，三者需要各司其职、互相配合。好的教育要在明确自身责任边界的基础上，实现与其他教育的融合与优势互补。学校、家庭与社会共同协作，向一个方向齐心协力，才能高效地整合资源，打造儿童健康成长的良好教育生态。大量研究已经证明，儿童青少年的健康成长不仅需要高质量的学校教育和良好的家庭教育，还需要学校与家庭之间持续的、高质量的互动与合作。但长期以来，我国普遍存在一些现象：重知识教育轻人格培养，重学校教育轻家庭教育，学校教育与家庭教育的职责与边界有待进一步厘清，家长的家庭教育能力有待进一步提升，家校合作效果不佳甚至双方还会产生冲突等，这些都影响着儿童青少年的健康成长。近几年来，党和国家从人民幸福、民族未来的高度充分重视基础教育和儿童青少年的成长，重视家庭教育和家校合作。在中共中央、国务院印发的《关于深化教育教学改革全面提高义务教育质量的意见》《中国教育现代化2035》等纲领性文件中，都将家校合作作为教育发展的战略方向。特别是2021年7月，中共中央办公厅、国务院办公厅印发《关于进一步减轻义务教育阶段学生作业负担和校外培训负担的意见》（以下简称"双减"政策）更是非常鲜明地体现了这一点。

"双减"政策作为我国教育领域"一号工程"，从为党育人、为国育才的高度对如何做好家庭教育及学校如何与家庭协同育人提出了明确的要求。2022年1月1日起，《中华人民共和国家庭教育促进法》（以下简称《家庭教育促进法》）正式施行，中国家长由此进入"依法带娃"时代。《家庭教育促进法》要求全社会行动起来，共同为家长赋能，帮助家长承担起家庭教育第一责任人的重要任务，引导家长科学育儿、理性育儿、依法育儿，从而为孩子一生的幸福奠基。可以说，开展家校合作、提升家长的家庭教育水平是建设现代学校制度、推进教育治理的应然选择，是每一个家庭和谐幸福的重要保证，是促进我国中小学生全面发展的必然要求。

因此，新的时代对学校、教师和家长都提出了新的要求：学校和教师既要提升自身的家校合作能力，又要对家长开展家庭教育指导。家长自身不但要做好家庭教育，还要有效参与家校合作，与学校教育同向同行。学校要将家校协作共育纳入学校顶层设计中去，将家校活动作为学校的常规工作和重点工作。教师要充分重视家校共育工作的重要性，提升自己的家庭教育指导能力、为家长赋能，还要提升自己的家师沟通能力。家长是家庭教育的责任主体，不仅是孩子的第一任教师，同时也是孩子一辈子的教师。家长自身的素质是决定家庭教育成败最重要的因素，正如苏联教育家克鲁普斯卡娅所说"家庭教育从某种意义上来说，就是家长的自我修养"。所以，新的时代要求学校、教师及家长都要及时更新教育观念、提升家校合作与家庭教育的能力。

二、读懂孩子是提升家长家庭教育能力和做好家校合作的基础：以孩子发展为中心，才能做好家校合作，才能真正促进孩子健康成长

如何才能提升家长的家庭教育能力，帮助他们做好家校合作呢？从学校、教师和家

长的角度，都必须首先做到"读懂孩子"。好的教育，无论是学校教育还是家庭教育，首先要尊重儿童的主体地位，保护儿童的基本权利，这也是每一位家长和教师应当履行的基本法律义务。教育者要将孩子看作具有独立人格的个体，遵循孩子的身心发展规律，了解孩子的性格特点、兴趣喜好，尊重孩子的隐私权、决策权。因此，好的教育首先是"看见"孩子的教育。

做看见孩子的教育，就要遵循孩子的成长规律。0—18岁是一个人社会化的过程，是为未来发展奠基的阶段，教育者要在这一阶段内促进孩子的认知发展和非认知发展，培养其进入社会后所需要的能力和品质。孩子的发展，自有其要遵循的普遍成长规律。每一个教育者都要做孩子成长规律的体察者和学习者，在了解孩子成长各阶段特点的基础上，增进对孩子的理解，承认其发展的客观差异性，正确看待其优势与不足，正确看待伴随孩子成长而出现的"问题"。教育者还应了解和尊重孩子真实的内心需求，根据不同年龄段的成长特点采取正确有效的教育策略，把握不同能力和品质培养的最佳时期，在合适的时间里做合适的事，真正做到科学教子。而要做到以上这些，就需要教育者要先受教育，学会理解孩子、走进孩子的内心，可以说，家长和教师只有真正读懂孩子，才能促进孩子健康成长。

三、"读懂孩子·学校家长社会协同育人丛书"：为提升新时代学校、教师和家长的家校合作能力及家庭教育能力而作

《家庭教育促进法》要求全社会"合力指导家庭教育工作、建立健全家庭学校社会协同育人机制"，中小学校，无论是在开展家校合作还是在指导家庭教育工作，在提升家长的家庭教育能力上都是责无旁贷的。但目前，中小学校和教师自身的家校合作能力

和家庭教育指导能力还非常不足。尽管许多学校都非常重视这一工作，但如何科学而有效地开展好家长学校、家长委员会、家长会等工作，如何指导家长做好家校合作与家庭教育，还缺乏专业的指导。同时，家庭教育对孩子一生的发展具有基础性、独特性的作用，所以一方面家长必须提高自身家庭教育的水平，另一方面社会各界尤其是学校要通过家长学校等途径帮助家长提高家庭教育能力。而目前，市面上尽管有一些零碎的家庭教育指导手册或家校共育指导手册，但对整体系统地提升学校的家校合作能力和家庭教育水平具有指导促进作用的书籍和资源还是相当缺乏。正是为了满足新时代基础教育的新要求，我们编写了这套"读懂孩子·学校家长社会协同育人丛书"，分别包括《家庭教育实操手册——给家长》5本、《家校合作操作手册——给学校和教师》2本。

本套丛书以学校开展家校社协同育人为切入点，为提升学校和教师的家校合作能力及家长的家庭教育能力提供了整合性方案，是对"双减"政策以及《家庭教育促进法》实施的有力回应。

1.《家庭教育实操手册——给家长》：一套为家长精心打造的家长学校教材和家长自我修炼工具箱

《家庭教育实操手册——给家长》的主要读者是家长。本手册旨在帮助家长正确理解家庭教育，读懂孩子的身心发展规律，采取科学有效的家庭教育措施和方法，关注孩子不同发展阶段的关键任务。为此，本套操作手册依据儿童青少年的发展阶段，共分为5本，分别为《家庭教育实操手册——给家长（小学卷一～二年级）》《家庭教育实操手册——给家长（小学卷三～四年级）》《家庭教育实操手册——给家长（小学卷五～六年级）》《家庭教育实操手册——给家长（初中卷七～九年级）》《家庭教育实操手册——给家长（高中卷十～十二年级）》。每本手册关注该阶段儿童青少年发展的关键问题，主要包括以下五个篇章：身心健康、学业发展、人际交往与社会化、家校合作，以及家庭建设。每册的五个篇章根据儿童青少年发展的连续性和阶段性特征，各有侧重地遴选和确定了较具代表性和典型性的主题，既系统又有针对性地对家长给予家庭教育的指导，每个家长阅读书籍的过程既是给自己实施家庭教育赋能的过程，也是自我成长的过程。

2.《家校合作操作手册——给学校和教师》：学校管理者和教师提升家校合作能力的操作说明书

《家校合作操作手册——给学校和教师》的主要读者是学校管理者和教师。家校共育需要学校自上到下的整体努力，这不仅是德育干部和班主任的工作，还是所有教育管理者和每一位教师的工作。该套手册旨在帮助学校和教师认识到家校共育的重要性和必要性，具体阐述家校合作应该"做什么"和"怎么做"。根据学生发展阶段，本套手册包含两本：《家校合作操作手册——给学校和教师（小学卷）》《家校合作操作手册——给学校和教师（中学卷）》。其中，《家校合作操作手册——给学校和教师（小学卷）》从现代学校整体发展的视角延伸开，从面向学校管理者的现代学校制度建设，到面向一线教师的家校合作具体方法，例如家访、家长会、家长学校、家委会等，全面阐述如何开展以学校、教师为主体的家校共育工作。学校和教师可以根据本手册内容，搭建符合本校特色文化的家校共育工作顶层设计，完善家校共育工作机制，做好每一次家校共育的沟通和活动。《家校合作操作手册——给学校和教师（中学卷）》则以学生发展的关键期为路径，在阐述家校共育工作机制的基础上，从学生的入学适应、青春期教育、职业生涯规划、学习品质、人际关系、网络媒介素养、生命教育、中高考等主题切入，分别阐述每个主题对学生发展的重要性，以及如何通过家校共育工作来提升相应的品质。学校和教师可以根据本手册内容，结合本校学生和家长的实际情况，设计、开展相应的家校共育工作机制和活动。

四、本套丛书要体现的特色与创新：兼具系统性和全面性、发展性和典型性、科学性和操作性，全面而系统地阐述了从小学至高中各年级家庭教育和家校共育的实施要点，满足学校开展家校合作、家长学校及家长提升家庭教育能力的多方需求

本套丛书具有以下特色与创新：

1. 兼具系统性和全面性：覆盖儿童青少年从小学一年级到高三毕业的12年发展历程，纵向以发展性的眼光看待个体的成长，系统解决我国中小学校和家长的家校共育问题与家庭教育问题；横向涵盖该学段的孩子成长规律和教养要点，做到全面解决儿童青少年在该发展阶段的问题

儿童青少年发展的基本特点是既有连续性又具阶段性，作为教育者，无论是学校、教师还是家长，都既要遵循每一个阶段儿童青少年发展的独特性，又要考虑儿童青少年发展的连续性和系统性。在学校开展学校教育和家校合作相关工作及家庭在开展家庭教育工作时，都要尊重儿童青少年的成长规律。因此本套丛书覆盖儿童青少年从小学一年级到高三毕业的12年发展历程，并从阶段性特点分类，将给家长的家庭教育分为5个阶段，将家校共育分为小学与中学两个阶段，系统性地阐述了儿童青少年在这12年发展的特点，又分阶段全面体现了每个年龄段儿童青少年的发展特征。特别是《家庭教育实操手册——给家长》，每本书从身心健康、学业发展、人际交往与社会化、家校合作，以及家庭建设5个方面全面反映这一阶段儿童青少年发展特征及家庭教育实施要点。因此，这套丛书是小学、初中、高中一体化的家校合作手册及家庭教育指导手册。从编写这套丛书开始，就是以儿童青少年成长规律为纵向主线，以儿童青少年在每一个年龄阶段获得充分的成长为横向目标，体现出系统性和全面性的特点。

2．兼具发展性和典型性：全套丛书的基本内容既体现出孩子从小学至高中的发展特征，又根据不同阶段孩子的特点找出该阶段的典型问题，满足学校开展家校合作与家长学校等多方需求

为了进一步体现儿童青少年发展的连续性和阶段性特点，了解不同年龄阶段儿童青少年的发展性，并且帮助教师和家长解决每个年龄段孩子的家庭教育问题和家校合作问题，我们对一年级至高中的近三万名学校管理者、教师、家长开展了问卷调查，充分了解他们在家庭教育、家校合作方面存在的困惑与问题，了解不同年龄阶段学校、教师和家长面对问题的共性和个性，经反复研究与讨论，我们将小学至高中每本书分为导言部分以及5个决定孩子成长的重要方面，分别为身心健康、学业发展、人际交往与社会化、家校合作和家庭建设，全面体现儿童青少年成长与家庭教育、家校共育的要点。"导言"部分以"认识该学段的孩子"为主题，系统介绍本阶段孩子的发展发育特点以及家庭教育的关键任务：孩子的大脑发育特点、生理发育特点、人际交往的变化、社会性发展的特点等。这些普遍规律是解答孩子成长密码的重要基础，在开篇进行系统阐述，有助于家长迅速进入状态，对该阶段的孩子有一个较为清晰和全面的认识。之后的5个方面，分别根据这一阶段家庭教育中存在的关键问题而在每个年龄段各有侧重，体现出典型性。因此，这套丛书既体现了不同年龄阶段孩子整体发展的连续性，又很好地体现了每个阶段家庭教育与家校合作的特殊性。

3．兼具科学性和操作性：丛书整合多学科成果，坚持专业性及实用性并重，是"读懂孩子"系列书系的进一步深化

2014年，笔者出版了自己在家庭教育领域的第一套丛书《读懂孩子——心理学家实用教子宝典》系列，令人没有想到的是，得到了广大家长和教师的热烈欢迎，也开启

了我和团队在家庭教育与家校社协同育人领域深入的研究和探索。本丛书在研究团队多年的理论研究和实践探索的基础上写作而成，体现了团队一直秉承的教育理念：以孩子发展为中心，以读懂孩子为基础。既希望在理论上做到顶天立地，以最新科学研究成果为指导，又希望在操作上做到踏实落地，让读者获得切实可行的具体操作方法。因此本套丛书不只是一套科普读物，也不是"泛泛而谈"的说教课本，而是一套基于科学研究的操作手册。在专业理论的基础上，结合大量的家庭教育案例、家校共育案例，给出明确的操作化步骤和"解渴"的问题解决方法，让家长和教师可以一边读懂理论，一边照着做，真正做到知与行的结合与统一。可以说，本套丛书是《读懂孩子——心理学家实用教子宝典》的进一步深化，不仅年龄更细化，而且内容可读易懂，更适合各种层次的家长及教师。

本套丛书既是学校和教师如何开展家校合作的使用说明书，更是学校和教师开设家长学校的教材，还是每一位家长实施家庭教育的操作手册。本套丛书综合了学校及家长双方的需求，为学校、教师及家长开展家校合作、提升家长家庭教育能力提供了系统解决方案。教师可以读全部7本书，而家长可根据孩子的年龄选择读5本书中的某一本或某几本。

本套丛书是我们团队共同努力的成果，是我们三年来的用心之作，希望本套丛书能够助力教师和家长成为更好的教育者，助力我们的孩子全面发展、健康成长。

边玉芳

于2022年初夏

目 录
Contents

第 1 章

打破学校围墙，不做教育孤岛

第 2 章

教师是家校共育的主力军

目

录

第 5 章

家访：拉近与家长、学生的心理距离

第 6 章

家长会：筑起家校高效沟通的桥梁

目

录

第 9 章

家长志愿者：学校和教师的好帮手

第 10 章

日常沟通：打造稳固的家校关系

目
录

第 1 章

打破学校**围墙**，
不做**教育孤岛**

教师1 我们老师耕好自己的一亩三分地，不就行了吗？为什么还要吃力不讨好地去指导和教育家长，要与他们合作呢？

教师2 让一群不懂教育的家长来参与和督促学校教育，那不是给学校和老师"添乱"吗？我们何必要自己给自己找不痛快呢？

教师3 我们每天都有一堆的事情要做，有时候忙得连喝水上厕所的时间都没有，哪有"闲情逸致"来搞家校共育？

教师4 家校共育做得再漂亮，如果不能提高学生的学习成绩，解决实际问题，那么一切都是白费劲！

　　说起"家校共育"，相信老师们都不陌生。近年来，随着社会的不断进步以及教育改革的持续深入，"家校共育"已不再是什么"时髦词汇"，更多成为一种"规定动作"——无论是出于自愿还是"迫于无奈"，越来越多的学校和教师都已卷入了家校共育这股"洪流"之中。

　　然而，虽已置身"家校共育"的时代大潮，但仍有不少老师对于"我们为什么要做好家校共育"这个问题心存疑惑，这主要体现在两个方面：

　　一是认为家校共育没有价值或者价值不大。认为家校共育就是在浪费学校和教师的时间，做了没有太大好处，不做也没有太大损失，因此是一件可做可不做的事情。

　　二是认为家校共育有负面价值。认为家校共育不仅没有为学校和教师带来好处，反而可能引发新的问题，如造成家长过度干预学校正常教育教学，引发更多家校冲突等，因此是一件吃力不讨好，完全没有必要让家长"掺和"进来的事情。

那么，对于学校和教师来说，我们到底有没有必要参与家校共育？做好家校共育，对于学校和教师来说到底有什么价值？如果你也有这样的疑问，不妨跟随我们接下来的讨论，一起重新审视这个问题。

第1节　学校不是教育的孤岛

学校是一种有组织、有计划进行系统性教育的专门化教育机构，具有促进个体个性化以及促进个体社会化两大教育职能。[①]不管是教师还是家长，都会认同学校对学生成长具有重大影响。但是，我们要认识到，学校并非影响学生成长的唯一因素。例如，家庭教育就是学校教育的重要基础，也是学校教育的重要补充。新时代下，学校要应对诸多挑战，解决各种层出不穷的新问题，实现自身的教育目标，培养健康健全的学生，绝对离不开家庭的支持与配合。因此，在学生成长的整个教育生态圈里，学校不可能成为一座"孤岛"，必须与家庭教育紧密相连。

一、学校不是影响学生成长的唯一因素

（一）影响学生成长的因素是多方面的，家庭和学校是其中最主要的两大因素

苏联著名教育学家苏霍姆林斯基在谈到"谁在教育儿童，什么在教育儿童"这个

---

① 马健生，邹维. 论学校及其功能 [J]. 清华大学教育研究，2019（4）.

问题时，曾经做过这样一个比喻：假如把儿童比作一块大理石，那么要想把这块大理石塑造成一座雕像需要六位雕塑家，分别是家庭、学校、儿童所在的集体、儿童本人、书籍以及偶然出现的因素。影响儿童成长的因素是多方面的，不过，从这些影响因素的排列顺序可以看出，"家庭"和"学校"是影响儿童成长的两大主要因素。这是因为家庭和学校是学生成长的两大主要场域，其中家庭是学生人生中的"第一所学校"，而学校则是学生人生中的"另一个家庭"。它们之间既相互独立，各具使命，又相互影响，共同促进儿童的成长。例如，大量研究发现，影响学生学业成绩的因素既有来自学校方面的，如学校办学条件、文化氛围、师生比例、教师质量、师生关系等；也有来自家庭方面的，如家长的教育期望、受教育程度、参与子女教育情况、亲子关系、家庭藏书量、家庭教养方式等。

美国发展心理学家布朗芬布伦纳提出的系统生态理论也认为，家庭和学校，以及它们之间的关系，都是影响儿童成长的重要因素。

🔄 **知识链接**

美国发展心理学家布朗芬布伦纳（Urie Bronfenbrenne）基于心理学、教育学和系统科学等学科提出的系统生态理论（System-Ecological Theory）发现，**有五大环境系统会相互影响并影响着孩子的发展：微观环境系统（microsystem）、中观环境系统（mesosystem）、外观环境系统（exosystem）、宏观环境系统（macrosystem）和时间环境系统（chronosystem）。**

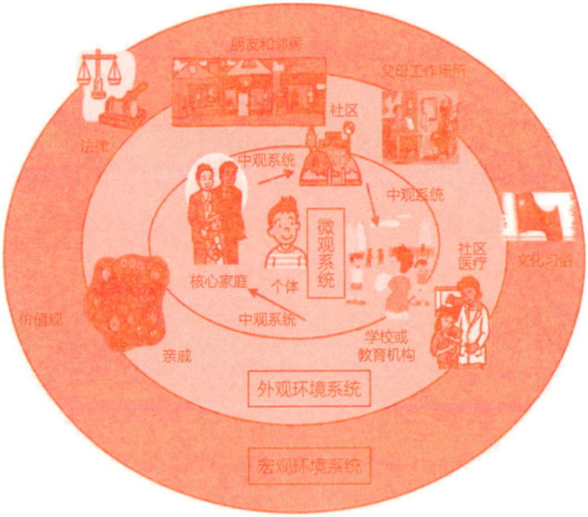

图1-1　儿童成长的环境系统

其中微观系统由家庭、学校等孩子的生存环境或者孩子直接接触的环境构成，比如父母的教养方式会影响孩子的发展，反过来孩子也会影响父母的教养方式；中观系统由各个微观系统之间的关系构成，比如家长和教师之间的关系会影响孩子的发展，反过来孩子的发展也会影响家师关系；外观系统是指孩子并未直接接触，但会对孩子造成间接影响的环境，比如家庭经济条件、父母工作压力、父母受教育水平、社会媒体等；宏观系统由孩子所处的社会文化背景等构成，比如社会政治经济制度、法律、文化价值观念等；时间系统由孩子所处的时代以及社会历史时间等构成。

可见，家庭和学校都是影响孩子成长的重要微观系统。家庭和学校之间的关系对儿童发展也很重要，它们是影响孩子成长的中间系统。家校共育就是要发挥中间系统的力量。

（二）相比学校而言，有时家庭在学生的成长中起着更重要的作用

尽管家庭和学校都是影响学生成长的重要因素，但是有时候家庭对学生的成长更重要。早在1966年，美国的科尔曼教授就开始研究"到底是什么在影响学生的成长"这个问题。他通过对美国公立学校不同族裔学生的调查研究，向美国国会递交了一份影响美国乃至整个世界学校教育体系的报告《关于教育机会平等性的报告》，也就是我们通常所说的"科尔曼报告"。在这份报告中，科尔曼教授及其团队发现了一个非常重要的结论：家庭背景才是影响学生学习成绩的最主要因素，其次才是学校的学习氛围、教师素质、教育设备、图书和课程等学校因素。

尽管"科尔曼报告"的结果由于研究方法的不完善受到了一些质疑，但是后续仍然有不少研究证明了这个结果。2021年，一项针对我国东部和中部5个省16个城市中小学校的大规模测评研究发现：办学条件和教师质量等学校因素，以及父母参与、父母教育期望等家庭因素都会对学生的学业成绩产生明显的影响，但是相比初中生，家庭因素对小学生学业成绩的影响更显著。例如，对于小学而言，家庭投入对校际成绩

差异的贡献度是50.40%，略高于学校投入的贡献度49.60%。[①]从这项新近研究的结果可以看出，影响小学生学业成绩的主要因素不是学校投入，而是家庭投入。也就是说，在小学阶段，家庭因素对学生学业成绩的影响比学校因素更重要。

除此之外，家庭在学生良好情绪情感、行为习惯以及健全人格等非认知能力的发展方面也有着不可替代的作用。家庭奠定了一个孩子人生与发展的"底色"，它是孩子最初的价值观、人生观、世界观、行为习惯、品德性格等的重要来源。可以说，有什么样的家庭，有什么样的家长，往往也就会有什么样的孩子。例如，家庭是儿童最初安全感的来源。[②]良好的家庭关系（包括和谐的夫妻关系、亲子关系等）可以帮助儿童建立安全型的亲子依恋关系，拥有安全型依恋关系的儿童也会有更稳定、更积极的情绪和情感。[③]良好的家庭氛围有助于孩子形成良好的积极认同，减少孩子问题行为（攻击、撒谎、退缩等）的发生。[④]反之，一个在家庭中经历过暴力的孩子也更容易在生活中表现出暴力行为。[⑤]

二、学校教育具有一定局限性

有的家长认为只要把孩子送进了学校，那么教育孩子就全部是学校的责任。一旦孩子出现了问题，就一定是学校和教师的失职。这种对学校教育功能的误解、夸大，

① 胡咏梅，元静. 学校投入与家庭投入哪个更重要？——回应由《科尔曼报告》引起的关于学校与家庭作用之争 [J]. 华东师范大学学报（教育科学版），2021（1）.

② 王英杰，李燕，吴凡. 家庭功能与学前儿童行为问题的关系：依恋回避和社交焦虑的多重中介作用 [J]. 心理发展与教育，2021（1）.

③ 肖晓娟. 儿童安全感缺失的家庭教育归因与对策 [D]. 湖南师范大学，2011.

④ 迟新丽，陈诗韵，王秋英，黄巧敏，韩佩玲. 家庭功能对青少年问题行为的影响：有调节的中介效应 [J]. 中国临床心理学杂志，2021（2）.

⑤ 王楚捷. 家庭暴力对儿童行为影响相关问题研究 [J]. 湖北省社会主义学院学报，2018（6）.

一方面使学校和教师的负担越来越重，另一方面还可能进一步引发家校矛盾和冲突。实际上，尽管学校是专门的教育机构，教师是专业的教育人才，但由于时间、空间、教师、社会、学生个体差异、学校组织结构等多种因素的影响，学校教育也具有一定的局限性，主要表现在以下几个方面：

（一）学校教育的优势体现在"教书"，但"育人"优势不如家庭教育

从广义上讲，我们可以把所有有助于促进儿童智力、能力、身心健康、健全人格等发展的活动称之为"教育"。儿童在家庭、学校、社会中通过各种活动，获得教育经历，从而不断成长。但学校教育和家庭教育的基础优势不尽相同。学校教育的重点在于帮助学生掌握具体的科学知识与智力因素相关的内容，包括认字、读书、数数、拼写技巧和学习方法等。

然而，家庭和家长则在"育人"方面具有相当的优势。《中华人民共和国家庭教育促进法》指出："家庭教育以立德树人为根本任务。"尽管家长不是专门的教育者，家庭也不是专门的教育机构，但是家庭作为学生成长的"第一所学校"，家长作为学生成长的"第一任教师"，在帮助学生形成良好的道德品质、行为习惯等方面有重要影响。因此，家庭教育可以对学校教育起到一定的补充作用。有了学校的"教"和家庭的"育"，教育这件事才能变得更完整。

（二）学校教育采用班级授课制，难以满足每个学生的个性化需求

学校是专业的教育机构，其教育内容通常是根据国家教育主管部门的要求来制定的，不能随意更改。例如，学校教育内容都需要根据教学大纲进行，课程进度、课堂设计都有严格的计划。因此，学校教育采取的是"班级授课制"。这种教育形式要求学生在年龄上大致相同，在同一个班级中接受相同的授课内容，遵守相同的

规章制度。[1]然而，学生的发展和成熟水平是存在个体差异的，从理论上讲，真正适合每个学生的教育内容、教育形式以及要求等应该是有所差别的。但是班级授课制这种"一对多"的教育形式较难考虑到学生的个性化需求。另外，从教育目标上来看，学校和教师通常考虑的是"全体学生"的发展，很难完全满足每一个学生的个性发展。

然而，对于家庭和家长来说，家庭教育的规模通常和家庭中孩子的多少有关，通常是"一对一"或者是"一对二"进行的，相比学校教育的规模来说要小得多。因此，相比教师而言，家长更容易了解和掌握孩子的具体情况，并且有针对性地采取措施对孩子进行"因材施教"。此外，家庭教育相比学校教育来说也更具灵活性。家长可以采用多种丰富的方式对孩子进行教育，比如在玩耍、游戏、劳动等过程中实现教育目标。这些都是学校和教师在现有办学条件下很难实现的。

（三）学校教育是阶段性教育，受时间和空间限制，缺乏连续性

从教育过程来看，学校教育是一种阶段性教育，它只贯穿于孩子求学的过程中。一旦学生离开学校，学校教育的效果和影响可能就会大大减弱甚至消失。这就是有名的"5+2=0"的教育困境。

知识链接

"5+2=0"教育困境

"5"——学生在学校接受教育的5天时间；

---

[1] 申卫革. 试论当代学校固有职能的异化——学校教育对人的个性化发展的局限 [J]. 当代教育论坛，2006（20）.

"2"——学生周末在家休息的2天时间；

"0"——教育效果归零。

意指学生在学校接受5天的教育之后，在家休息2天后教育效果明显下降的现象。以学生行为习惯培养为例，即学生在学校5天养成的好习惯，回到家后因为缺乏家长的配合和制约，便"一夜回到解放前"。比如小学生在学校掌握了"红灯停绿灯行"的规则，但是周末在家跟随爷爷奶奶外出，爷爷奶奶不遵守交通规则，带着孩子闯红灯，孩子学会了闯红灯的不好行为，在回到校园之后，就需要教师再次对这种规则进行教育和强化。

因此，当学生不在学校时，学校和教师就很难再对学生施加影响。这导致学校教育往往缺乏一定的连续性。

另外，从时间上来看，家庭教育对孩子的影响是深远而漫长的，时时刻刻都在发生，不存在"暂停"的情况。因此，家庭教育是一种长期、连续甚至终身的教育，它贯穿于学生成长的整个过程。所以，家长不仅是孩子的"第一所学校"，也是孩子"永远的学校"。一个好老师对学生的影响可能只有三年或者六年，但是一个好家长对孩子的影响却是一辈子的。

总之，作为学校教育工作者，我们反而要清醒地认识到，学校教育并不是万能的，要承认其教育职能存在一定的局限性。而家长和家庭，则具有相当的优势，可以很好地弥补学校教育的不足，形成教育合力。

三、当代学校教育面临诸多新挑战

信息时代，瞬息万变。人类近30年来的信息生产量随着时代发展呈指数级增加。在这种时代背景下，学校教育面临的挑战也层出不穷，乃至前所未有。

（一）家长教育期待升高

目前，学校教育面临的第一个挑战就是家长对于教育的期待越来越高，主要表现在两个方面。一是高度依赖学校和教师，把教育孩子的责任完全让渡给学校和教师，希望学校可以帮助自己解决一切教育问题。二是对孩子学习成绩的要求普遍较高。由北京师范大学中国基础教育质量检测协同创新中心发布的《2018年全国家庭教育报告》就显示，九成以上的家长对孩子的学习成绩有要求。其中有96.2%的四年级学生表示家长对自己学习成绩的期望至少是"班里中等以上"，表示家长希望自己学习成绩是"班里前三名"的学生人数比例也达到了45.9%。由这些数据推断，有相当一部分的家长对孩子、对学校教育存在不合理的期待。所以，学校应当帮助家长正确认识学生的能力和发展水平，树立对学校教育的合理期待。

（二）学生心理健康问题突出

学生心理健康教育问题一直是困扰学校和教师的一大"心病"。近年来，越来越多的学生出现抑郁、厌学、适应不良等心理健康问题，学生的各类行为问题也愈发突出，如厌学、网络成瘾、抗挫折能力差、自卑、校园欺凌等。教育部门、学校也都在积极探讨促进学生心理健康的有效措施，但这些措施，如果没有家长的配合，往往也难有成效。

知识链接

据中国科学院心理研究所发布的《中国国民心理健康发展报告（2019—2020）》显示，2020年青少年抑郁检出率为24.6%，其中重度抑郁为7.4%。总体来看，青少年抑郁检出率呈现出随着年级增长逐渐上升的趋势。

图1-2　各年龄段的抑郁检出率和得分发展趋势

（三）社会发展导致的家庭结构变化

随着社会的发展与进步，学生的家庭结构也在不断发生变化。第一是多子女家庭的教育问题。近年来，国家相继出台了"二孩"和"三孩"政策。这标志着我国已经开始进入多子女家庭时代。面对这样的家庭结构变化，学生和家长的心态也会发生相应的改变。对于学校和教师来说，如何适应这种新变化，做好多子女家庭时代的学生教育工作也是一个待解决的问题。

第二是单亲家庭学生的教育问题。根据民政部公布的最新婚姻数据，2020年，全国离婚登记373.3万对。仅2021年上半年，全国离婚登记已达到96.6万对。这意味着，单亲家庭的数量在我国并不是一个小数目。对于学校和教师而言，如何做好这些单亲家庭学生的教育工作也将是一大挑战。

第三是流动和留守儿童的教育问题。据《中国流动人口发展报告2018》（国家卫生健康委员会，2018）显示，2017年我国流动人口总量达2.44亿，不到一半（49.14%）的义务教育阶段进城务工人员子女跟随父母一起进城生活，而有超过一半（50.86%）的农村留守儿童（约1474万人）一年之中难以有与父母在一起生活的时间。对于这些家庭的学生来说，家庭教育机会十分匮乏。家长客观上没有时间陪伴孩子成长，或者参与孩子教育；主观上也可能存在"托付心态"，缺乏参与孩子教育的意识。那么，如何做好这些学生的教育工作，不让任何一个学生掉队，也是学校教育面临的一大考验。

（四）网络和电子产品的普及

随着移动互联网的快速发展，我国未成年人的互联网普及率越来越高。2020年5月，共青团中央维护青少年权益部和中国互联网络信息中心（CNNIC）发布的《2019年全国未成年人互联网使用情况研究报告》发现：2019年，我国未成年网民规模为1.75亿，普及率高达93.1%。其中，有32.9%的小学生和18.8%的初中生在上小学之前就已经开始上网。拥有属于自己上网设备的孩子比例达到了74.0%。孩子们拥有手机和平板电脑的比例最高，分别达到了63.6%和24.0%。网络和手机、平板电脑等电子产品的普及也给学校教育带来了新的问题，比如如何防止学生沉迷网络，如何让学生合理使用手机等。

（五）其他社会事件带来的挑战

2021年7月24日，为深入贯彻党的十九大和十九届五中全会精神，切实提升学校育人水平，中办、国办印发了《关于进一步减轻义务教育阶段学生作业负担和校外培训负担的意见》，简称"双减"政策。这不仅是对我国教育格局的重大调整，更是教育观念的大变革——这种变革重新定义了教育的目的，要求全社会加入进来，落实"立德树人"根本任务。这就决定了学校教育更加不能"关起门来"上课，而是要做好落实"双减"政策的主力军，要化解家长的焦虑和压力，要帮助家长认识自己的孩子，读懂孩子的身心发展规律……这些都是学校教育面临的重大挑战。

总之，如果学校想要克服自身在教育中的局限性，就不能将自己围成一座孤岛，而应当积极建立与外界的紧密联结，形成一股强大的、全面的教育合力。向内，为学生提供健康幸福成长的良好教育生态；向外，共同对抗来自新时代的各方面挑战。只有这样，学校才能真正实现自己的育人目标，而学生也才能真正获得全面而个性的发展。

第2节　家校共育呼唤新型合作伙伴关系

"家校共育"的主语，是"家"与"校"。要共同为学生创造良好的教育生态，真正取得共育的效果，必然离不开良好的家校关系，离不开家与校的携手结盟。然而，目前家庭和学校、家长和教师之间的关系仍然存在交流不对等、缺乏信任、缺乏尊重等问题。为了更好地推进家校共育工作，教师和学校应当把家长当成自己的"合伙人"，和家长之间建立起新型合作伙伴关系。

一、家校共育的起点是建立良好的家校关系

"家校关系"顾名思义指的是家庭和学校、家长和教师之间的一种互动关系。如果没有良好的家校关系，家庭和学校、家长和教师之间就难以开展有效的合作，也难

以达到"共育"的目标，还可能引发矛盾和冲突，甚至引起社会舆论。因此，开展家校共育，首先需要建立良好的家校关系。

（一）家校关系如何直接影响家校共育效果

国内外大量关于家校共育的理论和实践研究证明，家校共育可以促进学生、家长、教师和学校共同成长。例如，它可以使学生学业进步更快，更热爱学习；使家长对教育孩子更有信心，更多卷入学校教育；使教师工作更安心，使学校教学评估结果更好，等等。但是，也有研究发现，家校共育并不总是有效的，这取决于家庭和学校、家长和教师之间是否建立了良好的关系。不良的、甚至冲突的家校关系，则不利于学生成长，容易造成学生更多学习问题、人际问题乃至心理问题。因此，家校关系是影响家校共育效果好坏的关键因素，对于学校和教师来说，开展家校共育的前提和基础是建立良好的家校关系。

（二）良好的家校关系可以促进学生的发展

有人曾经说，老师和家长之间不是以"一加一等于二"，而是以"一加一等于十"（一横一竖在一起）的力量在促进孩子成长。家庭和学校、家长和教师之间配合得越好，孩子就发展得越好。研究发现，如果家庭和学校之间建立了良好的关系，那么学生就能获得更多来自父母和老师的支持，有更多的自信，更好的学业表现，更高的社会化程度以及更清晰的未来规划。一项来自美国斯坦顿小学的研究发现，当家校关系改善后，学生的数学成绩上升了18%，阅读成绩上升了9%。此外，家长参与学校教育的积极性也大大提高了。比如以前只有12%的家庭参与家长教师会议，但是家校关系改善之后这个参与率上升到了55%。[①]可见，良好的家校关系不仅可以促进学生发

---

① 蒋世萍. 美国建构家校关系的能力框架［J］. 现代教育科学，2015（12）.

展，还能促进家长的参与。

（三）不良的家校关系会阻碍协同教育的开展

如果没有良好的家校关系，则可能导致家长在家校共育过程中出现"不理解""不配合""不作为"等问题。即家长不理解学校的一些要求、规定和做法，也不愿意配合学校做好孩子的教育工作，或者一味将教育孩子的责任推卸给教师。例如，教师原本想给学生布置一些家庭亲子作业，目的在于促进家长和孩子之间的交流，改善亲子关系。但是，由于没有与家庭、家长之间建立良好的沟通关系，家长误以为教师是在"没事找事做，故意折腾家长"或者"推卸自己的教育责任"等，因此根本不理解学校教师的要求，更不愿意配合教师的工作。严重的时候，还可能因此爆发家校矛盾。

而不良的家校关系，在应对校园突发事件时也会暴露出更多的矛盾。例如，对于学生在学校的受伤、受欺负等事件，如果家长平时跟老师关系不好，或者对学校有意见，这种极端事件就很容易将冲突扩大化，家长很难第一时间冷静下来分析、求证事件真相，不利于事件的解决。不良的家校关系某种程度上也是家长对学校的"不信任""不满意"。

所谓"合则两利，斗则俱伤"。学校、教师与家长之间的关系往往也决定了家校共育效果的好坏。

二、目前家校关系存在的主要问题

家校关系是开展家校共育的基础。了解目前在家校关系中存在的一些问题，可以帮助学校和教师做出有针对性的调整，从而进一步改善家校关系。目前来看，家校关系主要存在以下几个方面的问题：

（一）家校"地位"不平等

由于学校和教师在教育方面的专业性，以及受到传统"尊师重教"等观念的影响，学校通常被认为是家校共育的主体，家长则是"旁观者""服从者"，被动地听从学校和教师的"指挥""吩咐"，没有太多发言权。

这就导致学校教育和家庭教育之间好像是一种由上至下的"附庸"关系——"家"依附于"校"。在一项针对教师的访谈中，就有教师坦诚表示"与家长沟通主要就是希望家长配合老师的工作"。[①] 因此，也有家长表示自己有苦难言，为了服从学校或教师的安排，配合学校和教师的工作，自己仿佛成了学校的"编外教师"和教师的"免费助教"。

（二）缺乏对家长的尊重

不平等的关系往往导致力量、权利、责任的不对等。由于教师在教育方面具有专业优势，对家长的一些理念、看法或要求并不认同，从而在沟通交流中缺乏一定的尊重。例如，当教师和家长交流时，很难耐心地倾听，习惯打断家长的话，甚至以命令、训斥的语气对待家长，尤其是当学生犯错时。这导致有些家长不愿意去"见老师"，或者将见老师看作一件"苦差事"，甚至有些家里会因为父母双方"谁去见老师"而发生争吵。有些家长戏称自己见了老师，就像"老鼠见了猫"，完全没有尊严。

---

① 陈美言. 协同教育视角下的家校合作对教师角色的影响 [J]. 亚太教育，2016（20）.
② 钱焕琦. 当前家校关系中存在的问题及伦理调适 [J]. 中国德育，2006（3）.

如果孩子犯了错，家长被老师请过去批评。大部分家长可能都会频频点头："老师您说得对。"但家长真实的"内心活动"是怎样的呢？江苏省的一项调查发现（见表1-1），当因为孩子犯错而遭到老师批评时，只有15%的家长认为"我没教好孩子，应该受到批评"；36.6%的家长表示"不理解孩子犯错为什么家长要被批评"；38%的家长表示"不乐于接受批评，因为犯错的是孩子不是自己"；1.6%的家长表示"会反过来指责老师没有把孩子教好"。

表1-1　如果您因为孩子犯错而遭到老师的批评，您怎样看待呢？

A. 我没教好孩子，应该受到批评	B. 不理解孩子犯错家长经常被批评	C. 我不乐于接受，犯错的是孩子而不是我	D. 我会反过来指责老师没把我的孩子教好	E. 老师一般不会因此而批评家长的
15%	36.6%	38%	1.6%	8.2%

（三）学校教育面临"信任危机"

如今，随着家长受教育程度的普遍提高，家校关系面临一个新的问题——"信任危机"。这表现在家长对教师的专业知识（怎样教更科学）和专业理念（谁的教育理念更科学、更权威）、对学校的专业教育等存在质疑或不信任。这种现象在家长学历高、地位高、家庭经济条件好的学校可能更明显。

在一项针对北京市80位小学教师的访谈中，有教师表示，一位家长在听完一位语文教师的课后，对该教师的讲课内容提出了质疑，认为老师在讲《大象的耳朵》这一课时应该多讲一些大象耳朵的功能。①人民网也曾刊发过一则新闻：上海市某小学

---

① 姬甜甜，孙丽萍. 合作中的困扰：教师视角下家师关系的现实困境及超越——基于对北京市80位小学教师的访谈分析［J］. 当代教育论坛，2021（5）.

教师发现自己被学生携带的"秘密武器"（儿童远程监控手表）监控，课堂上说的每一句话都被实时传递到学生家长的手机上。该校排查后发现，一、二年级不少学生都在家长的要求之下把这一"武器"带进了课堂。甚至有些家长自以为掌握新时代教育理论，对学校教育指手画脚。一位来自北京的教师就抱怨称："有些高学历的父母，（他会质疑）你为什么让孩子把字写得这么端正，现在工作是电脑打字又不用手写，但是学校有学校的规定，尤其是年轻教师很难。"

那么，这种信任危机从何而来呢？这里面有家长的因素，如家长受教育水平越来越高，视野也越来越开阔，可能见识过其他地区乃至国外的教育现状，对如何教育孩子有自己的看法等。这里面也有社会的因素，如大众媒体的渲染，网络的推波助澜，标榜成功学，贩卖"鸡娃""牛娃"的焦虑等。

（四）学生的主体地位被忽视

家校共育，教育的是学生。除了教师和家长之外，学生也是家校共育的主体。从目标导向来说，家校共育本身，就是为学生服务的。学校和家庭、教师和家长也正是因为教育学生这一共同愿景而走在一起。但是，在家校关系中，学生的位置是怎样的呢？学生又如何看待和评价家校关系呢？调查发现，有70%的学生找不到自己在家校关系中的正确位置，其中59%的学生将自己在家长与教师的关系中定位为"作用对象"，11%的学生将自己的角色定位在"旁观者"，30%为"参与者"。①

现实的家校共育中，大家似乎都忽视了学生的主体地位。一方面，在家校共育实践中，家校双方都忽视了学生的参与。很多学校在召开家长会时都将学生赶出教室，只有教师和家长参加，很少有学生、家长和教师同时参与的家长会。另一方面，大家也忽视了在家校共育过程中学生的感受。有时候，学生成为家校共育中"缺席的被审

家校合作操作手册

给学校和教师·小学卷

---

① 钱焕琦. 当前家校关系中存在的问题及伦理调适 [J]. 中国德育，2006（3）.

判者"，即教师和家长在一起共同商量怎么"教育"好学生。因此，有的学生会戏称家校共育让自己遭受学校和家庭、教师和家长的"混合双打""双重压迫"。因此，很多学生其实在内心并不希望教师和家长保持密切的联系，不希望家长去开家长会，也不希望老师到自己家去家访。

（五）家校关系多以解决问题为导向

目前的家校关系还具有比较强的问题解决导向，即教师和家长之间的沟通联系往往是建立在"学生出问题了"的基础上。有问卷调查发现，**54.63%** 的家长表示"当孩子在学校出现思想或行为问题时，老师会与我联系"，另外有将近一半的家长表示教师会"定期与他们联系，反映孩子的在校情况"，或者"老师从不主动联系他们"。[①]还有调查研究发现教师主动联系家长的主要原因是"指出学生的问题"，包括学习问题（**70.4%**）和心理行为问题（**51.0%**）；而家长主动联系教师的主要原因则是"当孩子学习成绩下降时（**73.1%**）"。

学生学习成绩提高了，或者心理行为问题改善了，教师就很少再主动联系家长，家长也很少主动联系教师了。[②]另外一项针对江苏省13个地级市的调查研究发现，有 **45.2%** 的家校沟通发生在学生学习成绩下降时，**19.4%** 的家校沟通发生在孩子出现行为、情绪异常时，**13.7%** 的家校沟通发生在其他特殊情况时，如孩子生病时，或对一些收费不能理解时，或对教师的教学方法有意见时，或当孩子受到体罚时，只有 **21.8%** 的家长与学校老师保持经常性的联系。[③]

① 朱丽，郭朝红. 上海市中小学家校关系的现状、问题与建议——基于上海市家庭教育示范校首轮评估的分析［J］. 上海教育科研，2018（11）.

② 邓林园，许睿，赵鑫钰，方晓义. 中国高中阶段家校合作的现状以及与高中生发展的关系［J］. 教育学报，2016（6）.

③ 杨俊. 关于小学家校合作现状的调查研究［J］. 教学与管理，2006（26）.

三、家校合作伙伴关系的特点

鉴于目前家校关系存在上述问题，为了更好地推进家校共育工作，学校和家庭，教师和家长之间需要建立新型的合作伙伴关系。这意味着，在家校共育中，教师和家长是志同道合的伙伴，双方不再是一方支配另一方的不对等关系，而是目标一致、地位平等、互惠互利的可持续发展的关系。那么，到底什么是家校新型"合作伙伴"关系呢？具体来说，家校新型合作伙伴关系应该具有以下几个特征。

（一）以儿童为中心

家校新型合作伙伴关系的第一个特征就是"以儿童为中心"。学生的健康成长既是教师和家长之间合作共育的终极目标，也是家校关系建立的重要前提。家校合作共育不应该单纯从学校和教师的利益出发，要求家长配合学校工作；也不能一味从家庭和家长的利益出发，要求学校服务好家长，满足家长对教育的期待和需求。无论在什么时候，教师都应该意识到自己和家长在教育目标上是一致的，都是希望学生更好地接受教育和接受更好的教育，从而身心健康，全面发展。只有把握了这个大前提，家校关系才能得以更健康地发展。

如果家校关系是以儿童为中心的，就不会忽视学生在家校共育中的主体地位，而是在邀请家长参与学校教育和决策的同时，也能以学生需求为第一考量，照顾到学生的心态，或者邀请学生参与。例如，教师可以增加学生在家长会中的参与，让学生有权利、有机会发出自己的声音。具体来说，教师可以每学期专门安排一次学生参与的家长会；对于学生不能参与的家长会，则可以提前征求学生意见，告知学生大致内容安排，或者在家长会结束后向学生展示家长会的主要内容，让学生做到心中有数。只有当学生真正参与进来，家校共育才会变得更有价值和意义。反之，如果忽视了学生的位置，那么家校共育就失去了它应有的意义。

以生为本，打造"爱的同盟"[①]

"互动-亲情式"家长会。由于现代社会竞争日趋激烈，许多父母忙于工作无暇顾及孩子，亲子交流明显减少。针对这一现实，学校设计了亲子互动系列家长会，如潜力无限型、成果展示型、智力游戏型、感恩浓情型等，为增进亲子交流创设互动平台。此类家长会一般由家长和孩子共同参与，通过亲子合作完成一系列活动或游戏，不仅增进了家长和孩子之间的情感，而且让孩子感受到家长的关爱和关注，从而增添了不断进取的动力。例如，学校以"赞美"为主题，开展了潜力无限型家长会。家长会上，教师请孩子和家长一起上台，分别说出对方5个以上的优点。在互相赞美中，孩子和家长不断收获喜悦和感动。这样的亲子互动让孩子感受到父母对自己的欣赏和爱护，更让父母体会到应该多关注孩子的闪光点，不断激发孩子的发展潜能。

"展示-自信式"家长会。这一家长会模式针对孩子普遍存在的成长问题，如二年级某班孩子普遍缺乏自信，表现为上课不敢发言、或发言声音极小、不敢直视老师等。对此，班主任借助一系列展示型主题家长会，如个性化自我介绍、与教学结合的课本剧展示、口语交际课主题展示、各学科学习融合展示、"我行我秀"才艺综合展示等，让学生从简单的自我介绍到日常学习生活，从个性特长汇报到全面的才艺展示中，大胆"秀出"自己，学会自信成长。在此过程中，家长也发生了明显变化，他们不再是被动的听众，而是作为参与者不停地奉上掌声，并用相机记录孩子的成长。

"交流-成长式"家长会。学校以"家教沙龙"的方式，让家长们积极交流与分享家庭教育经验，共同探讨孩子的教育问题，许多家庭教育问题通过交流探讨得以解决。同时，这样的家长会也让家长及时了解孩子的成长状况，看到自己孩子与同龄人的优势和差距，进而有的放矢地调整家庭教育策略，与孩子一起成长。

[①] 邓柳. 打造"爱的同盟"——新时期家长会创新探微 [J]. 中小学德育，2016（11）.

如果家校关系是以儿童为中心的，就不会忽视家校沟通中学生的感受。有时候，教师与家长在沟通中会出现"告状""推卸责任"等现象，从而导致家长将从学校和教师处带来的负面情绪发泄到孩子身上，甚至有的家长会当着老师的面批评责骂孩子。很多悲剧的发生其实就是因为家校关系，尤其是家校沟通中忽视了学生的感受——我们当然要提醒家长不要在公共场合批评孩子，但是我们是不是也可以提醒老师，在跟家长反映问题时，多多考虑一下学生的心情和"面子"呢？在没有征得学生同意的情况下，不要冒昧"请家长"，不要将"请家长"作为惩罚学生的"杀手锏"。在请家长之前最好征求学生的意见，至少不要引起学生的反感。

如果家校关系是以儿童为中心的，就不会"重智轻德"，而是应该以学生的全面发展、身心健康为出发点。目前，学习一直是教师和家长最关心的内容，甚至没有之一。还有一些教师和家长错误地认为，如果家校共育不能促进学生学习成绩的提高，那么就只是"花架子"，没有实际意义。这种"重智轻德"的家校共育倾向会导致"家庭教育学校化"，使学生在学业上遭受学校和家庭的双重压力。

（二）地位平等

家校新型合作伙伴关系的第二个特征就是"地位平等"。也就是说，在家校共育的过程中，教师和家长，学校和家庭之间在合作共育地位上是完全平等的。家庭和学校是两个彼此独立的主体，他们之间并不存在谁是权威，谁必须听谁的，谁必须服从谁等问题，二者只是在分工和角色上存在差异。平等的家校关系至少意味着两点：一是学校和家庭、教师和家长拥有平等的教育参与权，教师不能一味要求家长配合、服从自己；二是教师和家长拥有平等的人格，教师不能对家长"颐指气使"，要学会给家长"留面子"。

如果家校之间有平等，学校应该营造"家长友好"的学校环境。教师和家长是"伙伴"，是"朋友"，学校应该欢迎家长来学校。但是在现实生活中很多学校并没有专门的家长接待场所，家长来学校之后，没有地方坐，也没有相对独立的空间与教师交流。有时候，教师和家长只能在教师办公室、走廊、大厅、教学楼外等公共的空间交谈，没有隐私，也容易产生尴尬。因此，如果家校之间真的有平等，学校需要从环境等细节入手，给家长一种受欢迎的感觉。例如，可以在学校设立专门的家长接待室、家长休息区等。当学校心中有了家长的位置时，家长心中也自然有了学校的位置。

案例分享

南京一所学校遵循"家长是朋友"的办学理念，认为"家长接待室和教室一样重要"，在学校不但设立了总的家长接待室，还在每一层教学楼都分设了家长接待室，以方便学校、教师和家长的交流。为了营造一种安静、纯净的氛围，接待室的内饰以蓝色、白色为主基调。并且接待室的布置采用依墙摆放软沙发的会客接待模式，家长位居右，处主宾位。学校通过这些细节在向家长传递平等和尊重的信息，似乎是在用无声的语言告诉家长，"我们是来谈心的，不是来谈判的"。学校发现，这样带有温度的家长接待室为学校顺利处理棘手的家校问题提供了较好的支撑。

为了建立良好的家校关系，学校还出台了教师接待家长的"五个一"礼仪规范：一个微笑，一个起身，一声问候，一个让座，一个道别。[1]

如果家校之间有平等，教师在与家长沟通交流时应该多倾听，多尊重家长的感受。具体来说，就是教师在与家长交流时，多倾听家长的想法和意见，不要只顾着"说"，而忘了"听"；要尽量使用尊称和敬语，如"您"或者"某某妈妈"等称呼；多使用商量、询问等较委婉的语气，如"您能今天下午来一下学校吗？""我认为……，您觉得如何？""您的想法是什么？""我需要您的协助，可以吗？"等，切忌简单地命令、质问、批评家长甚至对家长发泄情绪。在指出学生的问题之前，可以先表扬学生的优

---

[1] 李建华. "原来我们可以这样近"——构建"有温度"的家校共同体 [J]. 中小学管理，2017（8）.

点、进步和努力，感谢家长一直以来的努力配合，避免让家长觉得是来受批评的，从而产生抗拒心理。

（三）相互信任

家校新型合作伙伴关系的第三个特征是"相互信任"。家长完全相信教师的专业能力，也相信教师所做的一切事情都是为了使孩子变得更好。同时，教师也完全信任家长，相信家长有能力、有意愿配合学校做好学生的教育工作。即使家长和教师之间出现了冲突、矛盾，彼此也依然相信对方不会推卸责任，能够一起心平气和地妥善解决问题。总之，教师和家长之间需要消除猜忌、怀疑与质疑，相互信任，相互支持。

如果家校之间有信任，那么教师就不会逃避与家长的沟通与合作，而是以开放的态度打开校门，请家长走进校园。由于存在"信任危机"，现实生活中有些学校和教师会害怕跟家长沟通，也不敢邀请家长走进校园、课堂等，生怕家长会来"挑刺"，怕因此产生矛盾和冲突。然而，这样做不仅不能解决问题，反而会进一步加深彼此的隔阂、误解，导致家校关系陷入恶性循环。其实，越是缺乏信任，学校和教师越应该敞开心扉，增加和家长之间的沟通交流，增进彼此的了解，努力把家校关系变为"相互信任"。

案例分享

建立家校互信，夯实家校合作共同体的根基[①]

互信是家校合作的根基。学校如何与家庭之间建立互信关系呢？

① 张萍. 互信、互助、共生：构建家校合作共同体——上海市宝山区家校合作实践探索［J］. 现代教学，2019（Z4）.

1. 落实家长教育知情权。只有在相互了解与理解的基础之上，家校之间才能建立互信。所以，学校要积极落实家长的教育知情权。一方面，学校要了解家长更关注学校教育的哪些方面；另一方面，学校要引导家长针对他们尤为关注的内容在学校中进行全面、深入的了解。

2. 发挥班级家委会作用。上海市宝山区第三中心小学尝试实行家委会"驻班制"，即让家委会深入班级，全体参与班级生活，具体包括听课、与学生交流、午间分饭等。"驻班制"让家长有机会近距离接触教师和孩子，更加直观地观察到教师的工作状态、教学情况以及孩子在学校的生活情况，从而在增加了解的同时提升对学校和教师的理解与信任。

如果家校之间有信任，教师在遇到问题时，就不会因为害怕"担责"而"甩锅"，而是切实帮助家长解决问题。家校之间的信任尤其体现在有问题、有冲突和有矛盾时。如果此时，学校和教师没有及时处理好问题，及时帮助家长解决问题，那么家校关系就会出现"裂痕"。信任就像　面镜了，一旦打破就很难恢复如初。因此，对于教师来说，最好的做法就是从一开始就不要轻易打破家长对教师的信任。这就要求教师认真对待每一次家校沟通，妥善处理每一次家校问题，不要把锅甩给家长。教师只有急家长之所急，爱家长之所爱，才能更好地赢得家长的心。

案例分享

互信，良好沟通的基石①

如果家校能够建立互信关系，那么遇到学生问题后，化解起来就会容易一些。那么，如何才能建立家校之间的互信呢？

---

① 庄华涛. 互信，良好沟通的基石 [J]. 班主任之友（小学版），2015（12）.

首先要站在孩子发展的立场来处理问题。比如，尽管孩子作业的字迹和完成质量都不尽人意，但我在和家长沟通时却是将孩子的发展放在首位，没直接向家长批评他——"孩子其它方面都挺好的，就是作业还有点马虎，学习习惯的培养还需要我们多提醒……""在学校我会多关注，在家还得拜托您多督促……"当家长感受到教师的善意，认为教师很在乎自己的孩子时，家校间的互信就建立起来，从而容易将问题谈到位，并使得家长更加配合后期工作。

除了注意沟通时的表达方式，教师的实际行动也是建立家校之间互信的必要因素。如果教师在实际工作中能够更细致一点，家校间的不愉快也会大大减少。比如，当孩子衣着单薄时，教师可以提醒孩子穿上别人的外套、拒绝和别人交换衣服或让家长给孩子再送件衣服。

（四）互帮互助

家校新型合作伙伴关系的第四个特征是"互帮互助"。这也是家校共育中非常关键的一点。家庭和学校、家长和教师在教育中各有各的优势。家庭教育拥有学校不具备的资源和条件，如灵活的教育时间、教育内容和教育形式，家长对自己孩子的成长经历、性格特点等更了解。学校教育同样拥有家庭不具备的资源和条件，如专业化的人员、课程资源、课程形式等，教师受过专业训练，更懂得如何有效地将知识传递给学生，更了解儿童成长的一般规律，等等。并且，家庭和学校、家长和教师之间是一个"命运共同体"，他们有着共同的"利益"和目标，即儿童的健康成长。因此，家庭和学校之间必须要互帮互助，才能发挥出各自在教育中的优势，更好地形成教育合力，共同促进孩子发展。

如果家校之间有互助，那么彼此之间应该是各就其位，各司其职的。也就是说，家庭和学校、家长和教师各自都应该做好自己的本职工作，扮演好自己在家校共育中的角色。因为大家各自做好自己应该做的，不给对方添乱，就是对彼此最大的帮助。

如果家校之间有互助，那么彼此之间应该是信息共通、资源共享的。教师需要帮助家长了解学生在学校的表现，家长也需要帮助教师了解孩子在家庭的情况。通过信息共享，使彼此对儿童有更全面的认识和了解，从而采取更有效的教育措施。此外，从学校的角度来看，家长身上还蕴藏着丰富的教育资源。如果家校之间建立了良好的互助关系，那么就可以充分利用家长资源，丰富学校教育的内容。

总之，家校新型合作伙伴关系是一种以"儿童为中心"的关系，是一种地位平等的关系，是一种相互信任的关系，是一种互帮互助的关系。只有这样的关系，才能更好地推进家校共育工作有序、有效开展。最终实现我们共同的目标——促进孩子全面、健康、快乐地发展。

第3节　家校共育，实现全面共赢

党的十八大和十九大后，家校共育工作受到了党和国家的高度重视，已经被提升到了国家战略发展的高度。国家和教育行政部门出台的一系列政策、文件对学校和教师做好家校共育工作提出了明确的要求。例如，2018年9月10日，在全国教育大会上，国家领导明确提出"办好教育事业，家庭、学校、政府、社会都有责任"；2019年，《中国教育现代化2035》明确提出，要"推进家庭学校共同育人"；《国家中长期教育改革和发展规划纲要（2010—2020）》中提出要建立"依法办学、自主管理、民主监督、社会参与"的现代学校制度，吸引家庭和社会力量参与学校教育和管理；《关于指导推进家庭教育的五年规划（2016—2020年）》要求"城市学校家长学校建校率要达到90%，农村学校要达到80%"，且明确规定了学校开展家庭教育指导、亲子实践活动等的次数。

2021年7月，中共中央办公厅、国务院办公厅印发了《关于进一步减轻义务教育阶段学生作业负担和校外培训负担的意见》，旨在深入贯彻党的十九大和十九届五中全会精神，切实提升学校育人水平，持续规范校外培训（包括线上培训和线下培训），有效减轻义务教育阶段学生过重作业负担和校外培训负担。对于如何实现这一目标，"双减政策"对家校共育提出了明确要求："要完善家校社协同机制。进一步明晰家校育人责任，密切家校沟通，创新协同方式，推进协同育人共同体建设。教育部门要会同妇联等部门，办好家长学校或网上家庭教育指导平台，推动社区家庭教育指导中心、服务站点建设，引导家长树立科学育儿观念，理性确定孩子成长预期，努力形成减负共识。"

知识链接

2022年1月1日，我国首部关于家庭教育的法案《中华人民共和国家庭教育促进法》正式实施。其中，第四章第三十九条至四十三条明确规定了中小学校、幼儿园应当承担的"家庭教育社会协同"的责任：

第三十九条　中小学校、幼儿园应当将家庭教育指导服务纳入工作计划，作为教师业务培训的内容。

第四十条　中小学校、幼儿园可以采取建立家长学校等方式，针对不同年龄段未成年人的特点，定期组织公益性家庭教育指导服务和实践活动，并及时联系、督促未成年人的父母或者其他监护人参加。

第四十一条　中小学校、幼儿园应当根据家长的需求，邀请有关人员传授家庭教育理念、知识和方法，组织开展家庭教育指导服务和实践活动，促进家庭与学校共同教育。

第四十二条　具备条件的中小学校、幼儿园应当在教育行政部门的指导下，为家庭教育指导服务站点开展公益性家庭教育指导服务活动提供支持。

> **第四十三条** 中小学校发现未成年学生严重违反校规校纪的，应当及时制止、管教，告知其父母或者其他监护人，并为其父母或者其他监护人提供有针对性的家庭教育指导服务；发现未成年学生有不良行为或者严重不良行为的，按照有关法律规定处理。

可见，家校共育已经成为国家和教育发展的一项重要的长期任务。目前，做好家校共育工作既是学校和教师落实党和国家教育方针政策的必然要求，也是新时代下学校和教师的责任和义务。因此，在当今时代背景下，做好家校共育工作对于学校和教师来说已经不是一个"可选项"，而是一个"必选项"。

一、家校共育可以促进学生全面发展

学校和教师做的所有工作都指向一个目标：培养合格的社会主义建设者和接班人，促进学生德、智、体、美、劳全面健康发展。教师的这一育人目标和家校共育的核心目标是高度一致的。家校共育，目标在"育"，"共"只是方式。[①] 对于学校和教师来说，做好家校共育其实就是在促进学生健康全面发展。

（一）家校共育可以促进学生的学业发展

从家校共育的历史来看，早期的家校共育就是"以校为本"的，即家长被动配合学校和教师工作。其主要目的就是提高学生的学业成绩，帮助学生一步一步更好地走向升学之路。国内外大量关于家校共育的实践研究也发现，家校共育确实具有促进学

---

① 张烁. 家校共育 携手同行［N］. 人民日报，2020-11-19.

生学业成绩的作用。其中，美国明尼苏达大学克里斯坦森教授的研究发现，家校共育可以提高学生的学业成绩。这表现在学生有更高的出勤率；对待学校的态度更积极；会完成更多的家庭作业，并且完成情况更好；会投入更多时间在班级学习活动中；中学毕业后也更可能继续学业，而不是辍学。[1]

近年来，国内关于家校共育的实践研究均发现，在控制了性别、家庭社会经济地位、父母教养方式等影响因素以后，家庭和学校之间的合作共育对中小学生的学业表现或学业成绩有明显的正向预测作用。[2]这是因为家校合作有助于营造积极的家庭和学校环境，提高学生的学习投入程度，从而促进学生的学业发展。家校合作还可以通过影响亲子沟通状况来影响青少年的学业成绩。

（二）家校共育可以促进学生情感和社会性的发展

除了促进学生的学业发展之外，家校共育还具有促进学生情感和社会性的发展的价值，即让学生成长为一个有完整人格、幸福快乐的、能够适应未来学习和生活的人。例如，有研究发现，家校共育可以培养学生良好的行为习惯和自我适应性。这是因为家长积极参与家校共育，与学校和教师建立良好的合作关系，会对学生起到良好的榜样示范作用，让学生在潜移默化中学会如何与人交往，建立良好的人际关系。学生还可以从家长和教师的合作中学会如何与人合作，增强社会适应性。

[1] 梁霞. 家校合作——提高学生学业成绩的途径 [J]. 外国中小学教育，2004（11）.
[2] 张和平，刘永存，吴贤华，张青根. 家校合作对学业表现的影响——学习投入的中介作用 [J]. 教育学术月刊，2020（1）.

首都师范大学附属玉泉学校在小学一年级新生入学时，开展了《童心好习惯66天成长计划》家校共育活动。学校通过家庭小品《磨蹭大王变身记》，邀请家长和孩子一起签订66天习惯养成契约书，以及开发家长学校课程等多种形式，帮助一年级新生养成良好的学习和生活习惯。经过66天的习惯养成挑战之后，学校和教师发现，**无论是家长还是学生都有了较大改变。一方面，家长对于培养孩子的习惯更得心应手了；另一方面，学生们的行为习惯也变得更好了，更加自律了。**

另外，还有研究发现，家校共育可以有效预防学生不良心理和行为问题的出现。例如，家校共育具有预防校园暴力，减少学生逆反心理，以及促进学生心理健康等重要价值。这是因为家庭和学校之间的合力共育可以及时发现学生可能出现的各种问题，并将问题扼杀在摇篮之中。

二、家校共育可以促进教师专业发展，提升职业幸福感

有的教师可能会认为做好家校共育受益的只有学生和家长，对自己来说似乎并没有太大的好处，反而增加了自己的工作量。其实，除了学生和家长之外，教师也是家校共育的重要"受益者"之一。对于教师来说，做好家校共育也是在为教师自己赋能。

（一）家校共育有助于教师专业理念、专业知识和专业能力的发展

一项针对长春市某小学的实践研究发现，家访、家长会、QQ与博客、网站、教师讲师团等家校共育方式对于教师专业理念的发展，专业知识的丰富以及专业能力的

提高都具有重要价值，可以促进教师的专业发展。[1]

首先，从教师专业理念角度来看，家校共育可以促进教师反思性思维、实践性思维以及批判性思维的发展。在长春市某小学的研究实践中，教师们的反思性思维、实践性思维以及批判性思维在参与家校共育之后有明显提升。例如，经过家校共育实践之后，有的教师开始对教育教学过程中的问题以及家校共育中的问题有了更多的反思，甚至开始撰写教学反思日记。此外，经过家校共育实践后，教师们的批判性思维也有了较大提升。例如，对于家访这种家校共育形式，教师们将关注点更多地放在了家访的实际意义和效果评估上，而不是家访的次数多少；在家校共育相关会议上，教师们也可以更多地发表自己的观点，批判学校在家校共育过程中存在哪些不足，可以从哪些方面进行改进，等等。总之，在家校共育实践中，无论是对于家校共育本身，还是对于其他教育教学内容，教师们都有了更多的思考。这意味着教师们的教育理念在家校共育中得到了不断的更新。

有的教师表示："还是挺感谢家校合作的，因为我在家校合作的过程中提升了自身教学的技巧，然后也让这门课程重新焕发了青春吧。通过家校合作我建立了一个群，邀请了许多学生家长，希望跟他们一起讨论用哪些方式让孩子知道什么是对的，什么是错的。一开始家长们还都不太好意思，后来也就放开了。我觉得在这个过程中，我就形成了实践性思维。和家长们进一步沟通，知道家长们都在想什么，这是多好的一个方式啊！我教这门学科有十三年了，可以说是家校合作让我重新找回了教学的乐趣。"[2]

其次，从教师专业知识的角度来看，家校共育可以促进教师更好地掌握教育学、心理学、家庭教育学等专业知识，还可以促进教师了解社会学、法律学等知识。这是

① 陈宓. 家校合作对小学教师专业发展的影响研究［D］. 延边大学，2014.
② 陈宓. 家校合作对小学教师专业发展的影响研究［D］. 延边大学，2014.

因为家校共育是一件专业性很强的工作，需要教师对儿童身心发展的一般规律，如何更好地促进学生发展，如何增强沟通效果，如何维护自身权益等方面，都有相对专业的了解。

最后，从教师专业能力的角度来看，家校共育可以促进教师多方面能力的发展，既包括家校共育能力，比如与家长沟通和写作的能力，发现并解决家校共育实际问题的能力等，也包括其他能力的发展，比如教学能力、学习能力、研究能力等。在家校共育过程中，教师既需要与同事进行沟通协作，也需要与不同层次、不同需求的学生家长进行沟通交流；教师还需要根据不同的情境选择合适的语言，比如打电话和开家长会，与使用微信、QQ等需要的语言就有所不同。因此，家校共育工作对教师的沟通能力既是一个挑战，也是一个锻炼的好机会。

案例分享

　　家校共育还可以锻炼教师发现问题、研究问题和解决问题的能力。例如，丫小学的某教师在2014年4月23日和10月14日，两次邀请学生家长走进课堂，近距离观察孩子在课堂上的表现，共同参与课堂活动，与孩子们一起学习课文，并参与其后的评课活动。该教师在这个过程中，发现相当多的家长非常关注自己孩子的学习状态。表现在语言上，就是大量出现"我家孩子……"，"我家宝贝……"，"我家……"的表述。具体到内容上，家长关注最多的，一是自己的孩子举手了，但为什么没有被老师叫起来回答问题；二是自己的孩子比较内向，不太喜欢举手，老师为什么不喊他起来回答问题。该教师认为这里蕴含着家长的学习观，而家长与教师的互动很有可能实现双方的学习观更新。针对这个问题，该教师开展了相关研究，并发表了论文。

（二）家校共育有助于教师职业幸福感的提升

家校共育不仅可以促进教师的专业发展，还可以从某种程度上满足教师归属与爱、自尊、自我实现等心理需要，提升教师的职业幸福感。

1. 家校共育可以满足教师归属与爱的需要

根据马斯洛的需求层次理论，所谓归属与爱的需要，是指每一个人都有与他人建立关系，或者在一个团体中占有一个位置的需要。对于教师来说，也渴望在学校这个场景中，教师这个团体中，或者家师关系中，获得归属与爱。例如，家校共育会增加教师与其他同事的交流，促进教师与教师之间良好关系的建立。教师可以在家校共育过程中结成"教师读书会""家校共育联盟"等家校互助团体，共同解决家校共育中的问题。这种教师互助团体就可以在一定程度上满足教师的归属与爱的需要。

2. 家校共育可以满足教师自尊的需要

所谓自尊的需要，是指希望得到别人对自己在能力、力量、地位、价值等方面的肯定的内心需要。这也是人类的基本需求之一。教师当然也希望得到他人，尤其是学生家长的尊重，如希望家长对自己的教育专业性、教师的身份等给予尊重和肯定。家校共育可以增加教师和家长之间的沟通联系，让家长有更多机会参与学校教育，从而让家长更加了解学校和教师。可见，家校共育为增进教师和家长之间的互相理解提供了一个很好的平台，有利于家长从内心更加理解教师、尊重教师、认同教师。

例如，有一位家长以前总是对学校不满意。有一次，这位家长充当了家长志愿者，参与了学校的家长值日。经过一天的值日后，这位家长对教师的工作有了深刻的体会。值日当天，他和教师一起早早就来到了学校，先是督促学生起床，然后是检查学校清洁卫生，检查学生两操出勤情况和教师到岗情况，维持学生食堂就餐纪律，最后是维持学生就寝纪律。一天值日下来，这位家长一身疲惫地回到家，不禁发出了这样的感叹："其实，老师也挺难当的。"这种想法反馈到老师那里，老师就有种被理解、被认可的感觉。这种家长理解老师，老师感谢家长认可的情感互动，会对家师关系、家校共育产生积极的影响。

总之，通过家校共育，教师可以收获更多的"盟友"，获得更多来自家长、同事以及学校的认同，还会对自身的能力有更多的自信。这使得教师可以更加认同自己的职业，收获更多的职业幸福感，减少职业倦怠。

三、家校共育可以为学校发展注入新力量

有些学校和教师可能会认为，邀请不懂教育的家长们来共育，可能就是在给学校添乱，因此不愿意让家长参与，或者不愿意去帮助和指导家长。其实，这也是对家校共育的一大误解。对于学校来说，邀请家长参与学校教育，帮助和指导家长其实就是在帮助学校自己，就是在培养自己的"左膀右臂"和教育"同盟"。

（一）家校共育可以丰富学校教育教学资源

学校的教育教学资源其实是有限的，教师的时间、精力以及知识面等也是有限的。然而，学生家长往往来自社会各界、各行各业，有着不同的职业、兴趣爱好、技能特长、知识储备、人生阅历等。每一位家长身上其实都蕴藏着丰富的教育教学资源。在家校共育过程中，家长参与学校课程开发，不仅可以有效弥补学校教育资源的不足，促进学校教育资源和家庭教育资源的整合，还可以为家长提供一个展示自我的平台，促进家长和学生之间的交流。

案例分享

以上海市七宝明强小学为例。学校组织每个班级的家长轮流申报"家长课程"，一下子就有几百堂种类丰富的"家长课程"涌现。这些家长课程涉及航天、民俗、医学、消防、艺

术等多个领域。目前，学校已形成"班级——年级——校级"三级家长课程的有序实施路径，每班每个学期2—4节家长课程，全校每个学期近400节的家长课程（见表1-2）。在这样的多样化课程中，以年管会的主任年级组长为领衔，负责审核本年级的特色经典课程，形成本年级共享的年级课程；由年管会蹲点中层推进审核年级特色共享课程，形成校本共享特色家长课程。三级推荐制度共同形成**三级家长共享课程序列**。

表1-2 上海市七宝明强小学家长课程

年级	课程	年级	课程	年级	课程
东校一年级	直升飞机的原理	东校二年级	舞动生活	东校三年级	中国功夫茶艺
	航拍世界真美好		舞动未来星		头脑风暴游戏
	冲上云霄		自我急救		小朋友来学航天
	眼睛的奥秘		DIY 发饰		打击乐初体验
	扇子舞		毛线绣贺卡		军用飞机的简要概述
	职业教育启蒙		模拟小法庭		模拟小法庭
	带你看世界		缤纷书签		小小武警特训营
	奥尔夫、趣味音乐 party		海豹小子		从一颗鸡蛋开始的故事
	气象科普知识		悠扬乐声伴成长		小小银行家
	温度"变变变"		少年强则国强		DIY 印第安头饰
	面具王国奇幻之旅		迷人的光		货币的故事
	变身制香小达人		我型我秀		梦幻魔术
	……		……		……

（二）家校共育可以促进现代学校制度建设，提升学校教育管理水平

建设现代学校制度是我国教育体制改革的重要内容之一，也是推进依法治校的重要举措。《国家中长期教育改革和发展规划纲要（2010—2020年）》在第十三章中明确提出要在适应我国国情和时代要求的背景下，"建设依法办学、自主管理、民主监督、社会参与的现代学校制度"。家校共育和现代学校建设之间有着密切的联系，二者是相互促进、互为保障的关系。一方面，家校共育是现代学校建设的重要内容和保障，有助于家庭发挥其教育功能，有助于现代学校制度的建设；另一方面，现代学校建设也可以促进家长参与学校教育决策和管理，促进家校共育从浅层次的"交流式"向深层次的"管理式"发展。[①]

家长参与是现代学校制度建设与发展的重要组成部分，也是家校共育的重要内容之一。学校成立家长委员会等组织，邀请家长参与学校教育管理和决策，不仅有利于学校发现自身存在的问题，进一步改进学校教育管理工作，也有利于现代学校制度建设，推动依法治校。

四、家校共育有助于家庭和谐与社会稳定

2016年12月12日，习近平总书记在接见全国文明家庭代表时指出："家庭是社会的细胞。家庭和睦则社会安定，家庭幸福则社会祥和，家庭文明则社会文明。我们要认识到，千家万户都好，国家才能好，民族才能好。"可见，家庭的和谐稳定与社会的和谐稳定是休戚相关的。解决好了家庭的问题，很大程度上就是解决好了社会的问题。

① 朱永新. 我国家校共育的问题及对策［J］. 教育研究，2021（1）.

家庭是孩子的第一所学校，家长是孩子的第一任教师。只有培养出充满教育智慧的合格父母，才能营造良好的家庭氛围，形成和谐的家庭关系，才能够培养出健康快乐的儿童。家校共育为家长们提供了一个重要的学习机会和成长平台，有助于改变家长的家庭教育观念，提升家长的家庭教育能力，有助于良好家风和学习型家庭的建设，从而促进社会的和谐与稳定。

（一）家校共育可以更新家长的家庭教育理念

家校共育可以更新家长的教育理念，如帮助家长树立权利意识和责任意识。父母在子女教育中拥有不可剥夺的权利，此权利并不能也不应因为孩子进入学校而被替代或者削弱。"家长参与"体现的是家长对子女教育权的进一步延伸，是家庭作为教育消费者的权利体现，是家长作为公民参与社会管理的民主权利表达。家长在参与子女教育的过程中，也是唤醒其权利意识和责任意识的过程。

🔲 案例分享

在宁波市某小学六年级的一次家长会后，家长们写下了这样的感受：

"'我们打骂孩子，孩子不会停止爱我们，但他们会停止爱自己。'看似简单的话语，却让我们心里打颤。在以后与孩子的共同成长中，我要控制好情绪，不要让生活的焦虑影响了孩子。"

"多聆听孩子的想法，试着和孩子进行有效沟通。听从张老师的建议，每天和孩子一起运动一个小时，陪孩子一起度过青春期。让孩子学会爱自己，学会调节情绪。"

（二）家校共育可以丰富家长的家庭教育知识，提升家长的家庭教育能力

目前，家长们普遍存在"育儿焦虑"。《2018年中国家长教育焦虑指数调查》报告显示约68%的家长对孩子的教育感到焦虑，其中家长最焦虑的阶段是孩子的幼儿园和小学阶段。家长们之所以焦虑，是因为对孩子的教育有一定期待，又缺乏相应的知识和能力。研究发现，家长会、专家讲座等已经成为学生家长获取家庭教育知识的重要途径，家校共育也确实可以促进家长教育行为的改变。在实际工作中，我们也发现许多家长都在家校共育过程中有所收获。

案例分享

家校携手培养终身阅读者[①]

深圳市罗湖区百仕达小学致力于家校携手培养终身阅读者。为了让父母科学地帮助孩子养成良好的阅读习惯，更好地在日常与孩子进行亲子阅读，学校首先帮助家长更新和提升阅读理念。每年新生入学前的"家长论坛"，校长都会面向全体新生家长进行题为《亲子阅读是最好的陪伴》的讲座。同时，学校还特地邀请专家以及具备丰富阅读推广经验的家长面向全校家长和学生分享亲子阅读经验，比如，如何为孩子挑选图书、打造阅读环境、提升阅读兴趣等，在谆谆讲座中进一步提升父母的阅读理念和实践水平。

（三）家校共育可以增进家长对学校的了解和认同，减少家校矛盾

家校矛盾产生的原因之一就是家长缺乏对学校教育工作的了解和认同，而家校共育正好可以增进家长对于学校和教师工作的了解与认同，转变家长的教育观念，让家长从学校的"阻力"转变为学校的"助力"，从而减少家校矛盾的发生。家校共育给

---

① 熊佑平. 深圳市罗湖区百仕达小学：家校携手培养终身阅读者 [N]. 中国教育报，2023-04-23（2）.

了家长走进学校的机会，让家长能够了解学生每日的生活和教师的工作，甚至有机会参与学校的决策和管理。因此，家校共育可以让家长真真切切地看到、听到和感受到教师的用心与付出，帮助家长更好地建立对教师与学校工作的认同，增进家校沟通，促进家校之间融洽关系的形成。

案例分享

江西弋阳：家长通过"膳食委员会"参与学校食堂管理

在弋阳，大部分农村初中是寄宿制学校，学生饮食是家长关心的头等大事。以前，学校通常把食堂承包给个人，承包商说食堂挣不到钱，学生们又抱怨饭菜太贵还吃不好，家长和学校在食堂问题上始终有个心结。

在全面推进家校合作以后，许多寄宿制初中收回食堂，成立"膳食委员会"，由教师和家长代表轮流参与食堂管理。家长代表全程参与食堂运作，亲历成本核算全过程……

从此，学校食堂告别"糊涂账"，食堂不再是家长的一块心病。

（四）家校共育可以促进教育公平

最后，家校共育还可以促进教育公平。这是因为家校共育可以有效解决农村偏远地区，以及有特殊需要家庭（如离异家庭、留守家庭）学生的教育问题，有利于学校解决特殊学生和特殊家庭的问题。例如，北京师范大学克拉玛依附属学校针对留守学生和离异家庭学生有针对性地开展工作，通过学校教育来弥补学生家庭教育的不足。比如，针对家长长期在野外工作，无法照看孩子的现象，学校主动安排学生留校吃午饭及午休；针对缺少父母关怀的离异家庭学生，学校组建了帮助联盟。

家校共育的实施主体是学校和教师、家庭和家长，双方组成合作互惠的同盟，以为国家和社会培养健康健全的学生为共同目标，并且在此过程中实现教师的职业发展，学校的育人愿景，实现小家庭的温馨和谐，最终促进大社会的和谐发展。因此，新时代的家校共育，不仅仅是学校单方面的诉求，也不仅仅是一句口号、一种形式，而应该做深、做透，才能实现全面共赢。

第 2 章

教师是家校共育的**主力军**

❓ 教师和学校的困惑

教师1 ▸ 要想做好家校共育，关键是要有一批出色又能干的老师，但是我们学校现在的问题就是缺专业的人才，很多老师对家校共育的理解和操作都停留在表面，不那么专业，大家都是"摸着石头过河"。

教师2 ▸ 我明白家校共育很重要，内心也想要做好家校共育，但是有时候真的是"心有余而力不足"，不知道自己应该做些什么，遇到问题究竟该怎么解决。

教师3 ▸ 我是一名年轻的班主任，每次和学生家长沟通的时候都觉得"太难了"，每个家长都不一样，诉求也不一样，不知道怎么处理才好，有时候也担心自己处理不好会引起家校矛盾。

教师4 ▸ 我特别不喜欢听家长侃侃而谈，尤其是在累了一天之后，真的是一句话也不想多说，所以有时候和学生家长沟通就比较容易"情绪化"，忍不住烦躁或者打断家长。

做好家校共育，关键在于"人"。在学校里，教师，尤其是班主任，是家校共育的具体执行者，是第一实施人，也是开展家校共育的"主力军"。作为专门教育机构中的专业教育者，教师在家校共育中起着重要的主导作用，对家校共育的实施效果至关重要。

家校合作操作手册　给学校和教师·小学卷

作为家校共育中的重要主体之一，目前教师在家校共育中主要面临两大问题。一是教师在家校共育中的角色定位不清。例如，很多教师因为不清楚自己在家校共育中究竟应该做些什么事情，应该扮演什么样的角色，所以在行为上出现了偏差，成为学业焦虑的强化者，低效信息的制造者。二是教师的家校共育胜任力不足，不具备做好家校共育的相关素质和能力。例如，很多教师不知道应该用什么样的方法引导家长参与学校教育、与家长进行沟通、制订家校共育活动方案等。这导致学校的家校共育工作流于形式，效果不佳，甚至"多做多错"，引起家校冲突和矛盾。因此，如果没有一批合格的家校共育"主力军"，也就很难说做好家校共育。在本章中，我们希望帮助教师厘清自身的角色定位、主要职责、应当具备的素质和能力，以及提升家校共育能力的途径等问题。

第1节　家校共育中教师的角色定位

如果教师对自己在家校共育工作中的角色定位不清，就可能会出现以下两种现象：一是角色缺位，即教师没有承担好自己应当承担的责任与任务，也就是"该做的没做或做不到"；二是角色错位，即教师的行为并不属于自己的职责或角色范围，就可能会导致"好心办坏事"。

虽然教师和家长都是家校共育的重要主体，但是二者承担的角色却存在差异。教师要想成为合格的家校共育"主力军"，首先需要明确自己在家校共育中的角色定位及应当相应承担的职责。只有摆正了自己的位置，才知道该做什么、不该做什么，不会"行偏""踏错"。

一、教师要找准自己在家校共育中的角色定位

教师在家校共育中应该扮演的角色并不是一成不变的，而是与其需要承担的职责相关联的。教师需要在家校共育中承担什么样的职责，决定了他们应该扮演什么样的角色。

（一）教师应该在家校互动中扮演好"沟通者"的角色

家庭和学校之间良好的、双向的沟通交流是开展家校合作共育的重要前提，也是构建家校之间平等合作伙伴关系的关键。如果没有这种良好的互动，家校之间就难以达到相互了解、相互配合以及相互支持的目的，也难以真正合作共育，共同促进儿童的成长。因此，教师需要在家校之间充当"桥梁"的作用，扮演好"沟通者"的角色。

首先，教师应该在家校互动中扮演好"告知者"的角色。 几乎所有的家长都关心自己的孩子，希望自己的孩子获得成功，并且家长迫切想从学校这个教育合伙人手里获得一些有效的信息。教师扮演好"告知者"的角色，家长就可以成为学校教育的"知情者"。这有利于家长进一步了解学校、教师和学生，包括学校的教育教学安排、活动计划，教师对学生着装、行为规范以及学习等方面的要求，学生在学校的学习和生活情况等。可见，教师在家校互动中扮演好"告知者"的角色具有重要价值。

其次，教师应该在家校互动中扮演好"倾听者"的角色。 真正的"沟通"应该是双向的信息交流，是彼此的观念、情感和意见的交换，而不是一厢情愿的单向信息传递。在家校互动中，家长需要从教师这里获取学校和学生的信息，同样教师也需要从家长这里获取家庭和儿童成长的有关信息。例如，教师需要从家长这里了解孩子在家的学习情况，教师也需要从家长这里了解学生的成长背景、生活经历等，教师还需要

了解家长在教育孩子上存在的困难、问题等。这就需要教师像朋友一样扮演好"倾听者"的角色，而不是像"独裁者"一样搞"一言堂"。

最后，教师还需要在家校互动中扮演好"鼓舞者"的角色。在家校互动的过程中，有时候家长可能会因为种种原因出现不愿意沟通的情况，从而影响家校之间良性互动。例如，对于学历程度不高，单亲等特殊家庭，或者家庭经济地位相对较低的家长来说，在与教师沟通交流时可能存在自卑、胆怯心理，不敢和教师进行互动。那么，此时教师就需要扮演好"鼓舞者"的角色，帮助这些不愿意表达、不敢表达或者不擅长表达的家长转变观念，提供给他们一个安全、平等的交流平台，鼓励他们积极主动地交流。

（二）教师应该在家校活动中扮演好"组织者"的角色

家校活动既是家校互动的一种有效方式，也是家长参与的一种具体形式，在家校合作共育中具有重要价值。在家校活动的不同阶段，教师应该扮演不同的角色。

首先，教师应该在家校活动初期扮演好"组织策划者"的角色。家校活动的开展既是为了加强家庭和学校的联系，更是为了促进儿童的健康成长。教师作为家校共育中的专业教育人员，在组织策划家校活动方面具有先天优势。因此，在活动之初，教师应该扮演好"组织策划者"的角色，包括选择贴近家长需求，有利于儿童健康成长，有利于增进亲子关系、家校关系等的活动内容或主题；选择有利于激发家长参与积极性的活动形式；选取有利于家长参与的时间，等等。总之，教师应该多站在家长和学生的角度思考，选择合适的家校活动主题、时间和形式。

其次，教师应该在家校活动过程中扮演好"实施推行者"的角色。一场成功的家校活动除了需要教师做好组织策划者之外，还需要教师做好实施推行者。在活动过程中，教师需要妥善安排，合理组织，才能保障活动顺利进行。为了提升家长参与活动时的体验，教师需要保持开放、热情的态度，让家长感到舒适、受尊重。例如，教师可以在活动场所布置好欢迎家长的标语，或者站在门口迎接家长等。总之，教师需要在活动过程中营造良好的活动氛围，维持良好的活动秩序，让家长不仅能发现参加活动的价值，还能体验参加活动的快乐。

最后，教师应该在家校活动结束后扮演好"反思调整者"的角色。任何一场活动都不可能是绝对完美的，都会存在一些需要改进的地方。因此，为了进一步提升活动效果，教师还应该在活动结束后收集家长对于活动的意见和建议，做好活动的反思、总结和调整。例如，教师可以在活动结束后，设置一个评估环节，了解活动到底产生了多大作用，存在哪些问题。

（三）教师应该在家长参与中扮演好"支持者""引导者"和"被监督者"的角色

教师在引导家长参与学校决策和管理中所扮演的并不只有一种角色。这是因为家长参与学校决策和管理的内容比较丰富，既包括家校组织的建立，也包括家校组织的运行等。因此，教师需要根据不同的需要分别扮演好不同的角色。具体来说，教师需要在家长参与中扮演好以下三种角色。

首先，教师应该在家长参与中扮演好"支持者"的角色。家校共育组织可以协调家庭和学校各方力量，是家长参与的重要组织保障。其中最常见的家校共育组织就是"家长委员会"（简称"家委会"）。家委会主要是由家长代表组成的，家长自愿成立，家长自主管理的一个以推进家校共育为目的的组织。家委会的建立有利于保障家长参与的权利，规范家长参与的行为等。因此，教师应该扮演好家校组织（主要是家委会）的"支持者"，即教师首先要支持家委会的成立，并且为家委会的成立以及独立开展工作提供帮助和支持。

2012 年，《教育部关于建立中小学幼儿园家长委员会的指导意见》中指出，"要把家长委员会作为建设依法办学、自主管理、民主监督、社会参与的现代学校制度的重要内容"，并提出"建立家长委员会，要发挥学校主导作用。家委会应在学校指导下履行职能。"

其次，教师应该在家长参与中扮演好"引导者"的角色。家委会等家校组织建立以后，最重要的是如何正常运行，有效开展工作，切实履行职责。家委会是一个主要由家长组成的群众自治组织，而家长又不是专业的教育人员，因此要想真正发挥家委会的作用，保障家委会正常运行，还需要学校和教师做好方向的引领，扮演好"引导者"的角色。例如，教师可以引导家委会建立相应的制度，如家委会会议制度，明确会议流程，保障会议次数；教师还可以引导家委会建立好章程、值班制度等；教师还可以为家长提供参与决策所需要的背景知识，包括决策本身的知识和学校现行规章制度等。总之，教师不仅要保障家长在家委会中的主体地位，还要在方向上避免家委会工作偏航、脱轨。

最后，教师还需要在家长参与中扮演好"被监督者"的角色。家长参与学校决策和管理的目的就是加强家长对学校教育教学工作的监督，帮助学校改进工作。在家长参与的过程中，家长是被赋予了监督权的，承担着监督者的角色。从这个角度来看，教师是被家委会、家长乃至整个社会监督的。因此，教师在家长参与过程中还需要扮演好"被监督者"的角色。教师需要为家长监督自己的工作提供便利，比如在醒目的地方悬挂意见箱，利用问卷调查、电子信箱、开放日、家长会等多种途径主动收集家长的反馈意见，等等。同时，教师还需要向有贡献的家长，如提出了建设性意见的家长表示感谢。

（四）教师应该在家长教育中扮演好"指导者"的角色

总体来说，教师应该在家长教育中扮演好"指导者"的角色。这是因为学生的成长离不开良好家庭教育的支持与配合。但是，目前仍然有大量家长缺乏家庭教育方面的系统知识，不能够理性、科学地对待和解决孩子成长中的诸多问题。例如，有的家长抱着不正确的成才观，只重视孩子的学习成绩，而不关心孩子的身体健康和心理健康，在教育上表现出"重智轻德"的倾向，导致"鸡娃""内卷"等现象的发生；有的家长在遇到问题时习惯采取简单、粗暴的打骂、威胁等不恰当的教育方式，给学生造成不良的身心影响；还有的家长认为只要把孩子送进学校了，教育就全部是学校和教师的事情了，缺乏对孩子应有的陪伴和指导，孩子无法从家庭获得安全感和支持，等等。这些问题都暴露出家长在家庭教育能力上的不足。这也使得对家长进行家庭教育指导变得尤为迫切。

具体来说，教师应该在家长教育中主要扮演好两种角色，第一是集体化指导的角色，第二是个体化指导的角色。

首先，教师应该在集体化的家长教育中扮演好"家长教师"的角色。这是一种面向大多数家长的高效率的家庭教育指导，可以同时解决多数家长普遍存在的家庭教育问题。在这个过程中，教师可以通过家庭教育讲座、家长学校、家长沙龙、育儿经验交流会等多种形式，面向家长群体开展指导。此时，教师的教育对象不再是学生，而是学生的家长。因此，此时教师扮演的其实是"家长教师"的角色。

其次，教师应该在个别化的家长教育中扮演好"咨询师"的角色。除了需要扮演好"家长教师"的角色之外，教师还需要针对个别家长和家庭的特殊问题进行个体化的指导。集体化的家庭教育指导只能解决大多数家长的普遍存在的问题，无法解决家长的个性化问题。此时，就需要教师扮演好"被咨询者"或"咨询师"的角色。

（五）教师应该在家校共育中扮演好"资源整合者"的角色

尽管教师是家校共育的"主力军"，在家校共育中起着主导作用，但是这并不意味着教师只能凭借自己单方面的力量做好家校共育。相反，教师应该在家校共育的各个环节（包括家长教育、家校互动、家长参与和家校活动等）主动开发和整合多方资源。因为再能干的教师，其自身知识储备、时间和精力等都是有限的。因此，教师在家校共育中还应该扮演的一个重要角色就是"资源整合者"。

具体来说，教师需要整合以下几种资源：一是家长资源，如教师可以挖掘不同职业背景、教育背景、爱好特长的家长教育资源；二是社区或社会资源，如教师可以挖掘社区家庭教育指导服务站点、医院、派出所、科技馆等多种教育资源；三是网络资源，如教师可以挖掘网上家长学校、网上家庭教育指导服务中心、微信公众号、家庭教育影视资源等多种资源；四是其他教师资源，如教师可以挖掘心理健康教师、德育骨干教师、优秀班主任等其他同事资源。

二、教师在家校共育中需要承担的主要职责

想要帮助教师解决角色缺位和角色错位的问题，进一步明确自己在家校共育中的角色定位，我们首先要弄清楚教师在家校共育中需要承担的主要职责有哪些，即教师在家校共育中究竟需要做好哪些事情。

美国霍普金斯大学的爱普斯坦教授在前人研究的基础上，结合自己多年在学校家校合作共育领域的研究成果，总结了家校合作共育的六种实践模式，分别是当好家长（parenting）、相互交流（communicating）、志愿服务（volunteering）、在家学习（learning at home）、决策（decision making）、与社区协作（collaborating with community）。基于爱普斯坦的分类方式，并结合我国的实际情况，我们认为教师在家校共育中需要承担以下几种职责或任务。

（一）做好家校沟通

教师需要承担起做好家校沟通的职责。教师需要通过多种途径与家长建立双向的沟通，构建良性的家校互动关系。具体来说，教师需要通过家长会、家访、校园开放日、家校活动、家校联系本、电话、微信、给家长的一封信等多种方式加强与家长之间的信息沟通，包括学校的教育教学情况，家校共育活动计划，以及学生在校学习、心理健康、行为习惯、思想品德等多方面内容。例如，教师要定期召开家长会和开展家访，与家长交流学生学习和生活情况，向家长提供有关学科要求、学习计划和活动等方面的信息，了解学生的成长环境以及在家表现等；教师还需要定期举办各类家校活动，邀请家长走进校园，近距离了解学校、教师和孩子在学校的情况。

（二）引导家长参与学校决策和管理

教师需要承担起引导家长参与学校决策和管理的职责。教师需要充分尊重家长在家校共育中的主体地位，通过多种方式引导家长参与学校决策和管理。具体来说，教师需要通过支持建立家委会等家长组织的方式，培养家长领导者和家长代表，引导家长参与学校重大事务的决策，鼓励家长为学校发展提出合理建议。例如，教师可以通过问卷调查、电子信箱、留言本等多种方式，征求家长有关学校发展、食堂管理、教育教学和家校活动等多方面事务的建议。

（三）做好家庭教育指导

教师需要在家校共育中承担起做好家庭教育指导、做好家长教育的职责。教师需要通过多种形式和途径帮助家长"当好家长"，帮助家长解决家庭教育问题，提高家庭教育实效。具体来说包括：教师需要通过家长学校、家长会、家长手册、短信平台、校刊等多种途径帮助家长了解基本的家庭教育理念和知识，包括孩子身心发展的一般规律等；掌握科学的家庭教育方法，包括有效亲子沟通、高质量亲子陪伴的方法等；营造良好的家庭氛围，包括如何处理好夫妻关系，如何做情绪稳定、不断反思的父母等。

父母需要教师的家庭教育指导，但并不等于教师对家庭教育的包办代替，家庭教育最终要由父母完成，任何人无法替代。教师在指导过程中要搭建平台，助家长成长，"授人以鱼"不如"授人以渔"。只有家长素质提高了，家庭教育才有保证，家校共育才有可能。

（四）整合家校共育资源

最后，教师还需要在家校共育中承担起整合各方资源的职责，既包括整合家长资源，也包括整合社区资源。一方面，教师需要通过招募并组织家长志愿者的方式整合家长资源，让家长志愿者帮助和支持学校工作。例如，教师需要通过问卷调查、书面通知、座谈或者给家长的一封信等方式，了解家长的兴趣爱好、特长、空闲时间和参与志愿服务的意愿等，以便在家校活动中更好地整合家长资源，协调家长工作。另一方面，教师需要主动与社区机构和人员进行协作，开发图书馆、博物馆、科技馆、银行以及社会组织等多种社区教育资源，开发社区志愿者参与家校共育工作。例如，教师可以通过向社区发布通知和宣传材料等方式招募社区志愿者，也可以通过邀请校友参与学校活动等方式开发社区资源。

🔗 知识链接

美国新泽西州的矿山学校把家长视为一种特殊的教育资源，在学区各学校成立了"家长志愿者协调委员会"，随时为教师提供教育资源。例如，"家长志愿者协调委员会"的任务主要是首先询求教师需要什么教育资源，然后帮这位教师和一名具有该方面才能的家长取得联系。各学校都建立了家长教育资源信息库，并在每个年级都配备一名家长志愿者协调员。在每年的《家长-学生手册》中都有一张供家长和教师签约的教学伙伴协议。

要想做好家校共育工作，成为一名合格的家校共育"主力军"，教师必须具备一定的专业能力，即具有一定的家校共育胜任力。

一、什么是教师的家校共育胜任力

要想弄清楚什么是教师的家校共育胜任力，以及它包含哪些具体的内容，我们需要先了解"胜任力"和"教师胜任力"的概念。

（一）"胜任力"概念

"胜任力"一词其实是个舶来品，由英文"competency"翻译而来，指的是一个人具备的可以较好完成某项工作所需要的各项能力和素质，包括应该掌握的知识、技能，应该具备的人格特质、动机、态度和价值观等。[1]简单说，"胜任力"就是一个人完成某项工作所必备的能力和素质。一个具备"胜任力"的人可以顺利地完成相应的工作，获得较好的工作绩效，反之一个不具备"胜任力"的人则无法完成工作内容。所以，人们通常用胜任力水平高低来衡量一个人的工作能力以及判断其工作效果。

（二）"教师胜任力"概念

"教师胜任力"是胜任力在教育领域的应用，指的是教师可以顺利完成教育教学

---

① 袁柯曼，周欣然，叶攀琴. 中小学教师家校合作胜任力模型研究［J］. 中国电化教育，2021（6）.

任务所必须具备的一系列能力与素质。有的研究者认为，这些能力与素质可以分为三大类：知识素养、能力素养和价值观素养。[①]有的研究者则认为它指的是一位教师在教育教学实践中应该具备的内在和外在特征的综合，可以分为八个类别：个性特征、职业道德、成就动机、情绪管理、人际互动、管理能力、教学智能和外界支持。[②]这些特征可以在实际的教学工作中将优秀教师和普通教师区分开来。[③]可见，教师胜任力是一种可以很好地预测教师工作效果的综合素养。

（三）"教师家校共育胜任力"概念

根据对胜任力和教师胜任力的理解，"教师家校共育胜任力"指的是教师顺利完成家校共育工作所必须具备的一系列综合素养，包括教师所应该具备的家校共育专业知识（家庭教育、家庭建设、儿童发展等），家校共育专业能力（家庭教育指导能力、家校沟通能力等），以及正确的家校共育动机、态度、价值观等。它还包括决定教师家校共育工作效果的一些个人特质，比如热情、乐观、积极等。总之，教师家校共育胜任力可以作为判断一位教师是否胜任家校共育工作的一项重要指标。

二、目前教师的家校共育胜任力有待提升

目前，我国教师队伍家校共育胜任力不足表现在多个方面。从教师家校共育胜任力的内涵来看，主要表现为教师家校共育专业知识不足，专业技能欠缺，家校共育态度和观念有待改变三个方面。[④]此外，家校互动关系不良，家校矛盾突出，以及家校

① Olson C O, Wyett J L. Teachers need affective competencies [J]. Education, 2000 (4).
② 黄莉君，张磊. 中学教师胜任力模型建构与应用研究 [J]. 教师教育论坛，2019（10）.
③ 罗小兰. 中学教师胜任力模型探究 [J]. 教育理论与实践，2010（34）.
④ 边玉芳，周欣然. 家校互动不良的原因分析与对策研究 [J]. 中国教育学刊，2019（11）.

共育效果普遍不佳等不良后果，也反映了教师队伍在一定程度上缺乏应有的家校共育胜任力[①]，需要进行相应的补足与提升。

（一）教师家校共育的专业知识有待补足

家校共育工作已经在我国开展多年，很多学校、教师也参与了家校共育实践，比如组建家委会，参与家长学校等。但是，教师们掌握的家校共育专业知识仍然不够，尤其是关于家校共育的理论知识。一项针对广州市中小学班主任的调查研究发现，大约有31.3%的班主任分不清家长学校和家委会之间的关系，大约有43%的班主任不能正确认识家长学校在家校共育中的地位。[②]还有调查研究发现，有相当比例的学校教师和领导对于自己在家校共育中的主体责任缺乏正确认识。从教师们掌握的家校沟通心理学知识来看，研究发现大约22.1%的教师家校沟通知识处于比较差的水平，约70.1%的教师家校沟通知识处于一般水平。[③]

从这些调查数据可以发现，目前教师队伍并没有掌握足够的家校共育专业知识，包括法律知识、教育学知识、心理学知识、社会学知识等。基本理论的缺失容易造成教师在从事家校共育活动时过于依赖个人经验、直觉判断、机会运气，削弱家校共育的活动效果，增加教师的心理负担，甚至在处理家校问题时触犯法律边界，造成严重后果。

（二）教师家校共育的专业技能有待提高

目前，教师组织、实施、开展家校共育活动，跟家长做好沟通等方面的技能也表

① 边玉芳，刘小琪，王凌飞. 当代我国中小学家校冲突的原因分析与应对建议 [J]. 中国电化教育，2021（5）.
② 戴育红. 广州市中小学家校合作现状与对策研究——基于班主任问卷 [J]. 教育导刊，2018（8）.
③ 颜杰. 城市初中教师家校沟通现状与对策研究 [D]. 延边大学，2018.

现出了不足。《全国家庭教育状况调查报告（2018）》发现，约97.4%的八年级班主任在"与家长沟通"方面遇到了困难。其中，"家长参与沟通的积极性不高""教育理念与班主任不一致""工作任务重，精力不足"等问题的存在对教师的家校沟通能力提出了挑战。研究发现，只有约11.7%的教师家校沟通能力处于较好水平，另有约74%的教师不能较好地运用家校沟通技巧，比如"选择合适的沟通时机""熟练的倾听与解释""及时做好沟通记录""利用适当的寒暄营造沟通气氛"等。[1]从家校沟通的实际效果来看，大约一半的教师对当前的家校沟通效果感到不满意，认为没有达到理想状态。[2]此外，随着微信等新型沟通方式的产生，教师们也遇到了新的沟通问题。例如，有些教师由于缺乏新媒体沟通技巧，在家长群里发布不适宜内容，或者说话方式不恰当，导致一些家校沟通矛盾，造成家长"怒退群"等事件的发生。

（三）教师家校共育的态度和价值观有待改变

从教师队伍有关家校共育的态度和价值观来看，依然有部分教师没有真正了解家校共育的价值，以及自己在家校共育中的角色定位等。首先，教师队伍中仍然存在较严重的"功利化"和"唯分数论"家校共育价值观念。有一项小范围的调查发现，大约有95.5%的教师都把学生的学习成绩作为衡量家校共育效果的重要指标。他们认为，学生学习成绩提高了，家校共育就是有效的，否则就没有价值。[3]这种将家校共育视为提高学生学习成绩的工具的价值观将窄化家校共育，也会使其偏离正确的方向。教师对待家校共育的态度和观念也会体现在其实际行动上。有研究发现，虽然有部分教师开始通过各种方式践行家校共育，但是仍然有相当比例的班主任未付诸行动。例如，调查发现，约25.4%的班主任没有在班级组织过家庭教育专题

① 颜杰. 城市初中教师家校沟通现状与对策研究［D］. 延边大学，2018.
② 赵佳佳. 家校沟通中的教师因素研究［D］. 青岛大学，2019.
③ 任锋. 中小学教师在家校合作场域中的角色定位［J］. 中国德育，2021（4）.

讲座，44%的班主任没有组织过亲子活动，40.7%的班主任没有上门家访的经历，30.8%的班主任没有建立家委会。①除了教师之外，学校领导如校长对待家校共育的态度和观念也有待提高。一项针对上海市146名公办中小学校长的调查研究发现，有26.2%的校长认为"家校合作会给教师带来工作压力"，46.2%的校长认为"家长参与学校活动会增加学校工作量"，并且有15%和32.4%的校长不同意"学校文化是家庭文化的引领者"，"学校是社区文化的中心"的教育理念。②可见，无论是一线班主任教师，还是处于领导层面的中层干部、校长，都存在一些家校共育态度和观念的偏差。

三、做好家校共育，教师应具备哪些胜任力

（一）要有专业的态度

有研究发现，教师的专业精神、专业态度有时候甚至比能力更重要。如果一位教师对于家校共育工作没有正确的态度和价值观，那么其能力越强，可能犯的错误就越多。因此，做好家校共育的主力军，教师首先应该具备一定的专业态度和专业精神。

1. 教师要认同家校共育的价值，主动投入

教师首先要认同家校共育的价值，认识到开展家校共育工作不是给自己"增负"而是给自己"减负"——只有获得家长的配合，才能更好地培养学生，促进学生发展。有了这种认同之后，教师才能积极主动地投入家校共育工作中，提升自己的专业能力，丰富自己的专业知识，积极创造条件与家长建立良好的关系，并积极面对家校

① 戴育红. 广州市中小学家校合作现状与对策研究——基于班主任问卷 [J]. 教育导刊，2018（8）.
② 郁琴芳. 中小学校长家校合作理念更新与领导力提升——基于校长专业标准的视角 [J]. 教育发展研究，2014（20）.

共育工作中可能出现的问题。主动不仅意味着教师需要在出现问题时积极与家长沟通联系，还意味着教师在没有问题出现的时候，也需要保持与家长的联系，与家长建立稳定、良好的关系。

2. 教师要有责任心，做好自己在家校共育中的份内事

教师不仅需要主动投入家校共育工作，还需要在家校共育中积极承担自己应有的职责，做好自己的份内事。教师和家长都是家校共育的重要主体，都在家校共育中承担着重要职责。只有教师和家长各自做好自己的份内事，履行自己的职责，才能真正做好家校共育工作。教师作为家校共育中的主导者，不仅要承担好自身的职责，还要对家长起到提示、引导的作用，帮助家长做好自己的份内事。

教师在做好自己份内事的过程中，也需要注意掌握好分寸，不越界。也就是说，教师不能够越俎代庖，替家长做事。

3. 教师要认同家校共育的专业性，做到终身学习

家校共育是一件专业的事情，且是一件需要与时俱进的事情。例如，在家校共育过程中，教师需要面对各种各样的家庭和家长，要和各种不同性格、知识背景、文化水平的家长进行沟通，引导不同层次的家长参与学校活动，替不同需求的家长解决问题等。因此，教师还需要有终身学习的意识，主动通过家校共育实践、书籍、网络等多种途径不断提升自己的专业知识和专业能力。只有这样，教师才能够保持自己在家校共育上的专业性，保证自己不走弯路或者少走弯路。

（二）要具备专业的知识

家校共育是一项专业性较高的工作，教师想要做好家校共育工作，就必须要有一定的专业知识储备。这是教师有效开展家校共育工作的前提条件和基础。这不仅可以帮助教师有效应对家校共育中的各种问题，还能帮助教师建立在家长心目中的专业性、权威性，从而提升家长对教师的信任度。

具体来说，教师到底应该掌握哪些与家校共育有关的专业知识呢？按照学科分类标准来看，教师主要需具备教育学（家庭教育、成人教育等相关知识）、心理学（发展心理学、婚姻与家庭心理学、咨询心理学等相关知识）和管理学（沟通传播、组织协调等相关知识）等相关学科的专业知识。总之，按照不同的分类，教师需要掌握的具体专业知识也有所差异。鉴于教师需要掌握的专业知识内容非常丰富，且是随着时代发展变化逐渐变化的，因此我们只介绍以下几项主要专业知识。

1. 家校共育有关的政策和法律知识

为了把握家校共育工作的"大方向"，避免在具体的工作过程中"踩红线"，教师首先需要掌握的是家校共育有关的国家政策、文件和法律相关知识。了解这些知识可以帮助教师找准家校共育在整个教育改革、国家发展中的位子，从而进一步帮助教师明确自己在家校共育中需要承担的职责任务，明确自己需要扮演好的角色等。总之，这些知识可以帮助教师在家校共育实践工作中少走弯路，不走歪路。

具体来说，教师需要掌握家校共育有关的教育规划与改革类文件、德育类文件、学校管理类文件、儿童教育与保护方面的法律文件以及家庭教育类文件等。例如，《全国教育事业第十个五年计划》（2001年）、《国家中长期教育改革和发展规划纲要（2010—2020年）》和《中国教育现代化2035》（2019年）等教育规划文件中都明确提出要探索或者推进家校协同育人机制建设；《全国家庭教育指导大纲》（2010年）、《关于进一步加强家长学校工作的指导意见》（2011年）等文件都对家校共育的目标，形式与内容，组织与管理，督导与评价等进行了系统、规范的说明；《中共中央关于改革和加强中小学德育工作的通知》（1988年）、《中共中央关于进一步加强和改进学校德育工作的若干意见》（1994年）等文件都明确提出要加强学校教育、家庭教育和社会教育三者之间的联系，探索学校、家庭和社区"三位一体"的合作共育模式。

此外，教师还需要掌握一些地方性的家校共育政策。例如，1989年北京市就在教育工作会议上明确提出要"建立家庭、学校和社会三结合的教育网络体系"，并编制了《中小学家庭教育大纲实施细则》《中学生家长必读》等家校共育资料。近年来，北京市还颁发了《北京市"十一五"时期家庭教育工作规划》《北京市关于进一步加强中小学家庭教育指导服务工作的实施意见》等家校共育相关的文件。

除了政策性文件外，教师还需要了解一些和家校共育有关的法律知识。例如，2021年6月新修订的《未成年人保护法》，2022年1月1日开始实施的《家庭教育促进法》，地方上的《山西省家庭教育促进条例》《江西省家庭教育促进条例》《江苏省家庭教育促进条例》《浙江省家庭教育促进条例》等。

2. 家校共育有关的理论和实践知识

了解一些和家校共育或家校合作有关的理论和实践知识，是教师开展家校共育工作的理论依据，也是教师开展家校共育工作的重要借鉴。

具体来说，教师需要掌握的家校共育理论和实践知识包括：家校共育的经典理论、家校共育的国内外实践模式、家校共育的主要内容和形式、国内外可借鉴的经验及影响家校共育效果的主要因素等。例如，关于家校共育的理论有社会资本理论、社会互赖理论、家校分离理论、家庭缺失论、责任分散理论、教育机构歧视论、权变管理理论、参与式管理理论、系统生态理论、重叠影响域理论等。[1]

例如，为了有效推进家校共育工作，提高家长和教师的家校共育意识，美国、英国、法国、日本、德国等国家专门建立了家校共育组织。美国自从1841年开始就建立了家校共育组织"女子公共学校联合会（Female Common School Association）"。随后，美国又建立了多种形式的家校共育组织，其中最著名的就是1897年开始成立的"家长教师联合会（Parent-Teacher Association）"，简称PTA。这是美国规模最大的家校共育组织。它一共分为三级，分别是全国家长教师联合会（National PTA）、州家长教师联合会（State PTA）、地方家长教师联合会（Local Unit PTA）。

---

[1] 吴重涵，王梅雾，张俊. 家校合作：理论、经验与行动［M］. 南昌：江西教育出版社，2013.

日本、香港也建立了主要由学生家长和教师组成的四个层级的家长教师联合会，包括全国性的PTA，地方或社区级别的PTA，学校PTA以及班级PTA；新加坡则建立了由国会议员、工会代表、社区领袖等人员构成的全国性的咨询理事会"社区与家长辅助学校咨询理事会（COMPASS）"。

此外，国内外常用的家校共育方式除了建立家校共育相关组织外，还有家长会、家长学校、家访、家长开放日等。例如，"一对一"家长会、线上家长会、家长夜校等。

ⓒ 知识链接

家校共育经典理论之一：重叠影响域理论

重叠影响域理论（Over-lapping Spheres of Influence），也叫交叠影响域理论，是由美国霍普金斯大学的爱普斯坦（Joyce L. Epstein）在社会资本理论和系统生态理论基础上提出来的。她认为，关于家校共育的研究不应该仅仅停留在对理论的争辩中，而应该对实践有指导和改善意义，切实解决学校教师、家长和学生面临的问题。[1]在此基础上，她展开了对建立家庭、学校和社区之间新型伙伴关系的研究，并提出了重叠影响域理论。[2]

重叠影响域理论包括外部模型和内部模型两个部分。其中外部模型（见图1-3）解释的是家庭、学校和社区三个主体之间既可以合作又可以分离的关系。影响孩子发展的因素主要有家庭、学校和社区三个，且这三个因素既可以单独影响孩子的成长，也可以共同影响孩子的成长。[3]也就是说，有些活动是需要家庭、学校和社区单独开展的，而有些活动则需要

---

① 张俊，吴重涵，王梅雾，刘莎莎. 面向实践的家校合作指导理论——交叠影响域理论综述［J］. 教育学术月刊，2019（5）.

② 杨启光. 重叠影响阈：美国学校与家庭伙伴关系的一种理论解释框架［J］. 外国教育研究，2006（2）.

③ 爱普斯坦. 学校、家庭和社区合作伙伴：行动手册［M］. 吴重涵，薛惠娟译. 南昌：江西教育出版社，2013.

家庭、学校或者社区彼此协作配合，共同发挥作用。具体来说，到底哪些内容需要三者协同，取决于学生的年龄和年级变化，以及学生的个体差异和教育活动的性质等因素。

内部模型（见图1-4）是对外部模型重叠区域的"特写"，解释三个主体之间是如何发生互动和影响的。这种互动和影响既可以在机构之间发生作用，比如学校邀请家庭参与某种活动；也可以在个人水平上发生作用，比如家长和教师之间沟通交流的时候。[①]

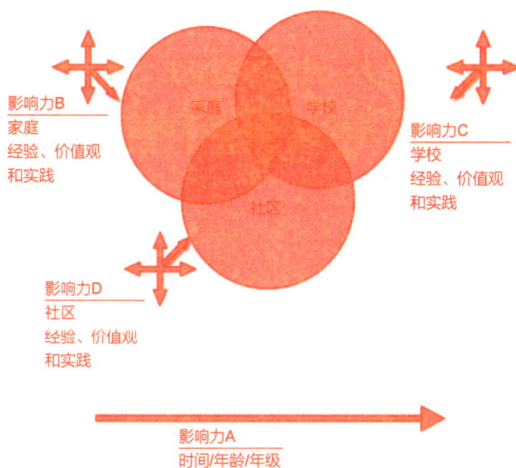

图1-3　重叠影响域理论外部模型　　　　图1-4　重叠影响域理论内部模型

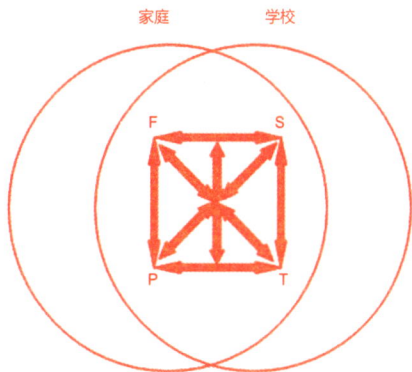

3. 家庭教育指导知识

目前，面向家长开展家庭教育指导工作是学校教师开展家校共育的重点内容之一。因此，在开展家校共育工作过程中，教师尤其需要掌握的一类知识就是家庭教育

① 杨启光. 重叠影响阈：美国学校与家庭伙伴关系的一种理论解释框架［J］. 外国教育研究，2006（2）.

指导专业知识。教师需要掌握的家庭教育指导知识内容非常丰富，涵盖家庭教育、家庭建设、儿童发展、心理健康、成人教育等多方面知识，包括帮助家长认识孩子的身心发展规律，了解先进的家庭教育理念，掌握科学的家庭教育方法，构建和谐的家庭关系，营造良好的家庭氛围等。

（三）要有专业的能力

关于"做好家校共育，教师应该具备哪些能力"这个问题，不同研究者有不同的答案。例如，有研究者认为它应该包含理论理解能力、持续学习能力、反思能力、沟通能力、问题解决能力、移情共情能力、积极协调能力、情绪调节能力共八项指标[1]；有人认为它主要包含日常沟通能力、移情共情能力、问题解决能力、教育反思能力、持续学习能力共五种能力[2]；有人认为它主要包含有效沟通能力、协调合作能力、组织管理能力和自主学习能力共四种能力[3]。综合目前国内外有关教师家校共育胜任力的研究，以及爱普斯坦有关家校合作的六种实践活动类型，我们认为做好家校共育，教师应该具备以下六种能力。

1. 家校沟通能力

教师在家校共育中的一项重要任务就是进行家校互动，即促进家庭和学校，家长和教师之间的沟通交流，使彼此能够达到互通有无的目的。当家庭和学校之间出现矛盾或冲突时，教师需要妥善化解这些矛盾。因此，做好家校共育工作，教师需要具备的一项重要能力就是家校沟通能力。这是家校之间建立良好互动关系的前提，也是家校共育顺利推进的"润滑剂"。

具体来说，教师的家校沟通能力至少包括两个部分：一是语言表达的能力，二是

① 曾子原. 小学教师家校合作胜任力研究［D］. 广西民族大学，2020.
② 姜仁建. 小学教师家校合作胜任力现状分析及提升路径［J］. 现代教学，2019（20）.
③ 袁柯曼，周欣然，叶攀琴. 中小学教师家校合作胜任力模型研究［J］. 中国电化教育，2021（6）.

理解与倾听的能力。在家校沟通中，教师首先需要具备良好的语言表达能力，确保能够顺利开启与家长的对话，准确无误、言简意赅、理性客观地将信息传达给家长。其次，教师需要具备良好的倾听能力，能够积极接收和理解家长表达的信息，并给予恰当的回应。在这里尤其值得说明的是，在家校沟通能力中，有时候倾听能力比表达能力更重要，因为"听"是"说"的基础。因此，教师应该要具备一定的倾听技巧。除此之外，随着互联网和新媒体技术的发展，教师还需要具备一定的新媒体沟通能力，比如如何利用微信、QQ等软件与家长沟通，使用新媒体沟通需要注意哪些问题等。

> 🖐 **工具箱**
>
> ### 家校沟通倾听小技巧
>
> 在家校沟通的过程中，教师可以使用的倾听小技巧有：
>
> 1. 鼓励家长先开口；
>
> 2. 使用并观察家长的身体语言；
>
> 3. 非必要时，不打断家长的谈话；
>
> 4. 听取关键词；
>
> 5. 反应式倾听。

2. 家校活动组织与策划能力

作为教师，在开展家校共育过程中不可避免要组织和策划一些家校共育活动，比如校园开放日、家长会、亲子活动、家长讲座、家长沙龙等。要想使这些活动顺利进行，并且发挥最大的效果，妥善的组织策划必不可少。因此，教师还需要具备一定的组织策划家校共育活动的能力。

具体来说，教师的组织策划能力包括以下几个部分：在活动开始之前，教师需要具备一定的选择与决策能力，以及撰写活动方案的能力。教师能否选择合适的活动主题和活动形式等对于活动的成功十分关键。在活动开始时，教师需要具备一定的组织、指挥、控场能力，保证活动按照"预设"进行。在活动开展过程中，如果出现一些突发事件，比如突然下雨了，有人受伤了，或者有家长要求提前退场等，教师还需要具备一定的随机应变能力，以便扫除活动障碍，让活动顺利开展。

3. 家庭教育指导能力

所谓"教师的家庭教育指导能力"，指的是教师通过多种学科的教育理念、手段、技术和方法，对实施家庭教育的家长从理论、方法、内容和技术等方面进行指导，帮助家长提高科学育儿素养、提升家庭教育水平的一种能力。如果家长的家校共育意识淡薄，或者家长的家庭教育能力不足，那么就会严重影响家校共育工作的推进效果。因此，在家校共育过程中，教师的一个重要作用，或者一项很重要的工作，就是开展家庭教育指导，提升家长的家庭教育能力，帮助家长成长为"合格父母"。只有让家长意识到家校共育的价值和作用，主动参与学校教育，跟学校育人目标与方向保持一致，用正确的方式方法教育孩子，营造和谐的家庭环境，才能真正实现家庭教育和学校教育的合作共育，最终走向共赢。

因此，在教师的家校共育胜任力中，有很大一部分是教师的家庭教育指导能力。可以说，教师家庭教育指导能力的高低，直接影响家校共育效果的好坏。

4. 家校资源开发与整合能力

虽然说教师是家校共育的"主力军"，但是教师自身的力量是有限的，所以教师还需要充分开发身边可利用的家长、社区和社会资源。因此，如何寻找合作资源，以及将这些资源整合起来为自己所用，也是教师在家校共育过程中需要具备的一项专业能力。

具体来说，教师的资源开发与整合能力应该包括以下两方面的内容：一是家校资源开发能力，即教师需要具备根据自己的工作需要挖掘各类家校共育资源的能力。例如，教师可以与不同类型的家长、社区工作人员、以及家校共育专家建立良好的关系，并具备邀请这些"编外人员"参与家校共育的能力。二是家校资源整合能力，即教师可以清楚地知道需要在什么时候使用何种家校共育资源，或者如何同时使多种资源发挥其最大价值。

5. 学习与反思能力

随着科技的进步、社会的发展、教育改革的深入，学生的成长环境在变化，家长的教育观念在变化，因此教师面临的家校共育问题也是在不断变化的。为了适应这种变化，教师就必须拥有一定的学习能力。这要求教师保持开放的态度，积极主动更新自己的教育观念、专业知识以及教育方法，不断提升自己的家校共育素养。例如，教师需要具备一定的阅读能力，从家校共育相关书籍中获取新的知识和技能；教师还需要具备一定的网络搜索能力，从浩瀚的网络知识中提取出适合自己的学习内容。总之，如何在有限的时间和精力范围内，获取想要的新知识和新技能，对于教师来说也是一种挑战。

除了保持学习之外，教师还需要具备一定的反思能力。教师能够在家校共育实践中，对来自家长、学生以及其他教师的反馈信息进行自我反思，然后不断调整自己在实践中的方法。

6. 情绪管理能力

教师在家校共育过程中，由于自身精力不够，工作太忙，无法得到家长和学校领导理解等多方面原因，很有可能出现情绪不稳定的情况。例如，在一项调研中，一位教师说："和家长沟通时，很多老师都是比较情绪化的。比如，一次开家长会前做准备工作，老师都挺忙挺烦躁的，这时候正好有一个家长打来电话请假，我当时劈头盖脸把家长说了一顿。"[1]这时候，如果教师不能管理好自己的情绪，就可能引起家校矛

① 陈美言. 协同教育视角下的家校合作对教师角色的影响［J］. 亚太教育，2016（20）.

盾或家校冲突，导致家校关系恶化，使家校共育工作无法正常开展下去。因此，要想做好家校共育工作，教师还需要具备一定的情绪管理能力。

所谓情绪管理能力，是指教师在家校共育过程中，能够有效调节自己与他人（包括家长、学生和领导等）情绪，保持自己与他人情绪稳定的能力。具体来说，教师在家校共育中的情绪管理能力包含以下两个部分：一是教师能够有效地识别自己和家长、学生等对象的情绪；二是教师要能够通过一定的方法，有效地管理自己和学生、家长等对象的情绪。例如，当教师与家长沟通学生在学校的情况时，提到学生在学校犯了错误，家长的脸上表现出不愉快的表情。这时候，教师需要及时捕捉家长的情绪变化，并对交谈内容做适当的调整，而不是任由家长情绪发酵。此时教师可能还会觉察到自己内心也有一些委屈、愤怒的情绪，可以及时中止谈话，去给家长和自己分别倒了一杯水。

当然，教师的家校共育胜任力并非一朝一夕就能养成，也并不与教师的学历直接相关。有研究发现，几乎所有班主任都能意识到"要想做好家校共育，教师需要具备出色的能力"，但是如何提升这一能力却依旧是个难题，尤其是对刚刚步入教师岗位的年轻教师来说。他们自己都是刚从校园里走出来的，可能普遍具有一定的专业理论知识，但是相对缺乏人生阅历和沟通经验，缺乏一定的情绪管理能力。而且随着时代的风云变幻，家校共育的前进方向以及需要处理的难题也并非一成不变。这就要求教师对家校共育工作应足够重视，用专业理论知识武装自己，不能停止学习的脚步；在实践工作中提升自己，时刻反思优势与不足；在沟通交流中拓展自己，向同行、前辈、专家取经。只有这样，才能真正完善家校共育工作，学校跟家长一起，携手促进学生的健康成长。

第 3 章

现代学校家校共育**制度建设**

第 1 节 ● 建设现代学校家校共育管理机制

第 2 节 ● 现代学校家校共育制度建设的有效途径

教师和学校的困惑

教师1 现在，我们老师在家长心目中一点地位都没有，很多家长非常强势，经常对我们指指点点，根本不把我们放在眼里。如果我们老师再不强势一点，那更是要被家长"欺负"了。

教师2 有些家长简直把我们小学老师当成了孩子的"保姆"，总是提出一些让人哭笑不得的要求，比如帮他们"接孩子"，"监督孩子上厕所"等。

教师3 老师就是一个"服务行业"，我们只要摆正自己的心态就好了，不要试图去跟家长说些有的没的，说多了做多了，他们也不会领情。

教师4 家长其实什么都不懂，就喜欢在背后指手画脚，我们根本不用理会那么多，自己该怎么做就怎么做。

　　家校共育是家庭和学校之间、家长和教师之间相互支持，相互配合，共同努力，促进儿童健康全面发展的协作过程。现代学校制度是我国为了适应市场经济发展而建立的一种新型学校制度，是我国基础教育领域的一项重大改革。家校共育和现代学校建设之间有着密切的联系，二者是相互促进、互为保障的关系。一方面，家校共育是现代学校建设的重要内容和保障，有助于家庭发挥其教育功能，有助于现代学校制度的建设；另一方面，现代学校建设也可以促进家长参与学校教育决策和管理，促进家校共育从浅层次的交流式向深层次的管理式发展。[①]

　　目前，我国家校共育普遍存在缺乏长效运行的管理机制，缺乏有效的沟通机制，以及家长和教师家校共育胜任力不足等问题。对于学校而言，要加强家校共育工作，提高家校共育的有效性，关键是要建设现代学校的家校共育管理机制，促进家校共育工作向制度化、系统化、规范化发展，提高教师队伍的家校共育水平，为家长和教师赋能。

第1节　建设现代学校家校共育管理机制

　　建设现代学校的家校共育管理机制，可以促进学校家校共育工作向规范化、制度化和体系化发展，避免家委会、家长学校、家长会、家访等家校共育方式流于形式，提升家校共育的实际效果。这是家校共育和现代学校建设的需要，也是我国基础教育体制改革的必然要求和发展趋势。因此，学校需要在充分把握现代学校制度特点的基础上，制定科学完善的家校共育管理体系、运行机制以及考核评估机制。

一、现代学校制度的特点

　　建设现代学校制度是我国教育体制改革的重要内容之一，也是推进依法治校的重要举措。《国家中长期教育改革和发展规划纲要（2010—2020年）》在第十三章中明确提出要在适应我国国情和时代要求的背景下，"建设依法办学、自主管理、民主监

---

① 朱永新. 我国家校共育的问题及对策［J］. 教育研究，2021（1）.

督、社会参与的现代学校制度"。一般来说，现代学校制度具有以下特点。

（一）独立性

在传统学校制度下，学校是国家和教育行政机关的"附属品"，不是一个独立的办学实体，没有独立自主权，只是被动执行上级教育部门的指令。这是计划经济历史背景下的产物。而现代学校制度则淡化了政府对学校的行政管控，强调"政校分开，管办分离"，确立学校的"事业法人"主体地位。这使得学校摆脱了对教育行政部门的依附，拥有了独立自主的办学权力，可以进行自主管理和自主发展。因此，"独立性"是现代学校制度的一个显著特点。这为学校的发展增添了活力，让学校可以"一校一品"，各具特色。

尽管现代学校制度强调学校的"独立性"，但是这并不意味着学校的发展就没有了规则和约束。因此，为了保证学校有序、规范地开展各项活动，国家在《全面推进依法治校实施纲要》中明确规定学校需要"依法制定具有自身特色的学校章程"。依章办事意味着学校需要在遵循国家大的教育方针原则下，在结合自身实际情况的基础上，完善各项规章制度，比如学校章程、议事制度、法律顾问制度、学校发展规划和年度实施方案等，做到"有序的独立"。

（二）多方参与

在传统学校制度下，学校是相对封闭的，很少与社会、家庭等外部环境发生联系，也很少受到家庭和社会的影响。在这个阶段，学校几乎是教育的唯一主体，成为了唯一的教育机构。但是，现代学校制度打破了这种"闭门办学"的状况，要求构建"民主监督"和"社会参与"的"政府、学校、社会之间新型关系"。这种新型关系的核心思想是"开放"和"多方参与"，即学校应该成为一个开放的组织，需要整合学校内部与外部的各种力量和教育资源，共同促进学校、教师、学生、家长等的发展。这意味着，一方面学校需要向家庭开放，增加和家长之间的互动，与家长建立良好的关系，既要服务家长，又要满足家长参与学校教育决策与管理的需要；另一方面学校也需要向社会开放，与社会进行沟通与合作，建立积极的互动关系，既要服务社会，又要整合各方社会资源和力量参与到学校教育管理中来。总之，现代学校制度强调的多方参与，不仅意味着学校需要家庭和社会的多方面参与，还意味着学校需要接受家庭和社会多方面的监督。

（三）活力多元

传统学校制度由于具有附属性、封闭性和单一性等特点，往往存在办学效率低，同质化严重，缺乏特色和活力的现象，学校治理也存在缺乏制度化、缺乏规范化和结构化等问题。但是，现代学校制度由于拥有独立法人地位，拥有办学的独立自主权，因此可以在办学过程中尽最大可能地发挥能动性，"八仙过海，各显神通"。这极大增强了学校的活力，也让学校的发展变得多元化。此外，由于现代学校制度借鉴了现代企业制度在目标管理和资源配置等方面的经验，在办学效率、科学化管理等方面都有很大提升。这也进一步增强了学校的活力，让学校从单一的、非制度化的"人治"道路走上了多元的、规范化的"法治"道路。

现代学校制度的这三大特点，尤其是多方参与这一特点与家校合作、协同育人的理念不谋而合。可见，现代学校建设与家校共育之间并不存在矛盾，而是相互促进、相互成就的关系。

二、建设现代学校家校共育制度的意义

从贯彻落实国家政策的角度来看，建设现代学校的家校共育制度是贯彻落实《国家中长期教育改革和发展规划纲要（2010—2020年）》《全面推进依法治校实施纲要》

以及《关于建立中小学幼儿园家长委员会的指导意见》等文件的需要。除了有利于进一步推动现代学校的建设，有利于推进依法治校的深入开展之外，建设现代学校的家校共育管理机制更重要的是可以促进家校共育工作的全面开展。

（一）促进学校家校共育工作的科学化、系统化发展

目前，从家校共育的内容来看，无论是其科学性还是系统性都比较欠缺。这主要体现在两个方面：一是家校共育内容单一狭窄，缺乏深度，比如仍然停留在比较传统的方面，尤其是主要关注孩子的学习，对孩子的心理、品德和职业规划等方面的内容关注不够；二是家校共育内容处于碎片化、随机化状态，缺乏统一规划，如家校活动往往是以班级活动的形式开展，常与学校常规性的教育内容脱节。另外，还有些学校开展家校共育工作主要是从实际需要出发，如遇到问题了就开展，没有遇到问题就不开展，或者哪个年级问题多、时间多就在哪个年级开展等。

这些问题都不利于家校共育工作科学化、系统化的发展，不利于家校共育工作的深入开展。如果学校能够建立良好的家校共育管理机制，则更有利于推动家校共育工作科学、系统、深入地发展。例如，江苏省丹阳市某学校从家校共育的"关键因素"课程入手，将家校共育工作纳入学校整体发展规划，通过大数据的方式调研家长教育需求，并结合《全国家庭教育指导大纲》、省编教材《家长必读》等教育资源，设计与构建了主要包括家长必修课、家长选修课和亲子课三大内容的"好家长"校本家校共育课程体系。[1]还有的学校围绕不同年龄段学生的成长需求，全方位构建了班级、年级和校级三个层面的家校共育校本课程体系，让家校共育工作可以按照教学计划和教学内容系统化进行。[2]

---

① 王伟. 办"好家校"育"好家长"[J]. 初中生世界，2019（48）.
② 何粤嫦. 家校共育课程的开发与实践研究[J]. 教育视界，2019（19）.

（二）促进学校家校共育工作规范化、有序化发展

科学化、系统化的内容是进行家校共育的重要前提，但规范、有序的组织形式也是保障家校共育工作顺利开展的重要环节。目前，家校共育在这方面也存在一些关键问题。例如，有些家长与教师的沟通合作仅限于QQ群和微信群。即使组建了家委会、家长学校或者一些其他的家校共育组织，也并没有建立相应的制度和规范，而是从学校的一些具体事务出发，邀请部分热心、积极的家长参与。

这不仅导致学校家校共育工作难以真正有效地开展，还可能导致教师在家校共育过程中出现操作上的失误，从而引发社会舆情。曾经在网络上被热议的"家长被教师踢出家长群""家长怒退家长群"等新闻就是典型的例子。可见，建立家校共育管理机制，加强对家委会、家长学校等家校共育组织的管理，以及制度化建设，让教师在家校共育过程中有规可依非常重要。

（三）促进学校家校共育工作深入化、有效化发展

从家校共育的层次来看，目前我国的家校共育大多停留在"参与"和"沟通"的层面上，属于浅层次的参与，实际效果还有待提升。家校共育无法深入开展以及效果不佳的原因很多，其中关键性的因素是缺乏有效的管理机制。除了内容缺乏科学性、系统性，组织形式缺乏规范性、有序性之外，还存在管理机构缺乏、评估监督机制不健全等问题。例如，一些学校并没有专门的部门对全校的家校共育工作进行统一管理，而班主任、心理健康教师、德育处等则成为学校家校共育工作的主要负责人和主要管理部门。对于大部分学校而言，班主任在家校共育工作中承担着主要角色。他们既是班级管理者，也是家校沟通、家校共育的润滑剂和合伙人。有时候，本该由学校承担的家校共育职责，也成了班主任的"份内事"。这导致班主任承担了过多的家校共育责任和压力，也严重影响了班主任的家校共育热情，甚至导致班主任对家校共育产生排斥和抗拒心理。

如果学校可以将家校共育纳入现代学校制度建设，设立专门的家校共育管理部门，建立良好的家校共育管理、监督和评估机制，则可以更好地发现学校和教师在家校共育过程中存在的问题，评估和管理教师的家校共育工作。例如，学校可以设立"家长督学"，赋予家长参与民主评议的机会；也可以设立专门的"家校共育专业委员会"或者"家校共育专业工作组"等，让学校家校共育工作做到"有人员""有组织""有场地""有制度""有监督"。

案例分享

苏州科技城实验小学搭建家长"互动式"实践活动平台

要使家长成长，让家长积累家庭教育的经验和智慧，就需要给家长搭建互动式的实践活动平台。学校给家长提供了"六大平台"：

1. **校级家委研讨会**。校级家委会利用例会，共同研讨家庭教育中的一些共性的问题，通过研讨得出一些经验性的总结和有效的做法，然后分享给我们的班级家委，再由校级家委分享给班级家长。"叮咚！家委来信"，就成为家长家庭教育经验和心得表达、交流、互助的平台。

2. **美丽班委表彰会**。每学期，我们都会给积极参与班级管理的家委进行表彰，并且借助表彰平台将他们的优秀做法和典型案例分享给全体家长。

3. **亲子活动研修班**。每个班级的家委都会定期组织班级的亲子活动，可是亲子活动如何做到安全有序？如何让亲子活动真正提升学生整体素养并增进亲子关系？这些方案如何做，其实是很有讲究的。我们会请有经验的家长来给新生家长们进行手把手的培训。在这样的研修班里，一个个精妙的好方法、好方案会让家委受益无穷，同时激发家长设计、创作、优化方案的热情，互助式的集体智慧让更多班级的亲子活动安全、有质量。有些班级，甚至将一到六年级的亲子活动做了主题式系列设计，家校协同育人品质得到提升。

4. **家庭教育沙龙分享会**。家长把自己育儿的好方法、小妙招通过分享会的形式传递给更多的家长朋友。这样的线上线下沙龙分享应需而生，家长们可以根据自己的时间，报名学习、参与、分享。

5. 绘本读书交流群。低年段家长认为孩子小，识字不多就不需要培养阅读习惯。事实上，低年段的阅读习惯培养是非常重要的。因此，组建绘本读书交流群，就是帮助低年段家长关注孩子阅读习惯培养的具体做法。

6. 课后服务志愿团。因为5+2课后服务之后，老师们在校工作时间比较长，原本全校周三的校本培训活动也无法保证全员参与，所以学校就和家委商量，每双周三下午课后服务时间就由家长志愿团进班看班，留出时间，保证全体老师继续进行校本化的研究和研讨。志愿者轮流执勤，在参与的过程中感受班级管理的不易，接近不同孩子的过程也是丰富他们对同龄孩子整体认知的一个过程。

这类"六大平台"体验式的参与设计，创建了家校协同育人的实践机制，不仅使家长从中学到了很多家庭教育的好方法，更使他们在实践活动中得到自身成长的机会，也让学校教育的品质得到了整体提升。

总之，建设现代学校家校管理制度对于推动学校家校共育工作具有重要意义。只有在这样的前提下，才有可能实现科学化、系统化、规范化、有序化、深入化、有效化发展。

第2节　现代学校家校共育制度建设的有效途径

为了避免家校共育工作陷入碎片化、随机化、低层次、低效率的状况，建立具有长远性、规划性、有效性的家校共育制度非常必要，可以从规则上为家校共育提供工作方向和保障，从效果上将家校共育服务到每一位学生。具体说来，学校和教师需要在明确责任机制、完善组织机制、健全沟通机制、落实保障机制四个方面做好工作。

一、明确责任机制

在传统学校制度下，学校是相对封闭的，很少向家庭和社会开放，这导致教师在教育中往往处于"支配"地位，家庭的教育职能和家长的教育职责被忽视了。然而，在现代学校制度下，教育孩子不再是学校这一专门教育机构的责任，而是政府、家庭、社会和学校等多主体的责任。那么，在这样一个"开放"状态下，如果家庭和学校双方不能认识到彼此在教育孩子过程中的责任和义务，就可能在家校共育过程中出现互相推诿、互相埋怨、互相指责等现象。这既不利于家校共育工作的深入推进，也不利于家校共育效果的达成。因此，建立现代学校的家校共育管理机制首先要明确家庭和学校在家校共育中的责任和义务。

学校作为家校共育的主导者，在家校共育工作中起着关键作用。因此，明确责任机制，关键是要弄清楚学校的家校共育工作"谁来负责""谁来管理""谁来开展""如何开展"等一系列顶层设计的问题。

（一）设立专门的家校共育管理部门

专门的家校共育管理部门就像学校家校共育工作的"司令部"，可以对学校整体的家校共育工作起到统一规划、指导、管理、评估和监督等积极作用。它有利于全面、深入、系统化推进学校的家校共育工作。目前，大多数学校的家校共育工作是在德育处（或教导处）、年级组或者某个教师（班主任、心理健康教师、学生发展指导师等）的带领下开展的，缺乏专门的管理部门。这种形式虽然很灵活，也能解决实践中的许多问题，但是总体来说缺乏系统性，也难以深入开展。因此，如果学校想要更深入、系统地开展家校共育工作，最好设立专门的家校共育管理部门，如在学校设立专门的"家校共育领导办公室""家校共育专业工作组"或"家校共育指导中心"等。

需要说明的是，如果学校已经成立家校合作委员会、教师家长协会、家校共育协会、家长委员会等家校共育组织，那么这些专门的家校共育管理部门也可以隶属于这些组织。根据学校的实际情况，还可以设置不同的职能小组，分别负责宣传、培训、活动策划、活动实施、资源筹备、安全管理等工作。

（二）建设专业的家校共育人员队伍

"人"才是推动家校共育工作深入化发展的最关键因素。因此，建立专门的家校共育管理部门之后，还需要建设专业的家校共育人员队伍，包括管理人员和工作人员。一般来说，家校共育人员队伍包括三类：家校共育领导组长、家校共育领导副组长以及家校共育组员。例如，山东潍坊某学校为了深化家校共育制度创新，形成了以学校校长为组长、业务副校长为副组长、校级领导班子为成员的家校共育工作领导小组。家校共育领导组长也可以由家委会主任或者其他家校共育组织中的家长来承担。此时，校长则可以承担副组长的角色，其他教师、家长以及社区人员等则可以组成组员。如果设置了不同的职能小组，还可以在每个小组内设置一位"小组负责人"，统领组内工作。

总之，学校可以根据自身实际情况，灵活组织有热情、有能力的教师、家长和社区人员参与到家校共育工作中，形成家校共育合力。

（三）制定完善的家校共育工作制度

为了促进家校共育工作更好地开展，在组织和人员的基础上，还需要制定相对科学、完备的能够保障家校共育工作有序运转的规章制度，包括家校共育岗位职责、家校共育章程、家校共育发展规划、家校共育年度实施方案等规章制度，也包括家委会制度、家访工作制度、家长会工作制度、家庭教育指导行为规范、家校共育手册、家校共育课程设计与实施方案等工作制度和操作指南。相关制度可以由主管家校共育的部门负责起草，在学校教师大会上通过。制度应当明确家校共育的基本原则、内容、形式、频率、评价体系、危机干预方案等，是具有一套操作化流程的指导文件。

例如，在家校共育岗位职责中，可以实行"校长负责制"，即由校长全面负责和主持学校家校共育工作，副校长或者副组长协助校长做好相关制度、发展规划的修订、讨论等，由小组负责人分别负责制订家校共育工作计划，执行家校共育活动，协调家校共育关系，监督活动效果，收集反馈信息，汇报活动结果等工作内容。

总之，只有设立专门的管理部门，配备专业的人员队伍，制定科学完备的规章制度，才能保证家校共育各项事务常态化、制度化和深入化开展。

二、完善组织机制

家校共育组织是学校开展家校共育工作的重要平台和载体，也是家校共育能够落实的保障。目前，较常见的家校共育组织有家委会、家长学校、家校合作委员会、家长教师协会、家校共育协会、家长督学等。学校需要从自身实际情况出发，建立、完善适合学校发展，符合学校办学特色和育人目标的组织机制。

（一）组建家委会，发挥组织优势

家校新型合作伙伴关系的特征之一就是"地位平等"，即教师需要尊重家长在教育中的主体地位，尊重家长参与学校教育的权利。"家长参与学校教育"不仅是家长的一项权利，也是建设现代学校制度的有效途径，更是建设家校新型合作伙伴关系的有效策略。它给了家长走进学校的机会，让家长能够了解学生每日的生活和教师的工作，看到教师和学校的用心与付出。因此，邀请家长参与学校教育可以增进家长对学校和教师的了解与认同，促进家校之间平等、互信关系的形成。

那么，如何才能够保证家长有效、高层次地参与学校教育呢？这就需要学校做好顶层设计，对家长参与学校教育工作进行整体规划，建立相应的家校共育组织和规章制度等。组建家委会就是其中最常见的一种方式，为家长参与学校教育提供了一个很好的平台。因此，要构建家校新型合作伙伴关系首先应该从组建家委会入手。

具体来说，学校需要鼓励和支持家长组建家委会，并对家委会工作给予应有的帮助，如帮助家长制定家委会章程、会议制度、议事制度等各项制度，确保家委会有效运转。同时，学校还需要注意不过度干涉家委会工作，而是真正实现向家长"让渡"权利，让家长平等、有尊严地参与学校教育。

总之，构建家校新型合作伙伴关系，学校应该充分发挥家委会在构建良好家校关系中的组织优势。

（二）培育家长志愿者，激活家长资源

家校新型合作伙伴关系的特征之一就是"互帮互助"。培育家长志愿者就是实现家校合作互助的一种有效途径。"家长志愿者"有时也被称作"家长义工"，是指在学校的统一协调下，由关心教育、关心孩子、拥有爱心的家长代表组成的一种特殊的志愿者团体。家长志愿者通常有着不同的文化背景、职业、特长爱好等，是家校共育中一种非常重要的人力资源。他们不仅是学校教育教学的促进者、第二课堂的协助者，还是师生关系的疏导者。[1]因此，要想建立家校新型合作伙伴关系，学校就应该充分发挥家长志愿者的资源优势，使家长成为学校教育的好帮手。

具体来说，学校可以设计家长意愿表，提前收集家长在志愿服务时间、志愿服务内容等方面的意愿，然后采取"自主申报→竞争选拔→培训上岗→考核评估"的流程

---

[1] 李化春. 家长义工组织：家校合作新途径 [J]. 中国德育，2013（10）.

有序推进家长志愿者工作。学校还可以通过建立专门的"家长志愿者库"或"家长志愿者微信群"等方式推进家长志愿者工作。对于不同类型的学校工作，可以邀请不同类型的家长志愿者参与。一般来说，可以邀请家长志愿者参与以下几类工作：一是学校常规教育教学工作，如校园值日，课间操秩序维持等；二是学校重大活动，如校园开放日接待，运动会秩序维持等；三是学校安全卫生工作，如检查学校食堂卫生，维护学生放学秩序等；四是学校第二课堂，如学生社团导师，家长学校讲师等。

案例分享

图书馆里的天使妈妈[①]

罗岩是安徽省合肥市包河区望湖小学二（3）班王睿涵的妈妈，也是望湖小学图书馆义工天使中的一员。每天她都会和孩子一起进校、离校。在图书馆、走廊书吧你都能看见她忙碌的身影和亲切的微笑。她与书为伴，乐意为孩子服务，学生和老师都亲切地叫她"天使妈妈"。

早上太阳初升，伴着孩子们熙攘的笑声，罗岩来到学校。清理打扫图书馆、走廊书吧，抹、摆、拖，近一千平方米的开放式图书馆卫生清理至少要用一个小时。整理归还书籍，她会推着小车到各楼层的还书箱处，把前一天学生归还的图书收回图书馆，进行电脑系统的还书操作，图书再整理归类放到图书馆内的书架上。每天上午第三、第四节的图书馆课大大增加了她们的工作量，罗岩和其他义工或办理借阅手续，或整理凌乱的书架，直到中午放学。每天下午1点半至2点是罗岩一天中最忙碌的时刻——这上课前的半个小时是学生们到图书馆自由借阅的时间。下午上图书馆课的班级来了，她又会重复上午的工作，直至放学。

这就是罗岩一天的工作，她是一位全职妈妈，但是她笑称："和上班族一样，我也是每天准时'上下班'的，为望湖小学的孩子们服务就是我的工作，也是我最喜欢的工作。"

罗岩，只是望湖小学图书馆家长义工中的一员，六十位望湖图书馆义工天使们在图书馆

① 葛传东，徐玲莉. 家长志愿者：校园另一道风景线——安徽省合肥市包河区望湖小学家校合作实践[J]. 中国德育，2015（21）.

李玲老师的带领下，为能给望湖小学的孩子们打造一个优美温馨的阅读环境而挥洒汗水，无怨无悔，全心奉献。

（三）办好"家长学校"，提升家长素质

良好家校关系的建立，离不开家庭和学校双方的共同努力。如果家长意识不到自己在家校共育中的作用，或者缺乏家庭教育方面的基本理念、知识和方法，那么即使学校和教师再努力，也很难凭一己之力构建出以促进儿童健康发展为目标的平等、互信、互助的家校关系。因此，构建家校新型"合作伙伴"关系，关键还在于提升家长的素质，转变家长的观念。

"家长学校"是一个以提升家长的家庭教育素质为直接目标，以提高家庭教育水平为最终办学宗旨，对家长施以有目的、有计划的教育和培训，为家长提供有效指导与服务的成人教育机构。它也是学校开展家校共育，进行家庭教育指导的重要组织形式。因此，要想构建家校新型"合作伙伴"关系，就必须依托"家长学校"，培养合格的家校共育"同盟军"。

首先，学校可以依托"家长学校"培养家长的家校共育意识，帮助家长明确自己在家校共育中的职责和角色，主动参与家校共育，而不是把教育孩子的责任全部推给学校和教师。其次，学校可以依托"家长学校"帮助家长了解儿童成长的基本规律，树立正确的家庭教育理念，掌握科学的家庭教育知识和方法，避免家长和教师之间因为教育理念的不一致而产生冲突。

三、健全沟通机制

家庭和学校之间平等、双向、长效的沟通交流机制是建立良好家校关系、开展家校共育的基础。常见的家校沟通方式有家长会、家访、家长开放日、家校联系本、新

媒体平台等。有的学校还编制了家校读物，如《家校合作指导手册》《家校通讯》《家校手册》等。尽管目前沟通渠道、沟通平台和沟通方式越来越丰富，但是总体来说我国家校共育中仍然存在沟通机制不畅，"假沟通"和"低效沟通"的问题。这主要体现在两个方面：一是从沟通关系来看，学校和教师处于强势地位，缺乏平等双向的沟通；二是从沟通内容来看，家校沟通更多集中在学习和成绩方面，缺乏全面长效的沟通。对此，学校需要进一步健全沟通机制，促进家校双方平等、双向、长效交流。

（一）建立日常沟通机制

日常沟通是一项非常琐碎，同时又具有一定专业性的工作，也是每位学校教师几乎每天都会遇到的工作之一，尤其是对于班主任教师而言。日常沟通也是家校共育中花费教师时间精力最多的，同时也是影响家长对于教师和学校教育看法的一扇重要窗口，是不可忽略和代替的。假如日常沟通做不好，会严重影响学校和家庭、教师和家长之间的关系。对于学校教师来说，做好日常沟通主要需要注意以下三个方面的问题。

一是需要用好传统沟通手段。从日常沟通的形式来看，传统的日常沟通方式主要是指电话、家校联系本、校长信箱、家长访校（与家长面谈）、家长会、家访和家长开放日等。学校教师需要意识到这些传统的家校沟通方式在新时代背景下依然具有重要价值，不可盲目抛弃。如何用好这些传统的家校沟通方式，做好日常沟通，应该保持怎样的日常沟通频率，日常沟通中应该和家长讨论哪些问题等，都是教师在家校共育中需要注意的问题，也是家校共育工作的重点和难点之一。

二是需要用好新媒体沟通方式。相对于传统家校沟通方式来说，在"互联网+"时代的大背景下也涌现出一些新的沟通方式，如QQ、微信等。这些新媒体沟通方式不仅有更强的互动性，也很少受到时间、空间的限制，大大提高了沟通的效率，是对传统沟通方式的有益补充。目前，微信几乎成为学校教师使用最多的家校沟通软件，是主要的家校沟通方式，如家长微信群几乎成为所有学校、所有班级的必备品。然而，目前家长微信群逐渐开始"变味了"，成为"炫耀群""马屁群"等，甚至成为家校矛盾的聚集地。社会新闻中关于家长微信群的负面报道也越来越多。因此，目前对于学校教师而言，如何在家校共育中用好微信这种新媒体沟通方式，打造正能量的家长群也成为一个重难点。

三是做好与不同类型家长的日常沟通。对于学校教师来说，在日常沟通中还有一个难点，那就是如何做好不同类型家长的沟通联系工作。学校教师每天要接触的家长有学历高的，也有教育程度不高的；有过分看重孩子教育的，也有放任孩子不管的。另外，不同的家长在教育理念、家庭教养方式等方面也存在差异。还有一些家长在沟通中比较"急躁""气势汹汹"，而有些家长则比较"被动""沉默寡言"……总之，学校教师在家校共育中会面对形形色色的家长。因此，如何做好不同类型家长的日常沟通，是学校和教师工作的一个重点，同时也是一个难点。

案例分享

"相约8:30"的校长电话[①]

四年来，作为南京市莲花实验学校的校长，我一直坚持做这样一件事：当获悉某位学生取得点滴进步或做了一件好事时，我就会在早晨8:30拨通其家长的电话，表扬这个孩子。我把这项工作称之为"相约8:30"。

有很多时候，要打通这个电话会很费周折，但我常常自我追问：一个孩子从幼儿园到高中，要接受近15年的学校教育，他们在学校的生活状态和生活质量（不仅仅是学习状态和学习质量）被我们关注过多少？有多少孩子在校期间得到过校长的表扬？有多少家长在孩子读书期间接到过校长表扬孩子的电话？有多少校长能把学生这些微不足道的"小事"真正放

---

① 李建华. "原来我们可以这样近"——构建"有温度"的家校共同体［J］. 中小学管理，2017（8）.

在心上？对家长和孩子而言，校长本该是一个温暖的符号，本该传递温暖的信息，我做到了吗？这样的追问，带给我很多思考，也坚定了我坚持做这件事的决心。四年间，这样的电话我打了200多个。绝大多数家长从来没有接到过校长表扬自己孩子的电话，所以他们通常的反应是——接电话时无比紧张，而挂电话时无比开心。

我之所以选择8:30打电话，是因为这是一天的开始，我希望我的电话能让家长度过美好的一天。"相约8:30"，相约美的发现与传递，相约爱的表达与交流。这样的校长表扬电话，让我们的学校教育更加美好，我从中发现了教师、学生、家长之美，也让家长和社会发现了学校之美。

四年中一件件有温度的大事小情，帮助我们推倒了家校之间的"柏林墙"，家校命运共同体渐渐变成我们期待的模样。一路走来，我无限感慨，原来，家校之间的距离真的可以这样近！

（二）发挥家长会的集体沟通优势

家长会是一种传统的、最常见的家校合作共育形式。它是学校和家庭、教师和家长之间进行沟通交流的重要渠道，也是家长了解学校、教师以及学生在校情况的重要途径。一般来说，家长会都是面向全体家长的，通常分为面向全班家长的班级家长会，面向全年级家长的年级家长会和面向全校家长的校级家长会，其中以班级和年级家长会最常见。通过家长会，学校和教师可以快速向全体家长传达学校教育工作安排、教师教学情况、学生学习情况等信息。因此，家长会可以大大提高学校和家长之间的沟通效率，是一种具有集体化沟通优势的家校沟通方式。

对于学校和教师来说，开好家长会是增进彼此了解，增进彼此感情，拉近彼此距离的一个重要途径。开好家长会，学校和教师需要摒弃传统家长会存在的"功利性强"等一系列问题，探索符合新时代要求的，有利于建立家校新型合作伙伴关系的新型家长会。

那么，学校和教师需要做哪些改变呢？一是要改变传统家长会参与主体单一的问题，不能单纯以教师为主体，而是要更多发挥家长和学生的主体作用，如多给予家长和学生在家长会上分享、互动的机会，让家长或学生来组织、主持家长会等。二是要改变传统家长会内容单一的问题，不能只关注学生的学习成绩，而是要注重学生德、智、体、美、劳全面发展。例如，除了学习之外，还可以多在家长会上讨论如何培养孩子良好的行为习惯、积极乐观的心态等。三是要改变传统家长会形式单一的问题，不能只是教师在讲，而是要采取多样化的形式，如可以把家长会开成学生作品展示会、学生成果介绍会或者家长经验交流会、茶话会等。最后，家长会也不能只从问题出发，开成家长和学生的"告状会"，而是要多分享成功的经验和案例等。

（三）注重家访个性化沟通优势

家访也是一种传统的家校共育形式，并且是一种被实践证明非常有效的家校联系方式。家访要求教师走进学生家庭，与学生家长进行面对面、个性化的交流。在家访中，教师可以近距离、更直观地感受学生的成长环境，更深入地与学生家长交流那些在家长会等集体化沟通渠道中无法充分交流的问题，如学生的成长经历、个性特征、情绪变化、交友关系等。因此，相对于家长会等其他家校联系方式而言，家访是一种更有温度、更个性化的家校联系方式。它不仅有利于学校和教师更好地进行因材施教，还有利于学校与家庭之间建立良好的合作共育关系。

知识链接

美国的斯坦顿小学曾经被选中参与了一个旨在帮助学校和家庭建立良好关系的家庭访问项目PTHVP。在这个家访项目中，教师和其他的学校工作者一起组织并进行家访。家访的目的不是评价家长，而是要让教师轻松、自然地与家长进行交流，引导家长分享他们对于孩子的要求与期望，以及孩子自身的优点或可能遇到的问题等信息。

结果发现，经过一年的家访项目之后，学校教师和家长之间建立了相互尊重、相互信任的关系。此外，这个家访项目还使得这个小学家长参加家长教师会议的参与率从以前的12%提升到55%，使学生的数学和阅读成绩分别提升了18%和9%。[①]

要想构建家校新型"合作伙伴"关系，学校需要发挥家访的个性化沟通优势，做好家访工作。第一，学校需要从顶层设计出发，从学校层面制订有利于教师开展家访工作的年度工作计划、教师培训计划、教师家访章程、教师家访考核制度等一系列措施，从制度上全面推进家访工作开展。第二，学校需要打破传统家访的限制，创新教师家访模式。例如，可以针对因家庭经济、父母离异等多种原因导致性格自卑、孤僻的学生开展由班主任单独进行的家访；针对在某个学科存在学习困难，急需教师帮助的学生，开展班主任和任课教师共同进行的联合家访；还可以针对在养育孩子方面存在困难和苦恼，喜欢拿别人家的孩子和自己家孩子比较的家长进行由班主任与学生共同参与的家访。

BAC 案例分享

南京莲花实验学校——"带着一本书去家访"[②]

为了加强家校沟通，拉近学校和家庭之间的距离，南京莲花实验学校坚持沿用传统的家访模式，要求每一位教师都要参与家访，使家访覆盖率达到100%。该校每一位教师在家访前都会有一个小小的善意，即精心为学生挑选一本书，送给学生和家长，让家长在"共读一本书"的过程中加强与孩子的沟通。这种"带着一本书去家访"的形式十分受家长欢迎，因

[①] 蒋世萍. 美国建构家校关系的能力框架 [J]. 现代教育科学，2015（12）.

[②] 李建华."原来我们可以这样近"——构建"有温度"的家校共同体 [J]. 中小学管理，2017（8）.

为它既拉近了学生和家长之间的距离，也拉近了学校和家庭之间的距离。

此外，该校教师在家访时还会特意避开期中、期末考试出成绩的时间节点，目的是让家长明白教师家访关注的是孩子的成长。

（四）发挥家长开放日的活动沟通优势

除了家长会、家访这两种比较常见的家校沟通渠道之外，家长开放日或者校园开放日也是一种有效的家校沟通渠道。利用家长开放日，学校可以在特定的时间内，邀请家长走进校园，让家长融入真实的教育场景中，全方位、立体感受学校的教学管理水平、办学成果、教育理念等，还可以近距离感受学生的学校生活和课余生活等。家长开放日通常会有一系列丰富多彩、贴近生活、寓教于乐的家校活动，学校和教师可以通过这些活动将教育理念传递给家长，家长也可以在参与这些活动的过程中亲身体验学校的教育。总之，家长开放日是一个展示校园生活、展现教师专业能力、更新家长教育观念、建立家校关系的好机会。

要想构建家校新型合作伙伴关系，学校需要发挥家长开放日的活动优势，让家长在真实的所见、所闻、所感中加深对学校和教师的了解，建立对学校和教师的信任。具体来说，学校可以根据自身情况，选择固定的时间举办家长开放日或者家长开放周。比如有的学校就将每周四下午设立为家长开放日。每到这一天，校长、中层干部以及班主任都会热情接待来访的家长，还会尽力为学生安排与家长共进晚餐的机会和氛围。学校还可以结合本校特色、教师专长以及学生和家长背景等因素，策划不同内容的家长开放日活动。例如，有的学校会设计系鞋带、穿针、梳头发、叠衣服等各项比赛活动，帮助家长认识培养学生良好习惯在家庭教育中的重要性。有的学校则在家长开放日中邀请家长观摩学校自主阅读晨诵课程，以及学校特色活动"五彩大课间"等。

四、落实保障机制

如果确立了家校共育的责任机制、组织机制和沟通机制，却没有制定科学、合理的保障机制，以及特殊问题的应对机制，则会大大削弱这些机制的作用，也难以发现这些机制在实际运行过程中可能存在的问题。因此，落实保障机制是责任机制、组织机制和沟通机制有效运行的重要保障。

（一）建立特殊家庭学生家校共育机制

教师不能忽视班级中存在的特殊家庭学生，做好他们的家校共育工作，不仅能够帮助学生成长，促进教育公平，也有助于维持和谐的班级氛围，提升班级管理实效。

特殊家庭学生主要是指来自单亲、流动、留守和重组等家庭的学生。由于家庭结构和功能不完整，家长教育职责缺失以及家庭冲突等多种问题的存在，这些家庭的学生容易出现各种心理问题，如人际关系不良、情绪控制能力差、学习困难等。因此，来自这些家庭的学生是学校和教师在家校共育过程中需要重点关注的群体。

另外，由于家庭结构不完整、家庭社会经济地位低等原因的存在，这些学生的家长在家校共育过程中可能会出现缺乏配合的问题。比如，有的家长是因为没有时间和精力，无法配合学校和教师工作；有的家长是因为没有意识到家校共育的重要性，不愿意配合。因此，做好这些学生的家校共育工作对于学校和教师来说也是一大难点。

（二）建立家校冲突预警与干预机制

在家校共育过程中，学校和家庭由于文化背景、价值观以及教育期待值等方面的差异，不可避免会出现一些矛盾和冲突。尽管家校之间存在矛盾和冲突是很普遍的一个现象，但这并不意味着学校和教师可以忽视这些问题的存在。因为这些矛盾和冲突一旦处理不好，常常会引发一些负面舆论，严重影响学校和教师在家长和在社会各界心目中的形象。因此，目前家校之间的矛盾和冲突也成为许多学校和教师非常头痛的一个问题。对于学校和教师来说，如果不能妥善处理家校冲突，那么也就谈不上建立良好的家校关系。反之，如果教师能够积极回应家校之间的矛盾和冲突，则有利于提升家长对学校和教师的信任度，有利于构建家校新型合作伙伴关系。

对于学校来说，妥善处理家校矛盾和冲突，需要从顶层设计出发，建立合理的家校冲突预警与干预机制；还需要建立合理的教师培训制度，提升教师的冲突解决能力。对于教师来说，第一要在观念上重视冲突和矛盾，不要让"小摩擦"升级为"大矛盾"；第二教师也需要不断提升自己的家校冲突处置能力，尤其是家校沟通技巧。另外，对于社会上发生的家校冲突舆情，学校也可以组织讨论，分析成因，规避错误的行为，探讨正确的处理思路，及时补充进本校的家校冲突预警机制，制定相应的干预措施，以避免类似的情况在本校发生。

（三）强化考核评估制度

从学校管理角度而言，需要建立专门针对家校共育的激励、考核与评估制度，一方面激发教师参与家校共育的热情，另一方面跟踪、了解教师的家校共育工作实际效果，以便做出改进。例如，学校可以将家校共育工作计入教师业务工作量，纳入年度考核、教师评优、职称评聘等。学校可以建立常规、长效的家校共育评价制度，如定期通过各种渠道（问卷调查、座谈会、校长信箱、家长督学等），收集家长、教师、学生、社区等人员对学校家校共育工作的反馈和评价，包括家校共育组织是否尽责，家校共育的内容、形式、效果如何等方面。学校还可以建立简单、方便的家长、教师和学生自我成长评价体系，了解学校家校共育工作的实际效果。[①]

---

① 单志艳. 少子化时代家校共育的制度设计［J］. 教育研究，2021（1）.

（四）落实家校共育经费制度

俗话说，"巧妇难为无米之炊"，"经费"就是开展家校共育工作的"米"。家校活动的开展不可避免会涉及活动经费问题。如果没有经费保障，家校共育工作也难以长久进行。因此，落实家校共育经费制度是落实家校共育保障制度中的一个重要内容。对此，学校可以设立"家校共育专项基金"，将家校共育活动经费纳入学校常规经费预算中。此外，学校还可以发动多方力量，通过社会捐赠、家长捐赠、社区合作、争取财政投入以及自筹经费等多种方式和渠道筹集家校共育经费。对于在家校共育工作中表现优秀的教师、家长等群体，也可以利用专项基金给予适当的激励。

第 **4** 章

家委会：**引导**家长
参与**学校管理**

教师和学校的困惑

教师1 我们班组建家委会好难啊，压根没家长想加入。就算我直接任命，家长硬着头皮上了，也总是不情不愿，非要我推着他们做事，真的好累。

教师2 我们班家长都抢着进家委会，但我知道他们多半怀着私心，想让自己的孩子得到老师更多的关照。这不就完全违背家委会建立的初衷了吗？

教师3 建立家委会就是在帮学校干活儿啊。学校不允许收费，就让家委会代替老师号召家长交钱买资料；组织集体活动要求家长听证，就让家委会成员积极配合出席……哪里需要就安排去哪里呗。

教师4 家委会已经演变为"教育投诉热线"了，他们总是拿着监督和投诉的权利跟学校对着干，没有家委会的话说不定学校还更省心呢。

94

家校合作操作手册

给学校和教师 · 小学卷

如今，家委会已经成了每个学校的标配，肩负着家校共育沟通主桥梁、监督参与学校管理等职能，其重要性也得到越来越多家长的认可。不少家长积极加入家委会，也愿意配合家委会开展工作，很多家长的热情有目共睹。然而，在实际组建和运作过程中，家委会也面临着一些问题，如选拔机制不健全、工作边界模糊不清等。这也令一些学校和教师对于"为什么要成立家委会""家委会到底要怎么管"等问题产生了困惑。

要真正发挥家委会的作用，使其成为家校共育的重要助力，就需要了解以下几方面内容：什么是家委会？如何科学组建家委会？如何保证家委会的长效运作？这也是本章我们要跟大家讨论的问题。

第1节　什么是家委会

近年来，家委会因不规范运作等原因被推上舆论热搜的事件时有发生。例如，家委会成员为子女谋求活动机会或学生职务，家委会成了"拼爹会"，家委会在家校沟通中"选择站队"，等等。不少教师和家长对家委会的定位和职能有所误解，无法达成共识，使得家委会不仅没有促成家校共育，反而为家校共育增加了难度和障碍，背离了家委会组建的初衷。因此，正确理解家委会究竟是一种怎样的组织机构，其主要职能到底是什么，往往能规避现实运作中的不少问题。

一、家委会的定义

家委会，是学校家长委员会的简称。《教育管理辞典（第三版）》中将其解释为由家长代表组成的群众性教育合作组织。其职能一方面是代表家长协助学校工作，如参加学校教育计划的讨论，反映家长和社会的要求，支持学校教育计划的实施，尤其要帮助学校实施暑假和寒假的教育活动计划；另一方面则是协助学校做好家长工作，如动员家长为学校教育创造良好的外部环境，帮助学校开好家长会，妥善处理个别家长提出的问题等。简言之，家委会就是由本校学生家长代表组成的，代表全体家长和学生参与学校民主管理，行使教育监督权和评议权的群众性自治组织。

建立家委会具有极其重要的意义。它是让家长在教育改革中发挥积极作用的有效途径，是建立依法办学、自主管理、民主监督、社会参与的现代学校制度的重要内容，也是构建学校、家庭、社会密切配合的育人体系的重大举措。

跟家校共育最终是为学生服务一样，家委会也应当是一个以学生为本、为学生办实事的组织，能够让学校、教师、学生和家长四方受益。如果学校、教师、家长中任何一方受到私利驱使，都无法让家委会发挥其真正的作用。家校双方需要对这一点达成共识。

家委会成员则需要努力与学校、老师和其他家长建立真诚沟通的信息渠道，成为教师和家长联系的纽带，在相互理解、尊重和信任的基础上，支持和帮助学校开展各类教育和教学活动，并发挥家委会的监督作用，积极参与学校管理，协助学校处理好孩子在校期间发生的各类问题，从而相互配合，联手教育好学生。此外，家委会还可以发挥宣传作用，宣传学校形象，提升学校的社会影响力与美誉度。

这样的家委会才能促使家校真诚合作，让家长在家放心，孩子在校开心。家长不再因为不理解而成为学校教育的"阻力"，而是成为学校教育的"助力"，让教育因家委会而精彩，让孩子因家委会而获得更好、更健康的发展。

二、国外家委会的发展历史

家委会作为教育的"舶来品"，在欧美的一些发达国家和地区已经是非常成熟的组织。家委会在参与学校管理活动，为学校提供各类服务，为家长代言，对学校工作实施有效监督等方面发挥了重要作用，在提升学校教育工作中体现出家长的力量。

在不少国家，家委会是越过学校单位，根据不同级别进行设置的家校共育组织。例如，在美国，有地方级、州级和全国级的家委会；在俄罗斯，有从联邦层面、地方层面到学校层面、班级层面的各级家委会；在德国，也有从学校、小区、市、地区一直到全国的各级家长联合会。各国家委会形式多样，职能也大小不一，具有一定的文化特点。

（一）美国的PTA组织

早在1897年，美国就已经成立世界上最早的家委会机构——家长教师联合会（PTA），它是一个独立于学校和教育监管部门之外的"第三方机构"，至今已遍布美国各地，成为在美国拥有几百万会员的全国性大型非营利性组织。

PTA的组织形式为三级金字塔状结构：自下而上分别是地方PTA、州级PTA和全国级PTA，形成全国性的联结网络，为各级组织提供支持与资源。其中，地方PTA在家长、教师和学校的关系衔接中发挥着最直接的作用。这三级PTA组织均采取会员制，会员包括家长、教师、学生和热心教育的社会大众，经费主要来自会员会费和社会捐赠。

PTA工作主要有三个方向，即家长参与儿童教育，家长志愿服务及家长参与学校决策。PTA是强大的发声渠道。对于学校的政策、课程（设置、开发、教学）、预算、改革、安全及人事等问题，家长都可以通过PTA表达自己的意见。PTA还提供一个中立的平台，发挥强大的调解功能，解决家长与学校的各类冲突和矛盾。此外，家长可经由它参与学校管理，任免校长，甚至可以决定关闭学校。PTA秉承的理念就是："孩子的教育是父母的责任，家庭教育是整个教育体系中的核心环节，建立'学校-家庭-社区'的连接有助于培养民主价值和合格公民。"

因此，PTA发挥的作用，不仅仅局限于学校教育，而是关注到儿童成长的整个社会公共领域。在宏观上，PTA关注童工法、性教育、交通安全、烟酒教育、公共健康服务等公共议题，对于或直接或间接影响儿童成长的社会议题有一定的发言权；在微观上，参与孩子发展、家庭教育技巧、学校午餐设定等具体事务。其使命就是通过家庭和社区的力量来促进孩子的发展，确保每个孩子都能发挥自己的潜能。

PTA在治理上由董事会领导，在制度上美国各州对PTA都有立法，对组织结构、职能划分、选举流程、工作流程、财务制度等方面有统一规定。除美国外，日本等国家也采用PTA组织模式开展家校共育活动。

（二）俄罗斯的各级家委会

在俄罗斯，也设有各级家委会。在联邦层面，是全俄家委会，创办于2000年。全俄家委会的目标是维护孩子和家长在教育领域、大众媒体、卫生领域的权利，保障学生和家长的知情权。它组织全俄的家长代表参与全俄的教育管理工作，以实现家长和学生的权利，构建全俄家委会网络组织。相比其他各级家委会，全俄家委会普及面更广，设计问题更全面，不仅保护家长和儿童的权利，发挥参与教育管理的职能，也增添了教育家长的功能。

在地方层面，即城市级别的家委会，则主要负责组织本市家长参与地方教育管理工作，维护家长和学生的利益。以俄罗斯第二大城市圣彼得堡为例，圣彼得堡市家委会是一个家长集体，聚集了圣彼得堡市中小学中的家长代表、倡议团体代表及家长俱乐部代表。委员会实施项目所需资金主要源于参与者自身的财政支出或赞助商的支持，最主要目标是要让家庭与教师共同努力，协助教育管理部门，给孩子优质的基础教育，保障孩子全面发展。

在学校层面，即各中小学的校级家委会，主要是就学生利益相关问题为学校行政部门提供建议，参与学校规章制度的制定，邀请学生家长商讨班级家委会的决定，对在家庭教育中存在偏离的家长进行指导，奖励在家委会做出积极贡献的学生家长。这跟我国目前家委会的设置和定位也有相似之处。

在班级层面，班级家委会在家长会上通过公开投票选举产生，期限为一年，成员为3—5人。班级家委会依据班级家委会条例、家长会确定的计划和班主任的建议开展活动，主要任务是组织家长和孩子们，协调家长和教师们之间的活动，创建家长资料数据库。班级家委会往往以工作会议的形式来开展工作，每个季度至少要召开一次会议，并根据会议内容整理出会议纪要，通过教室板报、公告栏、书面报告等形式告知班级全体成员。

（三）德国的家委会

许多国家还通过完善的政策法规，来确保家委会的地位。例如，英国立法通过家长协会制度，公民只要年满18岁，无论孩子是否在校读书，都可以参选家长协会的代表。德国立法规定了家委会的权利和义务，新学年开始时所有学生家长都会收到参加选举的正式邀请。

在德国，家委会具有重要意义，其权利和义务都有明确的法律规定。例如，巴伐利亚州文化教育部网站对家委会专门进行介绍，指出家委会是学校和家长之间的纽带，其相关权利和义务包括：代表学生家长的利益，为家长提供沟通机会，深化家长和教师间的信任关系，协商家长意愿和建议，商议决定一个无课日等。另外，如果学校要开除一个学生，家委会也必须参与到相关程序里。

德国中小学家委会的任期为一年，通常一个20多名学生的班级，每年要通过民主选举产生3名家委会成员，一正二副。按照规定，正式选举时教师必须全部离场，由一名不参选的家长来主持会议。选举方式由家长决定，投票或者举手。选举结束后还要填写一份选举报告，之后教师才能进场。

B A C
案例分享

我经历的德国家委会①

在德国，家委会可不是"香饽饽"。这里的工作琐碎又很耗时间精力，要求委员们拥有相对充裕的闲暇时间，重视平台所提供的社交活动，对学校大小事务保持热情和积极性。

孩子在德国读书期间，我综合收到的班级家委会所发的各种邮件，归纳了家委会主要承担以下工作：

---

① 林蔚. 德国：家长委员会可不是"香饽饽"[N]. 中国青年报，2017-11-14.

首先，加强家长间的联络是家委会的主要工作内容之一。每个新学年开始时，我们都会收到家委会其中一位委员编辑的最新通讯录。定期举办的家长聚会也由他们来张罗，通常是茶会或聚餐形式，大家聚在一起交流孩子们的学习和生活情况。

其次，家委会负责组织、参与学校各种活动。德国学校的特色是庆典活动多，隔三差五就会有节日庆祝，如蛋糕茶点义卖、展览台搭建、郊游志愿者等，都是由家委会委员负责统筹安排的。

最后，充当学校和家长间的沟通"纽带"是家委会工作的重头戏。在德国，家长和老师可以用信件的形式沟通学生在校情况，也可以在每周规定的交流时间约见。家长若对老师或学校安排有任何不满，可直接向校长反映。家委会在其中负责向学校反映家长的建议或意见，向家长传达学校的回应和建议。

例如，有段时间因为班主任病假，孩子班上连续两周由不同代课老师来管理，家长们纷纷表示不满。于是，家委会委员出面约谈校长，传递家长们的意见，并在谈话结束后立即将商谈结果形成文字，以邮件方式报告给所有家长。再如，有次学校组织学生观看日全食，结果有家长反对，认为学校自制的日全食眼镜不能保证安全性。经过家委会的沟通，最后观看活动变成自愿参与。

所以，德国的家委会显然不是个美差，家委会委员除了在每个学年结束时可以代表全体家长给老师送束花或小礼物，并没有多少额外跟老师加强感情联络的机会，故而也不能因此为自己的孩子争取到任何优待。

可见，发达国家的家委会多为独立性组织，成员往往具有较高的参与性，在学校的管理和运行中发挥着非常重要的作用，为学生的成长和学校的发展提供了大量的人力和物力的帮助。这些国家的家委会经验，也为我们提供了一些新的思路。

三、我国家委会的历史和现状

（一）我国家委会发展起步晚、成熟快

我国家委会的发展起步较晚，直至20世纪末才出现。2010年以来，随着社会发展与家长素质的提高，家委会的组建和发展得到了史无前例的重视。国家出台相关政策对于家委会的职责功能、性质定位、组织结构、工作机制与相关保障进行规范，且很多省市在国家文件的基础上颁布了地区适应性文件。目前，我国各中小学校、幼儿园纷纷开始组建家委会，有些地区家委会组建率已达100%。

1. 家委会集中出现在学校管理文件中，强调其在增进家校联系和服务学校方面的作用

新中国成立初期，教育部颁布的《小学暂行规程（草案）》（1952年）指出，小学应成立家委会，由家长代表、教育委员和校长组成，定时召开会议，反映家长对学校的意见，听取学校的工作报告，以密切家庭与学校的联系，并协助学校解决困难。这份草案首次明确了家委会的组成，以及家委会成员在学校活动中所发挥的作用，可看成我国重视家校关系的肇始。[1]1996年《小学管理规程》对家委会的要求与上述类似，也是在校长指导下工作。

改革开放后，随着我国教育政策对于家校合作、协同育人的重视，自1988年《小学德育纲要（试行草案）》与《中学德育大纲（（试行稿））》起，家委会频繁在一系列德育政策文件中出现，如《国家教委关于进一步加强中小学德育工作的几点意见》（1990年）、《小学德育纲要》（1993年）、《中学德育大纲》（1995年）、《中共中央关于进一步加强和改进学校德育工作的若干意见》（1994年）、《中共中央办公厅 国务院办公厅 关于适应新形势进一步加强和改进中小学德育工作的意见》（2000年），均

---

[1] 黄河清. 家校合作导论［M］. 上海：华东师范大学出版社，2008.

强调家委会是密切家校联系的重要途径。

2. 家委会成为国家教育规划、教育改革等文件关注的内容，强调其在促进学校现代管理方面的重要作用

进入21世纪以来，家委会建设开始成为学校家校合作工作的重要任务，在全国各地开始了大范围的实践探索，这体现着育人理念和育人方式的重要变革，家长和家庭对于学校的作用实现了从"辅助者""配合者"到"合作者""重要力量"的转变。

2003年，在《教育部关于加强依法治校工作的若干意见》中，首次从学校民主建设、依法治校的角度提出家委会建设，要求在涉及学生权益的重要事项上充分听取家委会意见，接受家委会监督，将家委会作为家长支持、参与学校工作的制度保障。

2010年，国务院颁发《国家中长期教育改革和发展规划纲要（2010-2020年）》，对于家委会的发展具有里程碑意义，明确提出要建立中小学家委会，推进现代学校制度建设。

2012年，国家先后发布《国家教育事业发展第十二个五年规划》《全面推进依法治校实施纲要》《关于建立中小学幼儿园家长委员会的指导意见》，要求全面设立家委会，建立健全家委会制度。在针对家委会建设的专项文件《关于建立中小学幼儿园家长委员会的指导意见》中，对家委会的功能、职责、组建、工作要求和相关保障提出了要求。这一文件也被视为首份规范家校合作的政策文件，对于推动学校中的家校合作进程具有重要意义。

2013年，教育部在《义务教育学校校长专业标准》中，强调家委会的重要意义，为使家委会充分发挥其功能，将家委会的建设作为校长的专业标准之一，要求校长"充分发挥家长委员会支持学校工作的积极作用，接受改进学校工作的合理建议"。

3. 随着对家庭教育的日益重视，政策文件强调家委会在开展家庭教育活动方面的作用

随着党和国家对家庭教育的日益重视，教育部门在家庭教育中发挥的作用逐渐提

升，对家委会的职能也提出了新的要求，增加了开展家庭教育服务的任务。

2015年，教育部发布《关于加强家庭教育工作的指导意见》，要求家委会"邀请有关专家、学校校长和相关教师、优秀父母组成家庭教育讲师团，面向广大家长定期宣传党的教育方针、相关法律法规和政策，传播科学的家庭教育理念、知识和方法，组织开展形式多样的家庭教育指导服务和实践活动"。

（二）我国家委会面临的一些实际问题

我国家委会发展历史短，经验浅，但社会发展又日新月异，家长的期待与需求越来越高，可以说，我国的家委会实践尚未经过足够的准备与探索，就被推上了家校共育的大舞台，也因此出现了很多时代问题、特色问题。

2018年末，中国青年报社会调查中心联合问卷网对2004名家长进行的一项调查显示，70.3%的受访家长表示家委会给自己带来了一些困扰。其中，52.5%的受访家长担心评优奖励等机会更容易偏向家委会的孩子；48.4%的受访家长指出家长之间相互攀比，家委会变成"名利场"。这其实反映了家委会在组建阶段出现的一些问题，既背离了家委会设置的初衷，也在某种程度上加剧了教育的不公。

2011年11月，南国早报在其微信公众号上发起话题调查，共有1422名家长参与。结果显示，超过八成受访家长称孩子所在班级设有家委会，但愿意成为家委的人仅一成多。大家对家委会的评价褒贬不一，仅四成受访家长对家委会满意。缺乏规则，摸不清家校沟通的边界，是家长认为家委会普遍存在的问题。

一是有些学校对家委会重视程度不够。有些学校为了应对上级检查才不得不成立家委会这样一个机构，家委会成员都是直接由学校指定任命，而不是家长们选举出来的，匆匆忙忙凑出一份名单交差，一年到头也开不了几次会，重大事件学校也不与家委会进行沟通。尤其是在一些乡村学校，家长参与度不够，学校又缺乏对家委会的认识，为了应付上级检查而弄出一串"徒有其名"的家委会名单，家委会发挥不了任何作用。如果学校持这样的态度，家委会在这些学校中就变成了摆设和工具，自然也不可能产生什么实际效果。学校管理者和老师不重视也不清楚家委会的具体运作，无法有效利用家委会为学校教育服务。很多家长也压根不清楚学校成立了家委会，即使听说过可能也不知道谁是班级家委会的成员，更没实际参与过相关工作，因为家委会成员可能都是老师直接指定的，而不是家长们选举出来的。

二是有些学校和教师将家委会视为"办事机构"，学校成立家委会并非是为了促进家校合作，而是希望家委会凡事听命于学校，这样的家委会貌似很积极，但并不是积极参与学校的管理、监督、评价，无法干涉学校的任何工作，家委会变成"假委会"，沦为学校的"传声筒""应声虫"，名存实亡。

有些学校会让家委会与学校一起分担学生教育活动的责任和风险，如学生参加校内外活动时的人身安全监护，购买学习用品，定制校服等；或者让家委会在教师忙不过来时分担教师的一部分工作量，帮老师处理一些零碎事宜，类似于"打杂"，如上下学时间在校门口维持秩序，甚至负责自习课值班，帮老师监考或批改作业等。这就把家委会当"工具人"了。

三是学校选拔各级家委会成员的标准出现偏差。有些学校认为高学历人才的眼界及格局能为学校提供更有价值的参考意见，也更容易与学校达成共识，故而在选拔家委会成员时较为重视学历和身份。还有些学校本着方便学校办事的心态，在选拔家委会成员时总是对具有各类资源的家长"情有独钟"。这些选拔家委会成员标准上的偏差，导致家委会的竞选变了味。例如，曾经在网上引发热议的话题，上海一所小学的家长为当选班级家委会成员，纷纷晒名校学历、海归背景、高管职位，比车、比房、比资源，堪称CEO竞选。而且，在实际选举的过程中，由于学校缺乏引导，家长间的了解甚少，且不同家长对家委会的认同度也有所差异，当选家委会成员的家长大都是那些孩子学习成绩优秀，自身有着"名利光环"的家长。为此，家委会被一些家长调侃为"名利场""赞助会"。家委会竞选变成家长间晒资历、比地位的平台，这让家委会在起点上就走偏了。这些家长虽然可以为学校带来丰富的资源，但他们难以代表大多数家长的意愿。家委会作为家长的"代言人"，成员需要有广泛的代表性，需由家长民主选举产生。

再者，家委会变成部分"家长领袖"的委员会，这使得那些从事普通工作，家庭条件不好，孩子学习成绩不佳的学生家长，内心对家委会产生距离感，觉得自己无权无势也没钱，不敢参与家委会，即便是在家委会里也觉得自己不适合"发表意见"。这还会让那些没资历可晒的家长产生嫉妒心理，并把情绪传递给孩子，影响孩子的成长。"人家经常给学校捐款、捐物的，说话肯定比咱们有底气，有分量，很多时候我们还没发表意见，人家就都讨论完了。"因此，学校绝不能功利地把让家长为学校服务作为成立家委会的主要目的，要坚持让家委会回归促进教育发展的初衷。

四是一些家长竞选家委会"动机不纯"。一部分家长竞选家委会的确是为了为学校做些实事，为了更好地实现家校共育。但也有部分家长激烈竞争的背后并不是无私奉献，而是带有一定的功利心，他们所做的事情都只是为了自己的孩子，为班级服务只是为了换取老师对自己孩子的特殊照顾，如"帮老师做事，其实也是为了孩子"，"家委会本身事情比较多，给孩子一个班干部，算是一种补偿吧"。如果家委会中这样的成员占到一定比例时，家委会的作用会大打折扣，而且这样的"三观"很难对孩子成长有所帮助。学校必须加以正确引导，在家长竞选家委会之前就把这个问题讲清楚。

还有一些学校的家委会曲解监督学校工作的职能定位，在很多问题上片面考虑己方的利益和诉求，没有站在家校共同的立场来审视问题，让家委会的监督变成"护犊子"，甚至站在学校正常教学管理的对立面，手握家委会的权力，却变成投诉者，如逼其他家长同意老师给一年级学生留作业，联名要求家庭教育理念不同的学生退学，等等。这既是缺乏对学校的基本信任，也违反了参与学校管理的初衷，最终结果只能是家委会埋怨学校不接纳自己的意见，学校埋怨家委会不懂教育。

作为在教育学生方面最专业的人，学校和教师有责任引领家委会的发展，保证家委会规范运作，避免被家委会牵着走。为此，教师要对学校和班级管理有自己的思路和规划，在尊重家委会提出建议的同时，明确学校教育与家庭教育的分工，避免家委会越权，才能使家委会从"阻力"变成"助力"。

四、家委会的职能

为了规避以上家委会的乱象，就需要正确认识家委会的职能。2012年，教育部颁发的《教育部关于建立中小学幼儿园家长委员会的指导意见》中强调家委会的基本职责包括参与学校管理，参与教育工作及沟通学校与家庭。具体而言，家委会应在学校和教师的指导下履行以下职责。

（一）参与管理、监督和评价，让家委会成为班级和学校发展的生力军

1. 参与学校管理

引导家长参与学校管理是家委会最为重要的职能。家委会有权对学校的工作计划和重要决策进行探讨，特别是有关学生和家长切身利益的问题，并为学校改革发展集思广益，献计献策。

案例分享

威海市神道口小学"阳光家校七步曲" [1]

早在2005年，学校就建立了家委会，倡导"学校和家长做志同道合的教育伙伴，共享孩子成长阳光"的家校工作理念，立足"阳光文化建设"平台，努力探索家庭教育与学校教

---

① 张斌."阳光神小"，真神——威海市神道口小学特色教育走笔［J］.山东教育（小学刊），2014（6）.

育的契合点，通过奏响"阳光家校七步曲"，探索建立了"家校携手、和谐共育"的阳光家校合作模式。家委会在每一项工作中，都参与了主题设计，组织管理，过程监督，会后反馈，充分发挥了家委会参与学校管理的职能。

红色阳光爱之曲——家长义工暨家校课程。

橙色阳光健之曲——阳光家长俱乐部。

绿色阳光思之曲——周末家庭读书沙龙。

蓝色阳光行之曲——阳光父母大讲堂。

蓝色阳光恒之曲——阳光家长漂流日记。

紫色阳光信之曲——"阳光家长一日驻校办公"。

黄色阳光和之曲——"阳光家长""书香家庭"评选。

2. 参与日常监督和评价

家委会有权对学校（班级）开展的教育教学工作进行监督和评价，以促进学校各项工作规范有序地进行，并帮助学校改进工作。许多家委会在学校中担任监督者的角色，努力在学生身心健康、校园安全、学校收费等涉及学生利益的事项上把好关。

（二）为学校与家庭提供广阔、正规的沟通平台

家委会需向家长通报学校近期的重要工作和准备采取的重要举措，转达学校对家长的希望和要求；听取家长的心声，及时向学校转达家长对学校工作的意见和建议。家校双方定期沟通，分享信息和交换意见，有利于学校做好家长的思想工作，争取到家长对学校工作的支持，从而更好地实现家校合作。

特别是在化解家校间的隔阂与矛盾方面，家委会的参与可以促进学校和家庭的相互理解，有利于双方最终达成共识。因此，当发生家校冲突时，学校不妨先与家委会进行沟通，了解问题产生的原因，再对症下药。

如果问题在老师，通过家委会的调节，可以让家长更真切地感受到学校对处理矛

盾的真诚态度和积极行动，从而取得家长的理解和原谅，避免事态进一步恶化。反过来，如果问题在家长，先取得家委会的理解，也可以促进事件的解决。

（三）支持学校和班级教育工作，积极发挥家长的资源优势

家委会绝不仅仅是给老师"打杂"，不仅仅是为教育教学活动提供一些采购学习材料、交通执勤等繁杂琐碎的支持性工作。例如，家委会自发组织的"家长护学队"，以班级为单位，每日轮流执勤，以维持放学时间段校门口良好的交通秩序，为孩子们的安全保驾护航，这只是家委会工作内容之一，并非全部。

学生家长来自社会各行各业，可谓人才济济，这是一份丰厚而宝贵的教育资源，如果能让家长资源与学校资源相互补充，可以很好地补充学校某些方面教育资源的空缺，有效促进教师、家长和学生的共同成长。另外，绝大多数家长也非常希望能够参与孩子的学校教育过程，这既是家长自身的需求，也是孩子渴望得到的鼓励和支持。但家委会成员毕竟是少数，如何让其他大部分家长积极参与，了解孩子的学校生活，就需要家委会进行综合考量，积极发挥家长的资源优势，为孩子开展课外活动提供教育资源和志愿服务，助力孩子成长。具体而言，家长的资源优势体现在以下方面。

一是专业优势。每位家长都有自己的专业优势，能够提供的资源也是多种多样的，教师可以根据教学需要，充分利用这些家长资源。二是能力优势。有的家长心灵手巧，有的家长爱好广泛，有的家长口语表达能力特别强……这些独特的技能及个性特征都是一种潜在的教育资源，学校可以加以利用。三是职业优势。家长从事的职业是多种多样的，教师、警察、营业员、医生、律师……不同的职业中蕴含着丰富的教育资源，是小学生认识社会的一扇窗口。例如，可以邀请不同职业的家长来讲一讲不同行业的工作内容，为学生的人生规划做好铺垫。再如，组织孩子们走进垃圾分类宣教中心、各类博物馆、艺术馆等家长所在的单位，让孩子在实践中进行体验式学习，帮助孩子从小养成良好的习惯。

一言以蔽之，以学生为本，能够坚定代表学生利益的家委会才是好的家委会。家委会既要站在公允的立场上，协助学校和班级开展教育和教学活动，做好一些力所能及的工作，更要代表家长监督并参与学校的发展，敢于建言献策，积极提供资源，成为学校教育的良好合作伙伴，共同为孩子的身心健康和智力发展而努力。

第2节　科学组建家委会

家委会对学校和家庭的重要作用已经不言而喻，而要搭建出一个成功的家委会离不开科学的组织架构和规范的竞选流程，家委会组建前的周密准备是家委会后期正常运转的基础，也有利于家委会发挥出应有的职能，避免出现"创办时轰轰烈烈，实际运行难以为继"的尴尬局面。

一、科学搭建家委会组织架构

家委会组织结构的健全与否直接决定着家委会的执行力和影响力，完善的内部组织机构才能促进家委会各项工作的组织落实，是家委会建设不容忽视的一个关键环节。学校应根据当地要求、学校发展状况和家长实际情况，灵活搭建家委会的组织结构。

（一）确立"学校-年级-班级"三级架构

各中小学、幼儿园家委会的管理架构和规模不尽相同，目前大部分学校都建立了"学校-年级-班级"三级架构的家委会，三级家委会有明确的分工，层层落实，共促家委会工作的顺利开展。

校级家委会统领家委会的各项工作，在家校共育中起着把握理念和方向的作用，特别是处理一些涉及全校学生的重大问题，并同时领导着年级家委会和班级家委会。班级和年级家委会不是独立于学校家委会之外的组织，它们是学校家委会活动的实施载体，年级家委会主要起承上启下的沟通作用，参与活动的决策与方案制订，班级家委会主要负责具体活动的执行。

由于班级是学校最基层、最基础的管理单位，班主任与家长的交流联系最密切，且班级家委会直接为自己孩子的班级服务往往更具有积极性，班级活动涉及人员相对较少也更容易实施。因此，想要充分发挥家委会的作用，先要努力发挥班级家委会的作用。

（二）设置家长代表大会和常务委员会

为了更好地开展家委会工作，各级家委会可下设家长代表大会和常务委员会，其中常务委员会主要由家委会会长、副会长、秘书长、委员等人员组成。

同时，常务委员会还可下设职能委员会，具体机构设置可依据学校的实际情况确定。例如，设置由从事律师、法官、警察等职业家长组成的权益维护委员会，由从事会计、审计等职业家长组成的活动监督委员会，由全职家长组成的活动安全委员会等职能部门。

（三）配备各级学校指导人员

各级家委会都应配有相应的学校指导人员，全面关注和指导家委会的工作，包括家委会的建设和家校合作开展的各类活动，从而实现家委会与学校以及其他各级家委会之间的信息互通，促成行动互联。班主任、年级主任、德育主任或德育副校长可以分别担任班级、年级和校级家委会的召集人。

广外外校小学部班级家委会管理分工及职责[1]

分工	职责
会长	向家长传达学校和班级的各项消息,召集与主持家委会会议及发布会议纲要 支持班主任的安排,协助班主任开展、督促和落实家委会的各项工作; 进行家委会成员的岗位分配; 召集家委会委员会议,研究家委会工作,制订家委会工作计划。
副会长	协助会长完成家委会各项工作; 指导各委员会成员完成和落实各项工作; 负责班级通讯录的修改和发布; 负责编制和完善每学期章程并发布。
组织委员	协调家委会的各项工作; 策划、筹备和组织各类教育活动; 组织开展经家委会讨论决定的各项工作,保证活动参与人员到位,整个活动过程顺利开展; 每学期根据班级建设需要策划班级活动,编制活动方案,向家委会会长报备; 负责活动的筹备工作; 起草并发布活动通知,公布活动流程,安排活动人员有序开展活动; 发放、收集、汇总家长意见调查表。
财务委员	负责班级的财务管理工作; 负责管理收缴的班费及各项活动经费,做好各项收支的审核和登记,定期公布费用清单,做到财务公开化。
宣传委员	负责学校各项活动的宣传工作,用图片或视频记录全班的学习与生活; 负责活动的现场协助及文字、图片记录,有条件可联系媒体发布。

111

第4章

家委会:引导家长参与学校管理

---

① 叶和丽. 解码学校文化 [M]. 长春:东北师范大学出版社,2021.

分工	职责
采购委员	负责采购和发放班级所需的各种学习资料、劳动用具及活动用品等。
后勤委员	负责学生外出活动期间的安全; 做好学校和班级活动的事前计划和事后安排。
家教专员	搜集家长课程并上报家委会备案,然后上报班主任决定是否开展; 定期组织家长通过在线共读、读书沙龙、问题讨论等形式进行家庭教育学习,并对家长提出的家庭教育问题提供家庭教育指导; 组织家长积极参与家长学校。

二、规范家委会的竞选流程

规范的竞选流程是确保家委会日后有效运作的关键。合法、规范、全员认可的竞选过程与结果,是家委会发挥长效作用的重要前提。学校应动员全体家长,积极参与各级家委会的竞选。

(一)选择成立家委会的合适时机

通常来说,组建新家委会都安排在起始年级。但刚刚入学的时候可能并不是成立家委会最合适的时机,因为此时教师和家长彼此都还不熟悉,难以做出最合适的选择。

在第一学期的期中前后,家长之间以及家长和教师之间都有了一定的了解。通过家长自荐、教师推荐和全体学生家长的公开选拔来确定家委会成员,结果往往会更加客观,也更容易使人信服。

（二）鼓励家长积极参与家委会竞选

学校在家委会建立之初，要先做好前期的调研工作，了解各位家长对家委会的想法，对教育孩子的看法，对学校和班级的建议等，以及他们是否对即将成立的家委会充满期待。

同时，要跟家长说明家委会对成员的要求。学历、财富和社会地位等都不应成为家委会的入选门槛，应更多关注家长的理念、学识、德行、心态，尤其是家长的热情和意愿。通常，具备以下特点的家长更适合担任家委会成员：

（1）关心学校发展，热心为班级提供支持和帮助，愿意贡献自己的时间和精力为他人服务；

（2）关心教育，懂得一定的教育规律和方法，有较为丰富的家庭教育经验；

（3）有较强的组织协调能力和社会活动能力；

（4）乐于听取家长们的问题和建议，能够理性沟通，愿意用建设性的方式来处理问题，并向学校积极反馈；

（5）做事认真负责，处事公正。

在此基础上，学校和老师要想方设法加强家长竞选家委会的意识，鼓励他们积极参与竞选。可以通过发放家委会倡议书，学校公众号/班级微信群宣传等途径对家委会进行宣传和推广，介绍本校家委会活动实施和成效等，让家长了解家委会成立的目的，认识到参与家委会对学校和孩子都有很大的帮助，从而愿意支持和参与家委会的工作。为了更好地代表广大家长的不同需求，家委会的成员构成应具有多样性，尤其鼓励父亲的积极参与。

此外，老师有必要向全体家长强调，不要抱着不纯洁的目的参选，要站在服务所有孩子成长的角度对待家委会，抛弃过重的功利心。让家长明白，也许家委会成员的孩子偶尔能多受一点关注，但绝不可能有"光环"，享"特权"，学校更关心的是家委会能否发挥其作用，期待家委会为孩子做好服务。

（三）做好家委会的公开招募和民主选举

为保证家委会能够代表广大家长的意见并有效执行家委会职能，学校和教师应组织家长，按照一定的民主程序，本着公正、公平、公开的原则，并在自愿的基础上，选举出能代表全体家长意愿的在校学生家长组建各级家委会。确定家委会成员可以采取公开招募和民主选举的形式。

1. 公开招募

公开招募阶段需向全体家长发布家委会招募通知，解释家委会的职能，就家委会具体运作、日常活动内容等进行宣传，增强家长参与的意识，改变他们"管理学校只是学校的事情"的传统想法，鼓励感兴趣的家长积极报名。候选人的产生可采用家长个人自荐、家长相互推荐、班主任推荐等方式综合确定，以免出现无人参选，最终需要抽签决定的尴尬局面。报名时，家长可以根据自己的能力和资源，直接勾选出自己有意向的家委会职能或部门。

🔲 **工具箱**

家委会成员自荐表

姓名		孩子姓名		孩子班级	
自荐职位		家委会会长、副会长、宣传部长、后勤部长、组织部长等			
个人简介		参选家委会的优势			
对家委会工作的建议					

2. 民主选举

民主选举的方式通常是进行公开投票，可以利用家长会等家长聚集的公开场合进行选举，如不方便也可以在网络进行投票。班级和年级家委会成员通常由本班（年级）学生家长民主选举产生，学校家委会成员通常在班级、年级家委会成员中推荐或竞选产生。

通常，班级家委会可选举1个会长主管家委会工作，另选举3—5个委员负责组织、文艺、体育、财务、采购等具体工作；年级家委会可选举1个会长，1—2个副会长，若干个委员；校级家委会的规模可以更大一些，选举1个会长，2—3个副会长，若干个委员，另可设置一定数量的家长代表，这些代表可以建言献策，参与投票，但不负责某项具体工作，家长代表尽量保证每班一名。

投票结束后，应由未参与家委会竞选的家长来统计选票，根据投票结果确定各级家委会的成员名单，并依据参选时的报名意向确认家委会成员的职责分工。选举结果需进行公示，公示期间如未出现对家委会成员名单的异议，家委会便正式成立。

例如，北京市回龙观育新学校小学部成立家校教育共同体的过程便是很好的示范。在家校教育共同体组建初期，学校通过公众号宣传、海报宣传等方式，鼓励家长自愿报名，最终经过班主任推荐，情况了解以及德育处面试，选择了48位家长组成第一届家校教育共同体，并分别进行了委员长、组织部、学习部、宣传部、专家讲师团等职务分工。

值得注意的是，为提升家委会成员工作的积极性和有效性，家委会还应建立换届轮替机制，避免家委会成员因"终身制"而导致"专制集权"。例如，小学家委会每学年应进行换届选举，可连选连任，任期一般不超过三年；学生因毕业、转学等原因离校的，其家委会成员身份自动丧失。

例如，某上海民办小学家委会分两种委员，一种是常设委员，一种是年度委员。常设委员13人，年度委员29人。常设委员分布在五个年级中，通常是从孩子入学起就进入家委会，孩子毕业再退出家委会。年度委员则是每班一名，一年一选，委员有可能连任，也可能替换。

只有通过公平、公正、公开的民主选举和换届轮替，才能鼓励尽可能多的家长参与到家委会工作中，保证家委会不与建立时的美好初衷背道而驰，避免使家委会成为世俗的名利场，从而让一群热心学校公益事业、有着强烈责任心的家长成为学校的帮手、孩子的助手、家校的桥梁，让家庭与学校沟通更顺畅，让孩子的学习和成长环境更健康。

三、指导家委会制定章程

家委会章程是学校、教师和家长需要共同遵循的准则，在章程的约束下，既可以让学校摒弃传统的权威意识，乐于接受家长的监督，也可以保证家委会代表全体家长的意志，同时保证家委会委员的高参与度，这有利于家委会履行其应有的职能。

成立家委会后，学校应指导家委会制定家委会章程，具体包括名称（如"××家委会"）、宗旨，家委会的权利与义务、职责与任务、选举与任期，家委会的组织架构，会长（主任委员）、副会长（副主任委员）及委员的任职条件与工作职责，会议制度，其他需要规定的内容，如家委会开展活动应当遵守法律法规和相关政策规定等。

案例分享

青岛西海岸新区富春江路小学家长委员会章程（节选）[①]

第一章　总则

第一条　性质。 学校家长委员会是由本校学生家长代表组成，代表全体家长参与现代化

[①] 青岛西海岸新区政务网，青岛西海岸新区富春江路小学家长委员会章程［EB/OL］，（2023-09-01）［2023-10-08］. https://www.xihaian.gov.cn/ztzl/sydw/jyjx/fcjxx/jbxx/glzd/202210/t20221011_6442214.shtml

学校建设，参与学校民主管理，支持和监督学校做好教育工作的群众性自治组织，是学校联系广大学生家长的桥梁和纽带。

第二条　宗旨。坚持家校沟通与合作，让学生家长充分参与学校管理，有效体现学生家长对学校教育教学工作的"四项权利"；完善学校、家庭、社会三位一体的教育体系，营造良好的教育环境，促进学生全面发展。

第二章　组织

第三条　家长委员会由家长代表组成，根据自下而上的原则，分设班级家长委员会、级部家长委员会以及学校家长委员会，并在级部家长委员会基础上推荐学校家长委员会候选人。

第四条　家长委员会成员的条件（略）

第五条　家长委员会成员的条件（略）

第六条　家长委员会设主任1名、副主任2名、秘书长1名、委员若干名。可下设组织部、宣传部、活动部、家庭教育指导部、生活部、义工部、安全部等职能机构。家长委员会可设常务委员会，主持日常工作。

第三章　权利

第七条　家长委员会和家长在参与学校管理中，享有知情权、参与权、评价权、监督权。

……

第四章　职责

第十一条　建立家长委员会驻校办公制度，制定驻校办公规程，组织家长参与学校的管理；建立家长和学校沟通协调机制，设立家长接待日，就家长、学生、社会反映的问题及时与学校领导沟通解决，并做好意见反馈工作。

……

第五章　义务

第十四条　支持学校开展各项教育工作，积极参加教育部门和学校组织的各项教育活动，并发挥积极带头作用。

……

第六章　附则（略）

四、引导家委会成员参与学校和班级活动

家委会成立后，教师首先要尽快建立家委会工作微信群，收集并整理家长通讯录、家长信息等各类表格，从而与全体家长建立联系，为日后支持教育工作、参与学校管理做好铺垫。

然后，召开第一次家长代表大会，召集当选的家长委员会成员重新学习家委会章程，并确定下次例会的时间和会议主题，主要讨论家长关于学生学习、活动等相关问题的意见和建议，共同探讨解决当前学校教育和家庭教育问题的有效途径和方法，并代表家长将意见与建议向班级、年级、学校进行反馈。会议形式可以多样化，但建议每学期至少有一次全员线下会议。会议应邀请学校/班级代表出席，每次会议结束后，应将会议内容由家委会秘书发给全体家长。

🔖 工具箱

家委会会议记录表

会议名称		时　间	
地　　点		主持人	记录人
参加人员			
会议内容			
备　　注			

第3节 保证家委会的长效运作

家长委员会虽然是群众性自治组织，但也不能随心所欲，需要有相应的职能边界，其权力也要受到制约。如果自由运行，缺乏专业指导，就有可能越位脱轨。因此，学校要给予家委会积极指导和适时调度，从而把控方向，让家委会沿着正常的轨道有序运行，使其更好地为学校和家长服务，最终促进孩子更好地成长。

一、鼓励家委会积极参与学校管理，实施有效监督和评价

学校要支持家委会积极参与学校的管理和监督，定期邀请家委会代表来到学校进行教育教学督察，听取学校领导的工作汇报，参加学校的现场会、表彰会等，让家委会了解学校的工作，并提出意见和改进建议。

（一）参与学校管理

学校要鼓励家委会凝聚班级家长力量，积极参与学校管理，了解学校的发展规划及工作计划的制订与实施情况，并提出意见和合理化建议，从而为孩子们的成长助力。但也要避免"家长参与"变为"家长干预"，要界定好家委会参与学校管理的界限，避免出现家长"干预学校教学""要求调换授课教师，更换班级"等现象，偏离家委会为学生服务的初衷。

例如，青岛市四方区设立了家委会参与学校工作的制度。重点保证家长下列权利：

一是知情权、参与权。学期初，各学校向家委会汇报学校教育教学工作计划。学期中，落实驻校办公制度，实施"六个一"工作任务，即家委会成员在驻校办公期间，至少听一节随堂课，至少与一位老师和学生做一次沟通，至少巡视一次校园，至少与校长就驻校办公感受进行一次交流，至少提一个改进建议。

二是决策权、监督权。邀请家长参与制订学校工作规划和决策等。如四方小学实施"全面开放计划"，全校家长持预约卡可随时到校了解孩子的在校表现，了解教师教育教学情况，与学校、老师零距离沟通；部分学校实行家长督学制度，让更多家长了解学校的日常管理和教学工作。

三是管理权、评议权。各校家委会每年参与上级部门对学校各项工作的考核评价和学校对教师工作的考核评价，家长的意见建议能更加有效地反馈到学校、班主任和教师，促进了家校互动。

（二）参与日常监督与评价

1. 引导家长参与学校日常工作监督

家委会作为监督学校相关活动的一个重要组织，既要对学校日常教育教学工作进行监督，也要对班级事务、财务明细进行监督，从而保证学校和班级工作合规、高效地运转。为了保证监督工作的有效性，家委会需要保持自己的独立性，绝不能成为学校的附庸。

上海、南京、西安、重庆、郑州等地的多所学校都把学校食宿管理、校服选购、课后管理机构选择等方面的重点决策交给家委会，有效调动了家长参与校园管理的积极性和责任感。同时，对涉及经费的活动，家委会会详细记录每一笔账务，并定期向家长公开。

🗂 工具箱

××学校××班级家委会经费收支明细账（2020-2021学年上半学期）

时间	单据编号	经手人	确认人	摘要	收入（元）	支出（元）	结余（元）
	收1	A妈妈	M老师	收班费每人20元	700		
	支1	B爸爸	M老师	班级图书角买书		630	
				......			
			本期合计				

2. 鼓励家长积极参与评价

家长是学生成长和学校管理过程中不可或缺的一分子，他们看待问题的角度往往与学校、教师不同，尤其在注重学生综合素质评价的背景下，家长参与评价更能客观全面地考察学生的发展。学校可以邀请家委会成员定期进校，对学校的教育教学工作开展评价工作。

🗣 案例分享

家委会参与学校和教师评价考核实践的策略[①]

1. 家委会评课议课制度。邀请家委会成员入校听课半天，并在课后认真填写评课表，同时进行互动交流，针对所听课程谈感想、说收获、提建议。学校根据家委会成员的建议与任课老师进行沟通，以促进教师的专业发展。

---

① 王安乐. 家委会参与学校和教师评价考核的实践探索——《家长委员会参与学校管理的职能研究》课题成果 [C]. 福建省商贸协会. 华南教育信息化研究经验交流会2021论文汇编（十），2021.

2．家委会评校评教活动。家委会成员每学期通过学生座谈、问卷调查和家长代表评议会等形式对学校办学条件、教育过程、教育效果等进行评价，向学校反馈意见或建议。家委会的评价结果将作为学校对领导班子成员、教师、班级的考核内容之一。

3．家委会值班制度。邀请家委会成员以班级为单位进驻学校值班，每周安排1-3天，实地考察和监督老师课堂授课情况，学生学习及活动情况，学校食堂卫生、宿舍、安保情况等，全面参与到学校的日常教学和管理工作中。值班期间一旦发现问题，家委会成员要及时向学校反馈，并提出整改意见。

同时，以家委会为代表的家长群体应当在日常班级管理和学生活动的评价中起到积极作用。家长对学校课程建设的意见与建议能促使学校完善课程体系，促使教师改进教学理念与方法，为学生的全面成长夯实基础。这也充分诠释了"教育一家人"的真正含义，具有实权的"合伙人"——家长——帮助学校、支持学校的劲头自然也更足了。

积极引导家委会参与班级和学校管理制度及考核方案的制定，相比单纯由学校、班主任和学生共同制定班级、学校管理制度，一方面能使家长更加清楚学生在校的行为规范要求，从而更有针对性地开展家庭教育，促使学生养成良好的生活习惯、学习习惯；另一方面能够令制度的制定更贴近家长的实际情况，以便制度更好地得以落实，如学生请假制度、班级微信群的发言制度等。

二、充分发挥家委会的沟通平台作用

沟通是家委会的重要职能，学校可以指导家委会通过多种途径来广泛收集家长意见并及时进行反馈。一方面它可以促进家庭教育和学校教育的适应性改变，有利于孩子获得更好的发展；另一方面能够让家长更直接地感受到学校、班级对家委会的高度重视，进一步提升家委会工作的积极性。

针对家长反映的问题，学校可以鼓励家委会通过网上家长学校、QQ群、微信群、家长座谈会等途径，及时与班主任和任课教师进行沟通，以取得家长的理解和支持。山东济南市舜耕小学的家委会——"舜友会"还专门建立了家委会成员轮流值班制度，负责接待家长和老师的来访，有效解决了家校沟通难的问题。无论是家长还是老师有意见，都可以反映到"舜友会"，这既替学校解决了难题，又为家长当好了代言人，化解了家校矛盾。

有能力的家委会还可以通过为班级创办微信公众号的方式进行家校沟通，将孩子在学校日常学习生活中的点点滴滴和特色活动等都图文并茂地记录在公众号文章中，让每一位家长都能看到。学期末，家委会还可以制作班级成长手册，记录班级一学期的活动，总结孩子一学期的收获，分发给每一位家长。

此外，学校还需要建立家委会跟学校和班级定期沟通协调的议事机制。多方联席会议就是一种很有效的沟通方式，可以由家委会牵头，定期邀请学生代表、教师代表甚至社区代表等共同出席联席会议，从而使社区和家庭对学校办学都享有充分的知情权、参与权、监督权和评议权，让学生和家长吐露出更真实的想法，并促使学校和教师虚心采纳家委会提出的意见和建议。

三、引导家委会开发利用各类资源

活动是学校教育教学的重要组成部分，学校可以鼓励各级家委会充分发挥自身的优势和特长，在亲子活动、校内外综合实践等方面与学校密切合作，这样既能帮助学校解决一些难题，又能通过参与活动缩短与孩子的距离，加深彼此的理解，让孩子安心学习，快乐成长。

北京市史家胡同小学家委会的做法就特别值得我们学习。在各级家委会的努力下，史家胡同小学成立了"妈妈读书会"，活动形式多种多样，如亲子阅读、阅读沙龙、主题展演、专家讲座、实践体验等。"妈妈读书会"自成立以来，已成功组织阅读活动900多次，受到家长和孩子们的热烈好评。通过"妈妈读书会"，妈妈陪伴孩子一起找寻阅读的乐趣，一同浸润在优秀的道德文化中，让孩子爱上阅读，让孩子在父母的陪伴阅读中体会成长的期许和家庭的温暖，让美德在阅读和交流中得以传承。类似的，还有学校的家委会抓住爸爸这个家庭教育中容易缺席的群体，打造与爸爸相关的家校协同品牌活动，从了解爸爸的专业和爱好等方面入手，引导亲子关系的良好沟通，并影响家庭教育观念以及孩子职业启蒙等。

同时，家长往往拥有更多的社会资源，能够把学生活动的场地延伸到社会，展览馆、工厂的参观考察远比书本知识更吸引学生，也能起到更好的教育效果。而且，家委会委员及家长志愿者还可以在学生外出时协助教师维持秩序，保证学生安全。

家委会还可以牵头整合家长的专业资源，邀请家长到校辅助进行一些教育教学内容的讲授，丰富校内活动的形式与内容，并带来更好的效果。例如，男性班主任往往不便于开展女生青春期教育，而具有专业医学知识的妈妈则更适合；身着制服的警察或消防员家长为学生们开展安全教育，能带来比教师更好的效果。再如，学校社团缺少指导教师，家委会可以自荐或推荐有能力的家长担任指导教师，一个家长的资源也许是有限的，但家长们合在一起的能力是无穷的。但是，家委会不宜参与画板报、值日这类培养孩子责任心、劳动观念和技巧的事务，家委会所参与的事情要以不替代孩子成长为原则。

第 5 章

家访: **拉近**与家长、学生的**心理距离**

教师和学校的困惑

教师1 在如今通信便捷的时代，我们和家长沟通的方式特别多，还有必要沿用传统的入户家访吗？老师喊累，家长嫌烦，还特别耗时间。

教师2 不知道为什么，总有些学生或家长抵触我们去家访，寻找各种理由推脱，也总不能不打招呼就上门吧。就算上门了，有些家长也挺抗拒交流的。

教师3 家访时如何跟家长交流，才能做到面对面，心连心，而不是流于形式地完成任务呢？总觉得有时候虽然走进了学生的家门，却还是无法走进学生和家长的心里。

教师4 有些家长表面对老师客客气气的，实则"左耳进，右耳出"，家访完了还是老样子，这样的家访并没有什么实质性的效果。

随着现代通信工具的普及，入户家访的重要性在一些教师的意识中逐渐淡薄。他们认为手机或网络上的联系可以替代传统的家访，因此不重视家访工作，让家访成为"走过场"。这不仅影响了家访的效果，也让一些教师对家访的意义产生了质疑。

那么，家访真的过时了吗？其实没有。虽然听起来十分传统、老套，但家访一直是一种行之有效的家校沟通方式。在所有家校共育活动中，家访可以说是能将最为真实的家庭和教师联结在一起的活动。通过家访，教师可以了解学生平常在家里的状态，并向家长反馈学生在学校的情况，保持学校和家庭教育的一致性。教师需要正确理解新时代家访的意义和作用，根据家访目的和学生需求调整家访策略，做好家访前、家访中、家访后的细致工作，让每次家访都能成为对学生的鼓励，对家长的触动，对教育的促进。

第1节 家访不仅是"登门拜访"

一、家访制度的发展历史

"家访"是家庭访问的简称，是一种为了教育好学生，教师到学生家庭中与其家长取得联系的教育活动。它是一种非常传统的家校沟通方式，也是教师进行个别家庭教育指导的最有效的途径之一。家访具有深刻的内涵和外延，并不仅仅是老师登门拜访学生家庭这么简单。

（一）国外家访制度的产生和发展

家访最早并非用于教育领域，它发源于19世纪中叶，一名护士在克里米亚战争期间为当地家庭提供入户医疗方面的指导和帮助。她的行为给利物浦的一所学校带来启示，这所学校开始培训护士对家庭进行访问，这便是家访的雏形。

这类家访在19世纪后期传入美国，20世纪70年代以后，家访逐步用于教育领域，成为加强学校和家庭联系的途径之一。如今，各国教育工作者都特别重视家访工作，有的教育部门对家访做出明确规定，并为教师提供家访所需要的时间和经费。

家访在美国已成为促进家校联系的常见做法之一：一方面，学校非常重视教师在开展家访工作方面的专业能力培养；另一方面，学校充分利用社会资源，积极参与政府发起的家校共育项目，如"学前儿童家长指导"（HIPPY）、"家长即教师"（PAT）等优质家访项目，直接把培训带入家庭，家长每周受到一次访问，每隔一周参加一次与其他家长的集会。①

德国有两种典型的家访方案：一是家庭助手方案，即社区青年服务部、慈善机构把经过培训的社会工作人员都组织起来，分派到一些特殊家庭里去，每周义务为家庭服务5—10小时，帮助父母掌握养育孩子的基本知识和技能；二是家庭互助方案，即不同的家庭之间进行一次访问，向父母传递教育知识，帮助父母构建家庭教育环境并进一步提高父母的教育水平。

在日本，每学年开始时，老师都要对在校生做一次家庭访问，以了解学生的生活环境。待学期过半时，老师会再做一次家访，以掌握学生这半学期来的生活情况。

然而，家访在英国等一些欧洲国家可能并不常见。为了保护隐私，学校家访很少在学生家里进行，而是约在家附近的咖啡馆等场所。

（二）我国家访制度的变迁

我国的家访始于民国时期，到中华人民共和国成立初期得到了前所未有的发展，虽然没有明文规定要求教师去家访，但教师上门家访，和家长、学生促膝长谈的画面经常出现在各类资料文献中，已经内化为教师的一种自发教育行为。有学者提道：20世纪50年代，家访是学校教育的一项常规，是教师的基本职责之一，教师在一个学期之中至少要对每个学生做1—2次家访。②

① 刘露. 美国学前儿童家访项目研究与启示——以HIPPY、PAT、NFP家访项目为例［D］. 华东师范大学，2018.
② 万翼. 教师家访札记［M］. 南昌：江西教育出版社，2008.

1963年，中共中央颁布了《全日制小学暂行规程（草案）》，要求学校采取家庭访问或家长会等方式，同家长取得联系，研究学生的思想行为和教育学生的方法，互相配合，教好学生。这是国家首次从政策层面提出家访，标志着我国教育行政层面教师家访制度的建立。教师的家访行为变得有章可循，受重视的程度也逐渐提升，逐渐成为一项重要的家校合作活动。

然而，进入20世纪90年代，随着对家长在教育中重要性的认识逐步提升，家长学校这种新的家校合作方式得到前所未有的重视，有条件的中小学纷纷设立家长学校，这在一定程度上减少了学校、教师和家长对家访工作的重视，家长学校的建立使得教师家访制度受到了冷落。同时，教师的工作量和学生的学习任务较之前都有所增加，加之经济发展带来的大规模人口流动等社会经济因素的影响，教师的家访工作进一步受到冲击。

近年来，家访制度重新受到重视。2015年，教育部印发《关于加强家庭教育工作的指导意见》，强调中小学幼儿园要建立健全家庭教育工作机制，统筹家长委员会、家长学校、家长会、家访、家长开放日、家长接待日等各种家校沟通渠道。2020年，中共中央、国务院印发《深化新时代教育评价改革总体方案》，明确要求落实中小学教师家访制度，将家校联系情况纳入教师考核，指出教师家访在强化一线学生工作方面的重要作用。

同时，国家从政策层面规范了家访内容和家访对象的全面性。家访内容的全面性是倡导教师针对学生的上下学交通安全、假期生活、家庭环境及家庭周边环境等进行家访，不再局限于学习问题家访。家访对象的全面性主要是避免家访过程中出现的"跷跷板"现象，即只对学习优秀的学生和学困生进行家访，忽略中间的学生这一现象。

二、家访真的过时了吗？

20世纪80年代，家访并不是一个陌生的名词，很多家长可能都还记得儿时等待班主任家访的下午，家长沏好了茶，和老师在客厅里聊一聊，双方对于孩子在学校在家里的情况就都差不多心中有数了。

但随着现代通信方式的日益便捷，以及城市的扩张，班额的膨胀，老师和家长面对面交流的机会少了，取而代之是电话、短信、网络等交流方式。费时费力的家访制度逐渐淡出人们的视野，甚至形同虚设，不少人认为家访制度已经过时。那么，家访是否真的过时了呢？它真的有存在的必要吗？

答案是，无论社会发展到什么时候，传统家访的作用都不可能完全被取代。不可否认，诸如微信群等在线即时交流平台，确实有及时、方便、快捷的特点，能够足不出户就让老师、家长、学生实现零距离交流，但它们仅仅是一种信息传递工具，永远无法替代教师入户所传递出来的情感温度。

例如，有个孩子在班里表现一直很活跃，成绩也不错，可最近突然变得不愿和老师、同学说话，成绩也下滑了。老师给家长发微信，家长不回；打电话给家长，对方也敷衍了事；最后去家访时，才发现家长正在"闹离婚"。跟家长开诚布公地交谈后不久，孩子的成绩开始回升，情绪也稳定了不少。

再如，也有家长认为，家长微信群再方便，也不能替代家访。关于孩子的问题，老师在群里说重了家长脸面上挂不住，说轻了又不能反映孩子的真实状况。就算天天打电话沟通，有时候也比不上见一面来得高效。

🎛 知识链接

互联网时代仍需用好传统式家访①

由于观念变化、人口流动、居住地分散、学生数量庞大等因素的影响，以及现代通信工具的迅速发展和广泛应用，传统上门家访这种家校联系方式逐渐被电话沟通和网络沟通所替代。

然而，近来呼唤传统家访回归的声音越来越强烈。比如，青少年教育专家周长根指出："学校和教师可以通过电话了解学生的信息，但这只是声音层面的传递，无法代替面对面的感情交流和实地探访。"甘肃省庄浪县教研室"信息时代还要不要家访"课题组对教师、学生和家长进行调研也得出了"家访虽然传统，但没有过时"的结论。

所以，新形势下教师仍应坚持传统家访。传统家访一直被认为具有自身独特的价值：

首先，教师可以通过家访，向家长面对面地传递最新的教育方针、政策法规及学校规章制度，帮助家长树立正确的教育理念。其次，家访可以让教师更加全面地了解学生的家庭环境、个性特点及优缺点等，从而更加有针对性地开展教育工作，最大程度上发挥出学校和家庭的教育优势，更好地促使学生身心健康成长。此外，家访有利于教师和家长交换关于孩子的信息，达到信息互通的目的，实现学校和家庭在教育时空上的紧密衔接。最后，教师可以在家访过程中向学生传递温情，引导家长不要只把目光放在孩子的学习上，而是尝试以亲情去感化和教育自己的孩子。

老师利用晚上和双休日，在百忙之中抽出时间到学生家坐一坐，在特定的场景和环境下，更有助于谈话的深入，可以架起学校、老师、家长、学生之间温情沟通的"纽带"，为"家校共育"打下更加牢固的基础。网络沟通很难了解学生的家庭成员

---

① 陈如平. 互联网时代仍需用好传统式家访 [J]. 人民教育，2020（19）.

构成、身体和健康状况、住房情况、职业与收入状况等。具体而言，家访仍然在以下几个方面具有不可替代的意义。

（一）教师家访有助于学校、家庭和社会三方教育合力的形成

教师家访是学校、家庭、社会一体化的重要纽带。首先，家访可以摸清学生的居住环境、家庭结构、家长教育理念、社会人际交往等情况，了解家庭和社会对学生所产生的影响。其次，教师可以通过家访向家长传达学校教学成绩、学校管理、学生发展前景等信息，作为宣传学校教育教学效果的一种有效途径，使家长积极主动地配合学校和班级工作，并把家长提出的有关学校教育的合理意见反馈给学校。最后，通过家访，教师可以了解、调整学生的社会影响源，克服和纠正社会教育中的消极因素，如学生是否接触校外的不良团体，是否参与不适合未成年人的社会活动等，从而有效巩固和延伸学校教育的成果。

（二）教师家访可以促进教师、学生、家长三方的良好关系

教师进行家访，缩短了教师、学生和家长的距离。一方面，家访拉近了教师和学生间的距离，是对学生的一种激励，能够让学生感受到教师对自己的注意和关心，从而容易在师生间产生信任感，让沟通变得更容易，使学生愿意朝着老师的期待方向去努力。

另一方面，家访不仅仅是简单的家长和教师之间的信息传递，还蕴含着人与人的沟通，心与心的交融。在温馨和谐的交谈氛围中，教师和家长坦诚交流，能够促使双方相互理解，增进他们的感情，让家长更加认可学校的教育教学，实现更好的家校沟通。

（三）教师家访有利于更好地因材施教

教师若要进行因材施教，就必须全面深入地了解学生在家和在校行为的真实情况，而要做到这一点，除了在学校教育教学中认真细致地对学生进行观察和分析，更离不开家访。

学生的心理特点、思维方式和行为方式复杂多变，不深入学生的生活，就不可能探索出他们思想行为的根源。家访，让教师进入学生家庭，正是了解学生的家庭情况和生活环境的最佳途径，也是了解学生个性心理的重要方法，是掌握学生成长真实资料的好机会。

通过家访，教师可以了解学生家长的教养方式，从而清楚学生行为背后的家庭因素，进而在学校教育中做到有的放矢，依据不同的情况采取不同的教育方法，使所有学生都能健康成长。

（四）教师家访能够促进家庭教育的优化

通过家访，教师会发现一些家长缺乏教育孩子的基础知识和理论素养，仅凭自己的主观愿望教育子女，根本不了解孩子的身心发展特点。指导家长正确实施家庭教育，正是家访的重要目的之一。教师在家访过程中，可以向家长普及家庭教育知识，帮助家长树立现代教育观念，掌握科学的家庭教育方法，使家庭教育获得更好的效果。

通过家访，教师可以针对每一个家庭的不同情况，对家长进行个别化的指导，有针对性地给予家长在教育子女方面的指导，告诉他们一些有效的经验和具体做法。相比面向全体家长普及教育知识，个性化的指导能给家长带来更实际的收获。

另外，教师家访还有助于教师了解大多数家庭的状况，尤其是在全员家访中，教师可以整合家庭资源，带动家长参与其他家校共育活动；可以根据不同家庭的条件，引导部分家庭参与关注、帮扶特殊学生和特殊家庭问题等。总之，教师家访在沟通信息化的时代，仍旧具有不可替代的重要价值。

三、别让家访成为形式主义"走过场"

家访因为需要教师和家庭面对面接触，接触的地点在家庭这个私人空间，因此在实际操作过程中，有时也会遇到一定的阻力。这种阻力一般来自家长和教师两个方面。

（一）有些家长不希望被家访

近年来，各地各校对教师家访工作进行了积极探索，有的地方每学期一次，有的地方每学期多次。不论学校领导还是普通教师，都要根据学生数量分配相应的名额，入户家访。例如，云南省昆明市开展的"万名教师家访活动"，浙江省舟山市开展的"百名校长、万名教师家访活动"等。

这样的家访虽然有一定的积极作用，但整体来看质量不高。曾有家长在12345服务平台上发帖质疑学校为何放着电话、微信等便捷的通信方式不用，反而安排入户家访，并直指入户家访"耗时""没必要"。

一些家长不希望老师上门家访，不清楚老师为什么来，也不知道老师来了如何招待，担心怠慢了老师。还有些家长怕暴露家庭隐私，不欢迎老师上门家访，或跟老师约定在咖啡馆等场所进行家访，失去了入户家访的意义。此外，一些孩子心里也会忐忑不安，担心老师跟家长告他们的状。

关于家长不愿接受教师家访的原因，有西方学者指出以下八个方面的原因：一是家里很乱，不想让教师察觉其糟糕的家庭生活习惯；二是担心家访给教师留下不好的印象；三是教师家访打扰了家长的生活；四是家庭文化或是生活方式可能很特别，担心教师无法理解；五是家长以往的家访经历是消极的，认为教师来访说明孩子做得不好；六是家长认识不到教师家访的真正价值；七是教师试图通过家访改变家长，并告诉他们怎样和孩子"更好"相处；八是父母太忙。他同时给出了教师改变家长态度的建议：一是通过非正式谈话建立亲密关系；二是明确家访的原因，告诉家长你想谈些什么以及你要谈多久；三是熟悉家长的生活方式，对他们的生活方式表示理解，建立彼此信任的关系。①

（二）有些教师不情愿去家访

一些教师家访时"来也匆匆，去也匆匆"，对于为什么访，访什么，谁来访，怎么访等问题认识还比较模糊。他们选择以走过场的方式来完成任务——事前没有沟通，事中走马观花，事后不管不顾，导致家访工作难以走深，走实，走细。

出现上述现象，一方面是因为教师现在进行家访的现实（客观）困难的确较多：学生居住地分散，远近不一；家访前要做大量的准备工作，还要提前跟家长沟通，挑家长有空的时间；每个班学生人数都不少，按40名学生一个班算，每人家里去一趟将占去老师大量的时间和精力。此外，老师不仅担任教学任务，还要忙科研等各种业务。

另一方面，还可能因为如下主观原因。一是学校对教师家访工作的重要性认识不到位、不充分，没有制定推进教师家访工作的相关管理、培训、考核和保障制度，使得教师家访工作无章可循，使得教师家访的目标、内容、流程、方式、评价等环节缺乏规范性和科学性。二是教师对家访工作的认识存在偏差，认为现代化的通信工具完全可以替代传统的上门家访，认为对那些父母常年在外打工的学生进行家访没有意义等，阻碍了家访工作的深入开展。

家访工作重"形"也要重"质"，绝不能让家访成为"走过场"。为此，教师在进行家访时不能只是简单与家长见个面，而是要有明确的教育目的，要有计划、有方案、有重点，将家访工作纳入学校工作整体规划和班级育人整体计划，这样才能确保家访工作有所收获。

① 陈瑶. 国外学前教育阶段家访研究与实践综述［J］. 教育导刊，2008（4）.

第2节　如何开展一次有效的家访

一、做好家访前的准备工作

相比教师日常教育教学工作，到学生家中进行家访在交流内容和方式上有很大的不同，地点是相对陌生的，家长也并不熟悉。教师需要在家访前做好充分的准备，"知己知彼"才能获得更好的家访效果。建议教师在家访前进行如下准备。

（一）谁访——家访是班主任一个人的工作吗？

很多人有这样的误区：家访就是班主任的工作。这其实是不准确的。家访并不只是班主任一个人的工作，与学生利益相关的教育者，如科任教师、学校行政领导、心理老师、家长和学生等，都可以参与到学生的家访工作中来。

1. 班主任

班主任是与学生接触最多，对学生情况最为了解的教师。班主任到学生家进行家访能够就学生的情况与家长进行深入交流，能够起到很好的教育效果。特别是在对需要重点关注学生的家访过程中，班主任因为与学生熟悉，能够更好地获得家长和学生的信任，能够与家长和学生进行深入的交流，并进行切实的指导，达到良好的家校沟通与合作效果。

2. 科任教师

科任教师与班主任一同走入学生家中，对于科任教师更深入理解自己所教的学生有着重要的意义，有利于他们制订科学合理的计划，帮助学生提高相关学科的学习成绩，并设置更有针对性的授课方案，提升自身的教学效果，尤其适合某个学科亟须教师帮助与指导的学生。

3. 学校行政领导

学校行政领导与班主任一同走入学生家中，能够让家长和学生更加深刻地感受到来自学校和教师的重视。同时，校领导的家访能够帮助校方更好地了解学生各方面的情况，对后续制订更符合学生和家长特点与需求的教育方案具有重要意义。另外，当家校产生冲突时，校领导出面，有助于缓和家校关系并达成教育一致性。

4. 心理老师

班主任家访可能会把更多的注意力放在学生的学习习惯、行为规范、自理能力上，心理老师则可以从专业角度帮助班主任设计家访方案，比如在家访中要观察学生哪些方面，问学生和家长什么问题等，从而在家访过程中增加对学生的焦虑、情绪管理、宣泄、亲子关系、同伴接触等方面的关注。目前学生的心理问题形式越来越复杂，心理老师参与家访有利于促进孩子心理健康发展。

5. 学生

班主任征求家长同意后，可以带一些性格开朗、能力强、与被访学生关系不错的学生一起到其他学生的家中进行家访。当家长与教师进行交流时，学生间也可以进行交流，相互介绍经验，向彼此学习。这可以缓解被家访的家长和被访学生的心理压力，使家访氛围变得更加轻松愉快。

6. 家长

班级中有一些家长对自己的孩子总是不满，在教育孩子方面存在许多困惑。班主任在进行家访时，可以征求被家访家庭的同意，带着存在困惑的家长一同去被家访家庭"取经"；或者由有经验的家长走进存在困惑的家庭，让具有相似问题以及不同解决经验的家长们面对面进行交流。很多时候，其他家长的经验可能比教师给出的建议更加符合家长的需求，更能被家长接受，能产生更好的效果。

（二）访谁——选择合适的家访对象和家访时机

为确保家访工作有效开展，教师需要选择适当的家访对象和家访时间。概括而言，入户家访应做到：既面向全体，又突出重点；集体家访与个别家访相结合；定访与随访相结合。

确定家访对象后，教师应提前与学生家长商量家访的时间，并告知家访的主要目的，让家长做好准备。可以把家访的时间和目的同时告知学生，以免学生产生不必要的担心。家访的时间建议选择节假日，如果学生家离学校比较近也可以选在放学之后。建议与学生家长交流的时间控制在1小时左右，最多不超过2小时，要避开用餐、午休等时间。

班主任可以给每位学生分发一份家访预约单，请家长在家访预约单中填写最方便的家访地址及家访具体时间。家访预约单中设立了"家长所问"一栏，家长们可预先填写希望家访教师带来的学生信息，以及希望得到的帮助或需要咨询的问题。

1. 普访（集体家访）

在新生入校或者教师新接手一个班级时，应对班级中的每一位学生进行入户家访，以了解每位学生的思想、学习、性格、兴趣、爱好、身体、家庭等方面的情况，与学生和家长建立关系，为后续的师生关系和家校关系打下良好的基础。

这类家访通常在学生入校前的暑假期间完成，如果现实条件做不到对班级中每一位学生都进行家访，教师则应尽可能多访，并根据学生的基本信息选择一些需要重点关注的学生进行家访，对其他学生灵活使用其他的家访形式，如电话、视频等。

例如，杭州市上城区崇文实验学校坚持开展全员家访，作为学校获取学生家庭信任的第一步。每个学年新接班的老师都会对全体学生进行家访，不仅仅是班主任，音体美等所有科目的老师都会参与家访工作。学校认为教师进行家访，实地了解学生真实的家庭情况，进行面对面交流，是建立良好家校关系的重要途径，它是电话、短信、电子邮件所不能替代的。

2. 个别家访

教师要定期对学习困难、生活困难、存在心理健康问题等需要重点关注的学生进行个别访问，每学期至少进行一次。这类家访可以选在寒暑假刚刚开始或者临近开学的时间点，也可以在开学一段时间如期中之后班级工作相对平稳的时间点。当学生思想有重大变化、学业有较大波动、生病或受伤、情绪或行为出现异常、家庭发生重大变故时，教师要及时开展入户家访。《福州市中小学家访工作管理规定》就明确指出：学校应加大对学困生、辍控生、单亲和遗孤学生、生理心理残障疾患学生，以及父母离异、家庭经济困难、特异体质等特殊生家访频次。

个别家访通常有很强的针对性，直面症结所在，携手家长，商议教育孩子的最佳方法。个别家访需要教师在摸清学生的真实情况后，和家长一起商讨制订相应的家校合作育人目标、步骤、措施等，以达成相应的教育效果。教师在适当的时机开展家访工作，送去关爱的眼神、亲切的问候，一定能收到言语所不能及的效果，教育的目的也会在不知不觉中达到。

家访时一定要避开这样的误区，即把个别访问变成了问题生访问，甚至让家长认为个别家访就是老师"上门告状"。有条件的话，教师还是应当对每个学生都进行家访，包括那些取得进步的学生，争取在学生在校的六年中，至少到每位学生家中一次。其实，小学生，尤其是中低年级的学生，往往具有很强的亲师性，班级中的每一名学生都非常渴望得到教师的关怀。当教师来到学生家中，将学生的优秀表现、取得的进步亲自告诉家长，本身就是对学生一种极大的鼓励和肯定。

（三）怎么访——制订家访计划

教师家访前要有明确的家访目的，亦即这次家访重点是访出什么信息。比如，学生在校的某些学习习惯问题突出，需要了解学生在家的情况；学生表达出对家长教养方式的不满，已影响到学习生活，教师需要对家庭情况进行核实；等等。明确家访目的能够帮助教师在家访过程中有的放矢，避免客套话、形式化或一味告状。

为此，教师要在家访前对学生最近一段时间的在校情况进行梳理总结，既包括表现好的方面，如助人为乐，和同学交往融洽，学习上的进步等；也包括不足的地方，如学习磨蹭，卫生习惯不佳等。据此制订有针对性的家访计划，并在家访当天阅读一遍，可以更好地保证家访效果。

🎬 **案例分享**

访前做实功课，因材施教解烦忧①

在苏州市吴江区黎里中学的德育处，保留着厚厚的一叠家访计划表，每一张计划表上都详细记录着家访的时间、地点、学生信息和随行老师名单。

学校的家访活动都是按计划表进行的，一般情况下，由2—3位老师组成一个团队，在校级家庭教育指导师（班主任、行政领导）的带领下开展家访活动。每一次家访由哪些老师随行，取决于学生在校的行为表现。针对不同学生的不同问题，会由不同老师组成的团队"因材施教"进行家访。

团队建好了，家访前的准备工作并没有结束。家访中的沟通要取得实质性效果，就必须让家长知道孩子问题的症结所在，知道自己能够做些什么。所以在家访前，每位老师还得做好备课工作，主要围绕受访学生准备一到两个问题，包括学生近期的成绩、作业情况、任课老师的意见建设等，结合搜集到的学生信息，突出重点，不贪多，以一次沟通解决一到两个问题为目标。围绕家长能够做到的协助工作，突出可以做、能够做的工作，为家长提供示范性样本或可行性建议，要使家长感到今天的沟通很有收获，产生愿意配合的强烈欲望。

---

① 李婧娟. 家庭教育项目学校优秀案例［M］. 苏州：苏州大学出版社，2020.

家访记录表

在新生入校前，教师可以通过以下普访信息记录表和个别家访信息记录表，全面记录家访工作。

新生普访信息记录表

学生姓名		家访执行人		家庭住址		日期		
学生家庭基本信息	家庭成员	学历	职业	性格	教育方法、期待	居住情况		
学生基本信息	衣着外表	房间布置		个性特点	与父母关系	对学校、学习的态度		
家庭教育情况	总体印象							
	优势							
	劣势							

个别家访信息记录表

学生姓名		家访执行人		家庭住址		日期	
家访前填写	学生情况						
	家访目的						
家访过程记录	家庭环境						
	交流情况						
家访后填写	家访目的是否达成						
	下一步教育方案						
	回访情况						

（四）准备好家访时的衣着打扮和小礼物

衣着打扮是教师给家长的第一印象。为了突出自身专业性，同时又与学生和家长拉近距离，建议教师穿着休闲款的正装，可以参考教师上公开课的服装，做到颜色搭配协调、沉稳，款式简洁、大方。通过衣着向家长传递"这是假日里的一次友好、和善的家庭访问，既是教师工作的一部分，又是人与人之间真诚的交往"。教师，尤其是年轻教师，应避免穿着太过休闲随意，以免给家长不够专业的感觉。此外，要注意发型干净整齐，女教师可以化淡妆。

遵循到他人家中做客的传统礼仪，教师还可以准备一点小礼物。建议带一本有助于学生开拓视野的图书或者文具送给学生，新生入学家访时也可以带一些学校的宣传册或者纪念品。

二、做好家访过程中的观察与沟通

（一）家访中应当看什么？

家访是了解学生和学生家庭的最好方式，教师家访时要做好观察与记录工作。通过观察和交流，教师可以了解学生家里每个人大致的性格特点，以及他们对学生教育问题的看法和做法。教师可重点从以下方面收集信息。

1. 家庭基本情况

通过家庭环境布置，可以了解学生的性格和行为特点，如家庭环境整洁有序，学生往往也会有良好的卫生习惯和行为习惯。教师通过在学生家庭中的感受，可以感知学生的家庭氛围，如有很多藏书的家庭，学生的学习氛围通常比较好。

2. 学生生活环境

学生是否有独立的房间？房间的布置，学习桌物品的摆放，学生拥有的图书数量和品种，床铺上的杂物等，这些都与学生的学习、生活状态有关。教师可以在了解的基础上，给家长和学生一些调整的建议。

3. 学生行为举止

学生对教师和家长的态度如何？学生在礼仪、生活自理等方面表现如何？由于大部分学生都会在教师到来时有一定的"刻意"表现，教师可以注意观察一些更为细节的信息，特别是与家访目的相关的行为表现。

（二）家访中应当做什么？

首先，请学生做向导，给教师介绍自己的家。相比让家长介绍情况，教师请学生作向导，来介绍自己家中的情况，带领教师参观自己的家，介绍一些家庭趣事、有特别意义的物品，可以让教师更好地了解学生，同时这也是学生向教师和家长展示自己的机会。很多时候，学生的表现还能让家长"刮目相看"。

其次，让家长聊一聊他自己的兴趣爱好。相比直截了当地谈论学生的问题，教师可以请家长聊聊他们自己，了解家长在业余时间都喜欢做些什么，有什么兴趣爱好或特长，从而找到与家长的共同语言，跟家长建立更融洽的关系，使交流更为轻松自然。同时，教师可以通过家长的生活更全面地了解家庭的互动情况和家庭氛围，这些信息还可能在未来邀请家长参与学校工作时起到参考作用。

对于一些不配合家访的家长，教师直接家访不一定能摸透真实情况，反而会引起家长的进一步抗拒，毕竟家庭环境属于隐私，未经告知的探访是对对方的不尊重。此种情况，教师一方面可以从学生那里多多渗透，传达善意的家访意愿；另一方面可以在家访该家庭附近或与该家庭有交往关系的学生家庭时，不失分寸地询问该家庭的相关信息，多渠道了解该家庭的真实情况，从而制订切实可行的家访策略。

最后，家访时，有的家长出于感激之情，可能会给家访的教师安排车接送，或送礼物，或留下用餐，对此教师都应婉言谢绝，以免增加家长的负担，不利于下次家访，还可能给学生留下坏印象，影响对学生的教育工作。

（三）家访中应当聊什么？

1. 沟通内容

和家长进行简单的互动后，教师就可以切入主题，讨论与孩子教育相关的内容。主要围绕以下四方面进行交流。

一是了解孩子个体成长经历、个体特点和发展需求；二是了解孩子的家庭教养状况和原生家庭背景；三是传递给家长孩子的在校情况，包括学习状况、在校活动、与人交往情况、出现的问题等；四是指导家长教育孩子的具体方法。

案例分享

家访要多"报喜"①

家访的目的是关心、爱护、转化、教育学生，而不是因为教师管教不了才去向家长"告状"，否则不但不能解决问题，还会令学生迁怒于老师，给下一步的教育工作制造障碍。给家长常"报喜"才是促进学生转化的有效良药。

学生文进，由于沉迷打游戏，学习成绩较差。我去他家进行家访，刚跨进他家的门口，他爸爸预料孩子又生事了，脸阴沉沉地叫文进出来。我连忙解释："请不要误会，我路过顺便看看。"气氛立刻缓和了。

我先当着家长的面表扬了文进，这令家长很吃惊，他说从没有听过表扬孩子的话。文进也非常感激，脸上有了笑容。见时机成熟了，我便和家长一起谈了督促孩子复习功课的方法。后来家长也对孩子的学习重视起来了，常常以电话的形式了解他孩子的学习、在校表现等，每次我也都是多讲文进的长处与进步，慢慢达到了教育的目的。终于，文进在数学测试中取得了73分。在别人看来，他的测验成绩是偶然的，但家长和我却明白他的转化到底倾注了多少心血和汗水。

---

① 潘敏，张绍杰. 让家访成为沟通学校与家长的桥梁 [J]. 教书育人，2019（34）.

正是通过一次次的家访，反复抓，抓反复，积极挖掘他的闪光点，先感化家长，再去沟通教育学生，给学生自信，给学生希望和热情，他那柔弱的心灵才能在一个时刻充满阳光的环境中盛开美丽之花。

2. 沟通原则

教师家访跟家长进行交流时，要注意方式方法。

（1）保持平等的关系

教师和家长同时作为学生的教育者，在地位上要保持平等的关系，家访时教师说话的态度不要盛气凌人，尤其不要对学困生的家长流露出厌烦的情绪，而是要谦和，给人一种可敬可亲的感觉，这有利于家长敞开心扉。同时，对于一些蛮横无理、一味包庇学生的家长，教师要做到有礼有节，开诚布公地指出学生的问题，避免说话吞吞吐吐，低声下气请求家长帮忙管教学生，这样看似委曲求全，实则降低了家长对教师的信任度。

（2）少说问题，多讲进步

如果教师一开口就列数学生的问题，"告状"式的态度会让家长和学生都很紧张，甚至会有抵触情绪，难以达到很好的效果。批评要有针对性，还应注意分寸，以免挫伤学生的自尊心，产生逆反心理。教师可以多向家长分享自己观察到的学生的优秀表现和进步之处，给家长和学生打气。这样能够增强学生的成就感，使他的学习更加努力。

（3）多引导启发

谈话就是要通过亲切的交谈，使双方在平和的气氛中充分认识问题，解决问题。为此，教师要启发家长说出心里话，多听听家长对于学生的情况有什么问题或者期待，听听他们的想法和心声。在尊重事实的基础上，切实解决学生存在的问题，从而在未来帮助教师和家长形成教育合力，共同促进学生的成长。

三、做好家访后的总结反馈和跟踪回访

很多教师从学生家中回来，完成了家访必须填写的资料，就以为大功告成了。但这样其实大大削弱了家访的价值，家访后教师需要完成以下工作内容。

（一）完成家访记录表，在反思中成长

我们可能都有这样的经历：在现实沟通中，往往有"表现不好"的时候，事后总觉得"如果当时能那样说就好了"。尤其对新手教师来说，家访更加不是一蹴而就的，需要在实践中不断积累沟通经验。因此，每次家访结束后，反思是非常重要的一环：有哪些经验和不足？为什么会词不达意？家长的回答为什么没有达到我的预期？这次家访达到我的预设目的了吗？有没有更好的方式？……家访结束后，家访教师要及时反思家访过程中的问题与经验，为后续家访做好准备。这也是教师自我成长的一部分。

🔲 工具箱

家访记录表

学校：　　　　　　　班级：

学生姓名		家访时间	
家访老师		接访人身份	
家庭地址			
家访形式	入户家访□	校园约见□	网络访谈□
教师拟向家长反馈的内容（学生在校表现情况）			

家访沟通情况 （学生家庭基本情况、 学生在家表现情况等）	
反思记录	沟通过程反思： 家访效果反思： 其他需要注意的问题：

（二）制订相应的教育方案

家访之后，教师需要根据家访的目的和在家访中获得的资料，对学生的情况和问题重新进行分析和评估，整合需要的资源，制订新的教育方案和措施，以更好促进学生的后续成长。比如，教师可建立家访反馈卡，设置问题，发现问题。这是家访中一个至关重要的环节，也是家访产生长期效果的关键。

（三）定期回访

家访之后一段时间，一般在一周之内，教师还需要"趁热打铁"，根据家访过程中与家长的沟通情况和家长提到的问题，对家长进行一次回访。有必要的话，教师还可以为重点关注的学生设置家访追踪卡，定期追踪并记录学生的情况，看看其家庭教育是否已有改进。

回访可以通过微信聊天、电话等方式进行，对家长的热情接待表示感谢，对家长提到的问题给予解答，了解家访过程中向家长建议的家庭教育方法的实际落实情况，并简要介绍教师根据家访情况制订的后续教育方案和需要家长在其中配合的事项。教师可以注意观察家访过后学生的良好表现和进步，并在回访中及时进行肯定，以提升家长后续家校合作的积极性。

案例分享

《广东省中小学教师家访工作指引》家访后的总结工作

序号	事项	具体内容	参考提示
1	归类总结	• 完成家访信息收集表的填写，有需要重点关注的信息可以在备注中写明。 • 注意家访信息收集表的分类归档，注意保护家庭隐私。 • 梳理问题台账，找准解决方案。	要归类梳理问题，及时提供帮助，并定期跟进。
2	协调反馈	• 对家访中答应家长或学生的事要进行落实反馈。同时，进一步观察家访后家长和学生的变化。 • 对于家访中发现的突出或异常问题要及时上报学校领导。	家访后一段时间，教师要再次联系家长，了解家长和学生的变化。教师也要将家访后学生的在校表现及时反馈给家长，让家长全方位了解孩子的情况。教师和家长根据实际情况进一步调整教育教学方法。
3	重点回访	• 家访要面向全体学生，但对有特殊问题的学生，如有必要，要做到回访反馈，以便巩固和加强家访效果。	主要回访五类家庭*。

* 五类家庭：特殊家庭（特困、孤儿、病残、单亲、留守、外工、再婚、变故等）；心理异常的学生家庭（抑郁、情绪不稳定、性格孤僻等）；行为异常的学生家庭（谈恋爱、痴迷网络、沉迷游戏、人际关系交往障碍等）；在学习等方面存在问题的学生家庭（学困生、待优生、偏科生等）；涉外家庭（语言沟通不畅、生活不习惯等）。

第3节　学校应为教师家访提供保障

若要保证家访工作长效实施，学校需要制定专门的家访工作制度，在制度层面对家访工作进行规范，以提升家访教师的积极性和家访工作的有效性。

一、建立明确的家访工作制度与规范

学校要对家访的对象、频率、形式、要求等做出明确的规定，让教师家访工作的开展做到有理有据，有章可循，提升家访的科学性和规范性。具体需要做到以下几点。

一是建立全员家访制度与随访制度。如明确规定班主任每学年至少要走访本班1/2的学生，并通过电话、书信、网络等形式主动沟通每位家长至少1次；任课教师每年也要入户家访一定数量的学生。

二是规范家访流程。如家访前要做好准备，家访时要做好记录，家访后要持续跟进和反思。强调家访细节要求，如不允许教师接受家长的礼物和宴请，报销教师家访中产生的交通、食宿等所必需的经费等。例如，2020年，山东省出台《中小学家访八条要求》中指出家访要健全工作制度，做好访前准备，灵活选择形式，科学设计内容，突出重点家访，客观做好记录，保护家庭隐私，守好廉政底线。这八条要求针对家访工作中存在的问题，引导各地规范有序地组织开展家访工作，健全家校协同育人工作机制。

三是学校成立家访工作领导小组，统筹安排好家访活动。学校校长、中层领导也应该加入家访工作中，跟随班主任教师走进学生家庭，切实了解学校教育工作。要结合全员育人导师制和德育一体化建设要求，使家访工作由制度要求逐步转变为自觉行动，实现家访工作常态化，务求取得实效。

另外，对于特殊时期的家访工作，学校可以根据具体情况进行调整。比如，新冠病毒感染防控期间，可以采用线上家访的形式，教师通过线上视频的方式完成家访工作。例如，北京小学长阳分校在2021年寒假期间，专门研讨并制定了学校干部、班主任、任课教师三级沟通机制，每位班主任对每一个家庭进行线上一对一家访。

二、强化家访工作考核评价

学校应建立家访工作考核评价制度，将家访开展情况和成效纳入教师考核评价重点内容，如将家访纳入教师的教学评估、评职称当中，让教师的付出有一定的回报，不仅在精神荣誉层面，也包含经济方面。同时，学校要对好的家访经验和做法予以推广，对不认真开展家访，不遵守家访纪律，造成不良影响的教师予以追责、问责。

2018年北京市印发《关于进一步加强中小学家庭教育指导服务工作的实施意见》，要求建立健全教师家访长效机制，通过考核和激励等方式，鼓励支持学校干部、班主任和任课教师对学生进行入户实地家访，对需要重点关注的学生每年至少进行一次入户实地家访。

2021年，福州市印发《中小学家访工作管理规定》，将家访情况纳入班主任和年段长等级考评，以及校长和教师年度绩效考评的范畴，并如实计入教师工作量；将家访纳入学校领导班子考核以及教育督导、文明校园、平安校园等考核评价范畴，作为学校和教师评先评优工作的参考依据。

其实，家访教师的工作质量怎么样，成效如何，家长最有发言权。每次家访后，学校可以用电话、微信等形式对家访家庭进行回访，并将家长反馈作为评价教师的参考，以倒逼教师提高家访水平。目前，各地教育督导部门往往也将学校家访工作开展情况及成效纳入学校督导检查的重要指标，确保有关要求全面落实到位。

三、组织教师参加家访培训，提升家访工作能力

一些年轻教师由于缺少家访经验，不知道家访中该和家长聊些什么，造成家访效果不理想。学校不妨为这些教师开展一些家访培训，让他们清楚家访的意义和目的，学会如何跟家长沟通，怎样应对不同类型的家庭等。

学校可通过师带徒、专题培训等形式组织开展家访工作培训，规范家访的标准和流程，增强教师的家校沟通能力，提升家访的专业化水平。同时，学校应及时总结家访活动的经验和做法，组织交流并评选优秀案例与先进典型。此外，学校也可以通过情景剧的方式，让教师模拟在家访过程中可能出现的各种状况，并提出合适的应对措施。

案例分享

全链管理，赋能教师家访"新动力"[1]

家访要从流于形式走向内涵发展，必须规范家访过程，总结科学有效的家访模式。（见图5-1）。

图5-1　家访管理模式

---

[1] 祁馨."家访"回归：老传统焕发新活力——指向儿童健全人格发展的家访区域实践 [J]. 江苏教育研究，2023（06）.

为提升教师家访的专业能力，家访前，首先要开展家访专题培训，结合具体案例向教师详细说明家访的目的、内容和方法。

家访时，教师可以结合"家访清单"（见表5-1）对家访对象进行仔细的观察与评估，并与各家庭成员进行深度沟通。

表5-1　教师家访清单（小学）

人格发展	学生在家表现	家庭教育情况
自尊自信	能否自己的事情自己做。	家人是否放手让孩子独立完成能力范围内的事情。
	能否自主安排学习与娱乐。	
	能否正确认识自己的长处和短处。	
理性平和	语言表达是否清晰流畅。	家人之间的沟通是否态度温和、平等，是否允许存在不同意见，是否存在语言暴力和肢体暴力等行为。
	能否自我调节和管理情绪。	
	能否向家人理性表达意见。	
积极向上	能否自觉遵守家庭规则。	当孩子遭遇挫折失败时，家人是否给予理解和情感支持，并鼓励孩子自己尝试解决。
	遇到挫折能否正确反思原因并主动克服。	
	是否热爱生活并树立健康的成长目标。	
友爱互助	能否记住家人的电话、生日等重要信息。	家人之间的关系是否和谐，家庭氛围是否轻松。
	能否主动关心家人并与之和谐相处。	
	家里来客时，能否主动问候并参与招待。	

家访后，教师需要认真撰写家访报告（见表5-2），记录在家访过程中所发现的问题以及相应的解决办法等。对于教师在家访报告中提到的难以解决的问题，学校和区级教育行政部门可通过组织沙龙研讨、专题会议等予以解决。

表5-2　教师撰写的家访报告案例

学生姓名	小Y同学	所在学校	XX	所在班级	四年级某班
家访人员	XX	家访时间	XX	家访地点	XX

家访目的

小Y在校情绪容易崩溃，控制不住自己的脾气，与同学相处不太融洽。并且，小Y不能按时履行自己的学习任务和劳动任务。本次家访旨在找出小Y在校行为问题背后的原因，与家长形成合力，激发其成长的潜能。

家访过程

人格发展	描述客观情况	简要分析原因	家访建议
自尊自信	家里东西比较多，桌子上、沙发上摆满了物品，比较凌乱。孩子没有自己单独的房间，平常和妈妈一起睡。家务活基本上都是奶奶干。孩子不清楚自己有哪些优点和缺点。	家人物品堆放在一起，边界不清晰。没有个人空间，在家里也没宣有需要担负的责任。不知道自己的优缺点，不够自信。	整理出自己的空间，独立睡觉，自己的事情自己做。奶奶要放手让孩子自己干。
理性平和	小Y坐在老师旁边，妈妈站在对面。妈妈听到老师说公交卡绳子断了，马上质问小Y为什么会断。小Y马上哭泣，委屈地说："我没有。"妈妈的口头语是："这孩子烦死了。"	孩子情绪不是很稳定，这可能源于妈妈日常与孩子的沟通过于强势，且妈妈自身的情绪也不够稳定。	日常生活中，妈妈要多倾听孩子的想法和意见，自身也要保持稳定的情绪，不要将负面情绪传递给孩子。
积极向上	没有具体的学习生活计划。在家写作业较拖拉，遇到不会的问题依赖别人给答案。	因为常常被即时满足或超前满足，没有克服困难的机会，于是在学习上难以形成克服困难的习惯。	遇到困难，不要急于求助他人，自己先想办法。家人也要给予延迟满足。给自己设立一个短期目标。
友爱互助	小Y能够记住自己的生日，但不太记得父母的生日，也不太了解家庭中的重要事件。家访结束后，小Y主动打开楼梯口大门，请老师先走。	家人没有告诉孩子这些重要信息，即没有赋予孩子责任。孩子对老师较为友善，师生关系较好。	可以让孩子一起参与家庭重大事情的讨论，多让孩子承担一些家庭责任。

需要注意的是，家访并非班主任一个人的独角戏，学科教师、心理教师等也要一同参与进来，以保证教育的一致性、科学性、持久性。当面对特殊儿童或特殊家庭，教师无法正常开展家访工作时，可在征得家长同意后，寻求心理咨询师等专业人士的帮助。

第6章

家长会：**筑起**家校高效沟通的**桥梁**

教师和学校的困惑

教师1 总有家长没时间参与家长会怎么办？来的家长也基本都是妈妈，偶尔有几个爸爸过来，几乎都是不得已才来的，一副事不关己的样子。

教师2 家长会每次讲的都是老一套，开家长会的意义到底有多大？家长都知道老师要讲啥，很多理念网上也经常提，讲完了还是那样。

教师3 每次开家长会都特别紧张，生怕家长提出过分的问题，对我们的工作指手画脚。要是他们一点反应都没有，又挺失落的，觉得自己在唱"独角戏"……

教师4 家长会上，家长只关注孩子的成绩，孩子考得好就特别开心，考得不好就垂头丧气的，甚至当场就责骂孩子。想让他们多多关注孩子的情绪啊心理啊，也说不通。

家长会，顾名思义就是给家长开会。跟家访性质不同，家长会往往是班主任或者几位教师，共同面对全体学生家长或某种类型的学生家长。一次成功的家长会可以让教师和家长互通情况，更好地统一家校双方的教育理念，反馈学校的相关政策，在一定程度上了解学生家庭的情况，进而提升学校教育的针对性和有效性，帮助学生获得更好的成长。

然而，一些家长会并未达到预期的效果，反而令老师感到头疼。有的家长由于工作繁忙等原因缺席，甚至一年到头见不了几次；有的家长觉得每次家长会的内容都大

156

家校合作操作手册

给学校和教师 · 小学卷

同小异、过于枯燥；还有的家长只关注孩子的学习，对老师讲的其他事情一概不闻不问。

那么，家长会究竟有哪些作用？它都有哪些具体形式？教师如何才能开好家长会？一场成功的家长会应该讲些什么？家长会后还需要做些什么？这些都是本章我们即将探讨的问题。

第1节　正确认识家长会

家长会是家校共育的重要桥梁，是教师与家长相互沟通的高效通道，也是学校和家庭了解孩子情况的有效途径。通过家长会，可以将学校教育向家庭延伸，使学校与家庭产生强大的教育合力，共同达成育人目标。教师只有做好充分的准备，才能在家长会上游刃有余，实现预期的效果。

一、家长会的概念与历史

（一）什么是家长会？

家长会，顾名思义，就是将教师和家长聚集在一起，通过家校双方面对面的接触，促进教师、家长、学生间沟通和交流的活动。通过家长会，家校双方可以就促进学生发展的教育理念和教育方式等展开积极的探讨，从而更好地实现家校合作和资源共享。

《教育百科辞典》中，将家长会定义为班主任对学生家长集体工作的一种基本形式，是学校和家长互通信息，统一思想和认识，共同对学生进行教育的主要形式。①

《中国小学教学百科全书·教育卷》中，将家长会定义为沟通学校教育与家庭教育的一种形式，家长会是学校与家庭联系的必要形式。家长会可分为班级家长会、年级家长会和学校家长会三个层级。班主任应根据具体的教育任务，以及全校家长工作计划提出的任务，规划一学年中召开家长会的次数、时间和内容，并将其列入班级工作计划。②

概括地说，家长会是一种最直接的学校、教师和家长进行接触和联系的方式，它为学校、教师和家长的良好交流提供了互动平台，是常见的家校合作方式之一。家长会一般由学校安排召开时间，有多种不同的形式，其中最常见的形式便是由学校管理者或教师主讲，向家长准确、高效地传递学生及学校教育教学情况等重要信息。随着教育改革的不断发展，家长会的形式也日趋多样。

（二）家长会的发展历史

伴随着现代教育的出现，家长会作为一种家校沟通的重要途径应运而生，并很快得到了世界各国教育界的广泛重视，成为家校合作的传统形式之一，并在家校合作中占据重要地位。

1. 国外家长会概况

早在20世纪40年代，西方国家就已经开始对家长会的研究。20世纪70年代，有西方学者通过家长问卷对家校沟通的有效方式进行调研，结论显示家长会的得分排名第一，而得分排名第二和第三的方式则分别为学校开放日和成绩单、教师评语。那么，国外的家长会究竟是怎样的景象呢？

① 张念宏. 教育百科词典［M］. 北京：中国农业科技出版社，1988.
② 李春生. 中国小学教学百科全书（教育卷）［M］. 沈阳：沈阳出版社，1993.

在美国，家长会可由校长、教师或家长发起，主要目的是改善孩子的行为表现和学业成绩，往往采用教师与家长一对一讨论或教师与家长小组座谈的形式，有时还会考虑是否让学生也出席。家长在参与过程中由支持者逐渐转变为决策者，不仅有助于改善学生在校表现，还能提高学校管理学生的效率。

在英国，家长会被称为"家长之夜"，一般都在晚上召开，以免耽误家长的工作。家长会通常包含以下内容：首先由校长感谢家长对学校教育工作的支持和帮助，接着向家长通报学校发展的情况、学校工作的运转、教学进展和学生在校的各方面情况，最后请家长对学校工作给予意见和建议。有些学校还会举办"收获节"，向家长展示孩子的作业、作品、演出成果等。如果家长认为学校对孩子未尽责，有权向学校董事会或校长投诉甚至诉诸法律，以维护自己的合法权益。

在日本，家长会又被称为"保护者会"，时间通常安排在学生放学之后，家长们围坐一圈谈论关于孩子教育的问题，就像拉家常一样。老师在家长会上的立场，不论是对家长还是对学生，都是平等的。

在新西兰，家长会既不开年级大会也不开班级会议，而是将学校的会堂划分为一个个专柜，各科老师各占一个柜台。家长在家长会前与各任课老师预约时间，然后按着预约表逐个会见老师。每个老师会面时间约为5分钟，内容简单扼要、一针见血，主要是汇报孩子情况，该表扬的表扬，该批评的批评，最后都会对家长说"以后请和校方保持联络"。家长与预约表上的老师全部会见完毕后，就可以离开了。

2. 国内家长会概况

20世纪80年代起，家长会在中国出现并普及，逐渐发展壮大，大部分教师和家长都熟悉家长会这种传统的家校合作形式。进入21世纪以来，特别是近几年，家庭教育受到了空前的重视，而家长会作为家校合作的重要方式，从内容到形式都受到了特别的关注，且从国家到地方层面都专门为家长会提供了政策支持。

2015年，教育部《关于加强家庭教育工作的指导意见》指出，中小学幼儿园要建立健全家庭教育工作机制，统筹家长委员会、家长学校、家长会、家访、家长开放日、家长接待日等各种家校沟通渠道。

2018年，北京市《关于进一步加强中小学家庭教育指导服务工作的实施意见》强调，家长会是家校沟通的重要桥梁，中小学每学期至少要召开一次家长会。要不断丰富家长会内容，通过家长会了解学生家庭情况，沟通学生思想状况和行为表现，开展先进教育理念和科学育人知识指导。应积极创新家长会形式，通过专家主题讲座、家长典型经验交流等形式，引导广大家长树立正确的教育理念，掌握科学的家庭教育方法，形成育人合力，不断提升育人实效。

同时，参与时间和地点都更为灵活的网络家长会在我国悄然兴起并逐渐被认可，甚至有些家长认为网络家长会可以完全取代线下家长会，认为线下家长会已经没有存在的必要。

二、家长会的重要作用

召开家长会既是学校教育教学工作的一项重要任务，也是班主任工作的重要内容。一次成功的家长会，非常有利于建立、加强、深化家校间的沟通和联系。

对学校和教师而言，可以通过家长会将学校的教学理念和班级的各项管理制度告知家长，以增进家长对学校和班级各项工作的理解，并做好配合工作，解决家长和教师间的分歧。同时，可以通过家长了解学生在家的表现，特别是掌握家长在学生学习习惯、生活方式、处世态度、价值观念等方面的影响力和干预度，更好地做到因材施教，提升学校教育的针对性。此外，还可以获得更多来自家长的意见反馈，有助于改进教育教学，提升学校教育的有效性。

对家长而言，可以通过家长会清楚孩子在学校的表现，了解孩子在校期间学习和思想等方面的动态，知道孩子的优点以及他们的困惑和不足，从而与老师共同商议出对孩子更好的教育策略。家长还有机会在家长会上结识其他有教育经验的家长，达到资源共享。同时，家长跟老师学习家庭教育方面的相关知识，提升自己的家庭教育能力，既有利于亲密亲子关系的营造，也能促进和谐家校关系的构建。

对于学生而言，家长会是一个表达自我想法和需求的平台，是建立积极的亲子关系和师生关系的重要契机。例如，在家长会召开前，教师可以发动学生给家长写一封信，就自己的心理感受、成长困扰等对家长说说自己的心里话。家长会的时候发放给家长，帮助家长了解孩子的心声，还可以邀请家长给学生回信，并请家长分享他们看到孩子信时的感受，这能够使亲子双方相互表达日常生活中难以轻易表达的情感。

总的来说，家长会是一种促进家校联系、学校和家庭共同探索教育方法的有效形式，它能够最大优势地发挥老师和家长相互结合的引导作用，家校合作共同帮助孩子更加健康地学习和成长。

三、传统家长会存在的问题

家长会早已成为学校的常规工作之一，召开时间往往固定在期中或期末，而组织过多次家长会的教师可能也掌握了一套召开家长会的标准化流程。

传统的"汇报式"家长会，在形式上千篇一律，首先是学校领导面向全体家长统一讲话，然后由班主任进行班级层面的总结发言，接着由学科教师轮流上阵，在班级中依次发言，最后再推选几位优秀家长上台发言。有需要的家长也可以在会后跟教师进行一对一的沟通。

传统家长会在内容上往往也是老生常谈，主要围绕学校、班级的活动情况，学生的学习情况，以及未来一段时间学生要完成的任务和需要家长重点配合的事项等内容，并配合一些学生作业、习作、绘画作品的展示活动。

大连市小学家长会存在问题研究结果

有学者对大连市四区9所小学540位教师、1800名学生及家长发放关于家长会的调查问卷，结果显示家长会在以下方面存在问题：[①]

1. 家长会程序上的问题

目前基本形成惯例，即期末考试完毕立即召开家长会，只有17.3%的学校经过精心策划召开家长会，并对家长会上提出的建议进行后续处理。

2. 家长会内容上的问题

（1）内容单一

一开家长会，教师的脑中就是学生的成绩，很少考虑学生的多元需求。

（2）参与人员狭窄

81.6%的学校家长会的参会者是班主任教师、家长、重点学科教师及部分学校领导。

这容易使非重点学科教师产生松懈心理，认为自己教授的课程不重要，从而随便应付学校教学工作。不能参加家长会的学生在场外也时刻担心着家长会中与自己有关的方方面面，无法在家长会上表达自己的心声。

3. 模式单一

目前，大连77.5%的学校以班级为单位召开家长会，这有利于解决学生的共性问题和家长普遍关注的问题，从而提高效率。但每个学生的性别、年龄、性格、学习成绩、兴趣爱好等都有所不同，因此班级规模甚至更大规模的家长会难以具有较强的针对性。

这样的家长会形式老套，内容单一，可能从家长会开始到结束，都是老师的"一言堂""独角戏"，而全班家长则只是坐在教室中听讲。由于班级人数较多，家长会

[①] 曲红霞. 大连市小学家长会存在的问题及对策研究［D］. 辽宁师范大学，2008.

上多是面向集体的内容，难以涉及每个学生的详细情况，家长很难在家长会上听到与自己孩子相关的信息。

这难免会让家长感到乏味，让他们觉得自己只是家长会的旁观者，教师可能也觉得自己只是在机械地执行学校的行政命令，从而导致教师和家长间的沟通不顺畅。结果便是老师们长吁短叹："家长不愿交流，从头到尾就我一个人干讲。""有的家长听一会儿就开始玩手机了。"而家长们则忧心忡忡："开家长会老师们说的都是老生常谈，没啥意思。""听了许多道理，可还是教不好我的孩子。"

家长会对学生来说可能也并不是一个好消息，学生会认为家长会是教师和家长背着自己交换一些对自己不利的信息，如老师是不是给家长"打小报告"了，家长有没有跟老师说些什么……学生会特别担心老师在家长面前通报成绩，揭自己的短，甚至连家长也一并被批评，认为家长会是"暴风雨前夕"，一旦开了家长会，自己回家就会受教训。还有学生调侃家长会是"让家长高兴地去，愤怒地回"和"老师间接揍人的武器"。

🗄 工具箱

如何避免"变味的"家长会

1. 切忌开成学习发布会

在现有的大环境下，教师和家长，甚至包括学生自己在内，仍然特别在乎分数，学习成绩好坏依然是衡量一个学生是否优异的重要标准，这也使得学习问题成为家长会上的重要议题。

然而，教师在开家长会时，除了从班级层面分析考试成绩，肯定学生的学习优势之外，教师更要与家长共同探讨和交流成绩之外的内容，如在校表现、活动情况等，让家长了解到学生的进步。

特别要避免在家长会上宣读每个学生的各种详细学习数据，这样既浪费时间，又让成绩靠后的家长感到难堪。家长会上不能只表扬成绩优秀的学生，成绩落后学生的家长一样需要得到尊重。

2. 切忌开成告状会、批斗会

家长会不是评理定论的地方，教师不能一味地大谈特谈学生的不良表现，特别是当着全班家长的面，指名道姓地批评学生，把一道道罪状呈现给家长，让家长回去后帮着"教育"。

这样只会让家长反感和难堪，难以起到正向引导作用，还可能起反作用，激起家长愤怒，让教师陷入被动尴尬的局面，不利于日后与这部分家长的沟通交流。

对于个别学生问题，教师可以私下跟家长反映并了解情况，怀着一份真诚的关心，多从帮助、指导的角度去交谈。这样既是尊重家长，也更容易赢得家长的支持和配合。

3. 切忌开成牢骚会

教师要避免在家长会上一股脑地诉说自己管理学生时的烦心事，如果跟家长说的全是学生的缺点与不足，班级的不良现象等，会让家长会变成一个抱怨、发牢骚的场所，失去它真正的意义。

开家长会更多是为了取得家长对学生问题的重视和对班级工作的支持，教师应学会正面积极地向家长反映问题，一味地发牢骚不仅难以得到家长的理解，更降低了教师在家长和学生心目中的分量。

4. 切忌开成培训会

家长会上少不了对家长的培训，然而，班主任往往是向家长灌输一些教育孩子的"大道理"，学科教师则是进行学科辅导培训，向家长笼统地介绍教材内容和学习方法。这可能导致真正适合家长教育自家孩子的有效方法并不多，从而使家长逐渐失去参与的积极性。

其实，家长最希望跟老师学习的是教育好孩子的具体方法，即家长想要老师指导自己在教育孩子时应当做什么、如何做，小范围的家长会可能会更具有针对性。

随着时代的发展，人们的生活、工作、学习都在发生着变化，这也使得传统的家长会不再适应家长的需求，无法实现学校开家长会的初衷，甚至可能成为被诟病的对象，加深家长与教师之间的隔阂，造成家长对学生的教育失去信心。学校和教师务必积极调整家长会的内容和形式，才能提升家长会的参与度和满意度，实现开家长会的初衷。

第2节　家长会可以不仅是"开会"

相比"家长听会，教师开会"的一言堂，家长会其实可以有更为丰富的形式，而不仅仅是"开会"。教师可以根据家长会的主题和班级学生情况，设计多种类型，以提升家长会对于家长的吸引力和效果，提高家校沟通质量，促进学生成长。以下是一些可供参考的形式，教师可以选择一种形式或者将几种形式整合在一起使用。

一、常规家长会

（一）信息汇报型家长会

这是最传统的家长会形式，主要由班主任、任课教师和学校领导介绍学校和班级的整体情况、近期动态、学生各方面发展情况，以及下一阶段学校和班级的主要工作、家校合作重点事项等。

信息汇报是几乎每次家长会都需要包含的环节，然而这种方式以学校和教师的单向信息输出为主，家长的参与较少，容易出现台上讲的人激情洋溢，台下的家长却心不在焉的情况。

因此，教师在设计家长会流程时要控制好教师发言的时间，切勿让家长会全程都是班主任、学科教师、校领导在讲台上面滔滔不绝地讲，而是把更多的时间留给家长去交流互动，避免给家长一种学校和教师高高在上的感觉，解除家长的戒备心理，让家长能够畅所欲言。

案例分享

莫让家长会成为学校的"汇报会"

1. 家长的困惑

有家长参加完孩子的家长会后在《中国青年报》发表文章指出，会议由班主任主持，先是学科代表一一发言，接着是语、数、英等各科教师发言，等到学校各方各面的人士都发言完毕，天色已晚，家长会也临近结束。然而，自始至终，参会的家长们都没有机会交流提问。

家长认为，家长会成了缺乏实质交流的走过场，家长听取学校单方面的汇报式讲解，却无法交流自己的内心想法，没有任何意义。家长会虽然不是家校联系的唯一方式，但学校每学期集中组织召开家长会，让老师和家长面对面沟通交流，要比网络上的联系更加直接有效。因此，家长会应该有交流，而非学校的一言堂，希望不要让家长会变成学校的"汇报会"。①

2. 班主任的反思

有班主任读完文章发表了自己的想法，他认为学校老师在家长会上向家长汇报班级教育教学工作情况仍是必要的，不可省略。正是老师们的这些"汇报"，家长才有分析、判断的依据，才有与老师展开交流、沟通的话题，从而组成教育合力。

但随着信息交流方式的多元化，家长会上的"老师汇报"方式与整个家长会的形式也应有所创新，可以让家长通过小型座谈会、家长接待日或网络视频互动等方式，与老师展开形

---

① 董安. 莫让家长会成为学校的"汇报会"［N］. 中国青年报，2015-12-07.

式多样的交流、沟通。同时，老师也可利用各种与家长见面的机会，为家长在育儿上遇到的疑难杂症答疑解惑，最终达到促进孩子健康成长之目的。

最后，他指出，家长要正确认识开家长会的目的，即家校联手做好学生的教育工作。家长与老师的交流沟通不能"唯孩子的分数是重"，更不能孩子学习成绩良好便喜形于色，孩子学习成绩差则怒气冲天。一定要重视孩子的人格培养，多与老师沟通孩子在校期间的学习态度、学习习惯、品德修养等方面的信息。[①]

（二）教育培训型家长会

教育培训型家长会是将家长会作为家长教育的好时机，通常是将全班家长召集在一起，邀请教育、心理领域的专家或本校资深教师、优秀家长等分享教育理论和教育经验，帮助家长了解儿童青少年身心发展基本规律和现阶段的教育重点，聚焦回应一些教育问题，指导家长更新教育观念，提升教育技能。

培训型家长会通常比较受家长的欢迎，可以让家长在很短的时间内获得丰富的教育资源，比较"经济实惠"。但它在本质上仍是一种单向的传递方式，容易造成"听时很激动，做时没行动"，或因为每个孩子的个体差异而导致家长实践教育理念时实效性大打折扣。

为了提升有效性，学校或教师在组织教育培训型家长会前，宜进行家长需求调研，选择家长关注的培训主题，并注重培训者与家长的交流互动，尽量控制时间在一个小时以内。

教育培训型家长会跟家长学校有所不同。家长学校往往由学校发起，面向全体家长或某个年级的家长，更注重整体设计，在每学期或一定阶段内，有安排好的培训主题。而教育培训型家长会具有更灵活、聚焦、轻便的特点，可以根据班级内的特色问

---

① 周钰栋. 家长会是怎么变成汇报会的 [N]. 中国青年报，2015-12-14.

题组织召开，每个班级的主题可以不一样，班级之间还可以互通有无，比如请隔壁班级做得好的家长来本班进行教育经验分享等。

案例分享

青岛一小学召开祖辈培训家长会

一、二、三年级的学生，每天放学至少有六成是祖辈接的，有的祖辈比父母接触孩子的时间还要多。在此背景下，青岛一小学针对一、二年级召开祖辈培训家长会。

学校向祖辈指出他们在照顾孩子的观念上、行为上、能力上存在的一些问题，如教育越权，过度包办等。并告诉他们，一方面要适当地"求助"孩子，让孩子学会爱祖辈；另一方面也要学会放手，培养孩子自我管理能力。

家长会过程中，100多名头发斑白的老人乖乖当起了"超龄学童"，在阶梯教室里正襟危坐，面前摊开小本子，不时在上面写写画画，遇到提问环节，还会举手示意老师。祖辈对孙辈教育的重视，让老师们特别感动，相信通过祖辈培训家长会，学生们将获得更好的照顾。

（三）沟通交流型家长会

沟通交流型家长会主要是教师组织家长进行家庭教育方面的经验交流，通过家长之间的相互交流和探讨，相互借鉴经验，以改进家长的家庭教育方法，提升亲子沟通、家庭教育、家校沟通的质量。

在沟通交流型家长会中，家长是主体，强调每位家长都要参与其中，而教师只是家长交流的组织者和参与者，与家长平等地参与到话题的讨论中。这种方式把"诊断"和"开处方"的权力都交给家长，家长可以充分表达自己的思考和见解，由被动接受转为主动参与，促使每个家长都有所收获。但沟通交流型家长会需要教师提前精心策划：

首先，从具有代表性的学生案例或班级存在的普遍性问题入手，选择让每位家长都能有话可说的主题。其次，引导家长针对实例进行讨论，分析原因，提出若干解决的对策，最后筛选出最佳方案。教师在这个过程中注意负责对讨论方向进行把控，以免偏题或由个别家长霸占话语权。同时，安排家长进行讨论内容的记录、整理和讨论后的总结，或由教师直接进行记录和总结，在家长会结束后及时整理出讨论过程中有价值的信息，让家长能够在家庭生活中进行实践。

组织沟通交流型家长会需要考虑家长的人数，既要避免人数过多导致有的家长无法充分参与，也要避免人数过少导致讨论不够充分，影响最终效果。可以采取家长沙龙的形式，对家长进行分组，每组10人左右为最佳，组内家长应具有相似的教育需求。

例如，东城区天坛东里小学夏立颖老师在班级中开展"葵园讲坛——与孩子一同成长"沙龙活动，旨在帮助家长发挥自我教育优势，传播科学的教育方法。家长们非常喜欢这种方式，感觉比聆听专家的讲座更贴近生活，就孩子如何与同伴交朋友，如何解决孩子做事磨蹭的问题，对孩子体罚是否合适等话题进行讨论，很多家长献计献策，道出自己的小妙招。

🔧 工具箱

沟通交流型家长会召开技巧[①]

1. 创造良好的研讨氛围

在家长会上，教师事先把座位布置成小组讨论的形式。教师可根据学生特点，如地域、个性等将家长分成几个不同话题的小组（注意不要根据学生成绩分组），方便家长交流。

---

① 曹琪元，马怀军. "参与式研讨模式"在家长会上的运用 [J]. 现代中小学教育，2012（4）.

2. 让思想和观点在交流中碰撞、整合

家长会开始前，班主任可以指定或者小组推选一名组织能力强的家长担任组长，另指定一人负责记录。在班主任介绍开会的目的、要解决的问题等事宜后，将事先拟定的问题发给各小组，由组长主持小组研讨。交流形式要灵活多样，可轮流发言，互相帮助；也可一人主讲，共同学习；还可现身说法，以自己孩子为案例。

大家互相切磋，互为"老师"，不同的方法、观点，在交流中不断碰撞、整合，充分调动了大家的积极性和主动性，有效地发挥了家长集体的教育智慧。期间，班主任适时引导，鼓励家长交流、互动，帮助家长之间的信息沟通。

3. 总结交流

经过各位家长的充分讨论，各小组采用"问题树分析法"，对大家普遍存在的问题，提出切实可行的解决办法，选一名家长在全体家长面前交流展示，让不同小组形成的建议成果供大家共享。

家长会后，各班还可通过班级微信群等渠道搭建沟通平台，让家长对有的问题继续交流和思考，进一步补充和完善，延伸家庭教育链条，使更多有效教育经验在以后的家庭教育活动中得到延续和巩固。

（四）成果展示型家长会

成果展示型家长会旨在以成果的形式向家长汇报学生情况，让教室成为学生展示才华、彰显个性的快乐天堂，让家长在班级、学校的背景中全面了解自己的孩子在各方面的成长和进步，从而对学校和教师的教育充满信心，更好地配合学校的工作。在这个过程中，还能让家长对于学校的办学理念、教师教育教学的方式有更直观的了解，建立认同感。

要开好成果展示型家长会，教师要注意搜集、整理、保管学生平时的优秀作品，

才能够把学生的成果以不同的形式表现出来。成果展示的形式可以是静态的，如一篇优秀作文、一次思维独特的数学作业、一件别致新颖的手工；也可以是动态的，如学生现场表演书法、绘画、舞蹈、乐器等。

广州市广外附设外语学校五年级的家长会就别开生面：老师、家长靠边站，看学生们唱歌，变魔术，讲笑话，家长会的重头戏放在学生的自我介绍和才艺表演上。此外，家长会还专门设置了家长表演朗诵诗歌和亲子互动环节。班主任表示，以前的家长会有不少家长缺席，而这次只有一位家长请假。至于家长最想了解的学习情况，则被分装在信封里，放在各自孩子的桌面上。里面有任课老师对孩子学习表现的评分，还有孩子对自己的评价、同学之间的评价以及孩子写给父母的话。同时，家长会也预留了时间给班主任、任课老师、家长代表讲话，传授家庭教育经验，只是把以往唠叨成绩的部分省略了。

（五）亲子活动型家长会

亲子活动型家长会特别适合一些亲子沟通主题的家长会，就像是家长、学生、教师一起组织的联欢会，既要突出教育主题，又要有亲子之间、师生之间、家长与教师之间的高质量互动，强调在温馨的氛围中碰撞出发自心灵深处的情感，达到"润物细无声"的效果。

在亲子活动型家长会上，要把时间和空间让给家长和学生，让他们成为家长会的主角。教师可以借助团体心理辅导的形式，设计一些亲子活动，如亲子共画、默契大考验、盲行、交换心里话等，用情景体验的方式为家长和孩子搭建起亲子沟通交流的平台，从而提升亲子关系，促进学生的身心健康发展。

教师在设计这类家长会时，要花费大量的时间和精力去设计活动内容和组织实施活动，收集家长的反馈，还要考虑背景音乐、会场布置、灯光等环境的渲染。只有触动家长的情感才能实现预期的效果，否则只会变成表面挺热闹，实际走过场。

亲子活动型家长会活动"风雨人生路"

你想了解父母的人生历程吗？你知道他们经历过的坎坷吗？你愿意和父母一起体验一段"风雨人生历程"吗？

这就是"风雨人生路"活动，主要包含两轮活动：首先由孩子帮助父母们体验曾经走过的岁月，回顾曾经遇到的艰难困苦。由孩子搀扶，期间不允许言语交流，只能通过肢体语言，帮助对方穿越这段人生路。然后交换角色，在家长的引导下，让孩子体验漫漫人生路上可能会遇到的问题，怎样和父母一起解决。

活动中，被遮眼的无助感以及亲子配合获得帮助、建立信任的过程，可以让家长和孩子了解到互助和信任的重要意义。通过两轮角色互换，孩子们在对比中感受到父母对自己无微不至的关心与支持，家长们也学会了放手，认识到真正的尊重孩子，就是要尊重他的感受与选择。

当孩子遇到困难需要帮助时，如果父母有足够的胜任力，能给予需要的、明确的帮助，就能得到孩子的信任。反之，孩子们宁愿自己探索。

二、创新型家长会

为了探索更好的家校沟通效果，一些学校打破传统模式，不断创新家长会形式。例如，家长与孩子围坐在一起，就感兴趣的话题共同讨论的亲情式家长会；根据每个学生特点准备好奖状和颁奖词，让家长和孩子一起上台领奖的领奖式家长会；让每名学生展示自己的特长，让家长重新认识孩子，发掘孩子的潜力的才艺展示家长会；老师、家长、学生共坐一堂，就教育中的共性问题或一两个突出问题进行探讨，或做个案分析，或进行经验交流的座谈式家长会……各式各样，不管是主题还是形式，都很好地结合了家长会的特殊需求，进行了创新。

（一）线上家长会

当前，大多数学校召开家长会的次数是每学期1—2次，而家校双方沟通交流的需求是远大于此的。利用班级微信群、会议APP等召开家长会，是一种更加快捷、高效的方式。家长足不出户就可以与教师进行"零距离"交流，互动性强，也更符合现代人沟通交流的习惯。相比线下家长会需要大量的准备工作，家长还需要请假参与，线上家长会的组织和参与都非常方便，教师可以与家长约定定期举行，如每月一次。很多会议APP所提供的视频互动方式，更是提升了网络家长会的互动效果。

线上家长会首先要确定讨论的话题，避免造成混乱，效率低下。班主任可以告知家长最近一段时间内的班级、学校动态及需要家长重点支持的工作；或通过问卷调查的方式，整理归纳家长在教育孩子过程中的困惑，作为交流重点；或与家长探讨班级管理时出现的问题；还可以让学生匿名写下"我的心声"，让家长了解孩子学习以外的需求。随后，班主任要跟家长提前发布公告，告知讨论时间与主题。

一般情况下，线上家长会分两部分进行：首先以班主任讲解为主。班主任围绕主题将内容分成若干要点，条理清晰地展示给家长。在这个过程中，要严格控制家长的提问，并规定家长的提问必须与主题相关。然后是家长们自由讨论，让不同的观点、方法在交流中碰撞、整合，有效地发挥家长集体的教育智慧，班主任只做适当讲解。

教师可以将线上网络家长会作为线下见面式家长会的有机补充，二者结合使用以最大程度发挥线上和线下形式的优势。

需要注意的是，无论是线下家长会，还是线上家长会，都应强调家长和孩子在家长会中的参与。教师可以通过家长意见小调查、体验式活动、家长经验分享、困惑答疑、邀请家长献计献策等方式充分调动家长参与家长会的热情。同时，邀请学生参与家长会，教师和家长要去倾听学生的心声，走进他们的内心世界，从而使学生信任教师和家长，不再因为家长会而惴惴不安，让教师、家长和学生真正拧成一股绳。

（二）分层式家长会

分层式家长会，即围绕一个主题，根据学生学习状态、日常行为表现、家庭教育等维度，把家长分成不同的组，以小范围、多层次的形式召开家长会，进行交流分享。

小范围、互动式的分层式家长会能够让老师更有针对性地与家长分析孩子的教育问题，让家长与老师的沟通交流更加充分，家校双方互相学习借鉴，出谋划策，有利于为孩子提出更切实有效的教育策略。

开好分层式家长会，需要对每个学生及家长做出准确的诊断分析，从而保证科学分层，这离不开包括校级领导、年级组长、班主任和各任课教师在内的全体老师的努力。分层式家长会需要注意的一点，是避免给家长或学生贴标签。比如有的家长对自己孩子的学业有不合理期待，对孩子的成绩要求过高导致孩子的学习焦虑，教师希望通过培训帮助他们改变观念。教师在分层式家长会中，还是要注意分层方式和言辞，不能让家长认为自己跟别的家长不一样，是需要被教育的那类。

🗣 案例分享

分层式家长会

有教师在家长会召开前，通过和学生谈心，了解了每一位家长的特点，然后把全班家长分为望子成龙型、骄纵溺爱型、原始放养型三大类，然后分别召开三场不同形式、不同内容的家长会。

第一场，望子成龙型家长会。这类家长喜欢把全家人成功的希望"押宝"到学生身上，对学生的要求极其严格，虽然大多数学生学习优秀，但存在压力很大、郁郁寡欢的现象。

家长会开始，先让这些家长逐一讲述自己对孩子的期望，然后播放这些学生在学校里的剪影图片，边看边和家长分析学生的自身条件、兴趣、爱好和特长，最后达成共识：望子成龙是对的，但不能要求苛刻，要给学生适当减压，营造舒适的学习环境，让他们得到充分发展。

第二场，骄纵溺爱型家长会。这类家长对学生的吃、穿、行动、学习等都照顾得无微不至，并且有求必应，制造了许多免疫力极差的学生。

首先让这些家长观看他们孩子表演的小品《爸爸妈妈，放手吧》。接下来，播放平时收集的运动会、主题班会、课外活动等录像和照片资料做成的片段剪辑，让家长全面、直观地了解学生的在校情况。最后，让家长谈谈今后打算如何教育自己的孩子。

第三场，原始放养型家长会。这类家长多出现在打工家庭或问题家庭，父母或忙于打工挣钱，或婚姻破裂，无暇顾及子女，导致问题学生出现。

家长会前，让学生写一封"爸爸（妈妈），我想对你说"的长信。家长一到校，首先通过信件了解学生的内心状态及呼声。接着播放几个因为家长放任自流，孩子走上犯罪道路的视频。然后逐一分析学生在校表现，并和家长签订"家庭教育责任书"，用责任意识唤起家长对孩子的关怀。①

（三）爸爸家长会

优秀的父母，任何一方都不会缺席孩子的成长。如果爸爸们能坚持陪伴孩子成长，让孩子在完整的家庭教育中成长，孩子将获得更加健康快乐的成长。针对学校的家长会大部分都是妈妈来参加这一现象，宁波一小学就别出心裁地提出"让爸爸参加"的家长会，有效调节了父母参加家长会的频次，可以更好发挥父母角色的互补性。下面是一场爸爸家长会的基本流程。②

---

① 孙爱蓉. 分层式家长会 [N]. 中国教师报，2013-12-18.
② 张竹林. 又一种教育智慧 [M]. 上海：华东师范大学出版社，2018.

首先，确定主题"欢迎你们，班级爸爸们！"然后向爸爸们发放爸爸家长会邀请函，以"父亲的出现是一种独特的存在，对培养孩子有一种特别的力量"为主题进行动员。接着，请孩子们说一说自己眼中爸爸的形象及其陪伴自己的情况，并录制了几个孩子对爸爸说的心里话。

家长会当天，大部分爸爸都来了，少数不能出席的爸爸也亲自打电话请假。会上老师和爸爸们就孩子们对爸爸的评价，父亲陪伴对孩子的影响进行了深入的探讨。最后，在歌曲《父亲》中爸爸们畅谈了对此次家长会的感受，纷纷表示要每天陪伴孩子。

为了让爸爸真正高质量地陪伴孩子，老师在家长会后组织成立班级"爸爸会"，定期开展亲子活动，如体育竞赛、野炊等。爸爸在活动中负责拍照片，发微博，做专辑，孩子们则写下和爸爸一起参加活动的感受，老师负责将"爸爸会"活动情况汇总，看看哪组亲子活动玩得最开心，最有创意。通过这样的活动，不仅增强了爸爸和孩子间的感情，也让爸爸们在相互学习中提高了陪伴孩子的质量。

（四）一对一家长会

学校还可以开展"私人订制"化的一对一家长会，对个别学生的问题有针对性地进行家庭指导，充分保护学生的自尊和隐私。杭州市崇文实验学校的个别化家长会就是践行新班级教育"让小班更小"教育理念的有效途径之一。

第一步，双向选择，尊重需求。在开展一对一个别化家长会之前，崇文班主任都会制订家长会意向表。意向表的形式多种多样：有纸质意向表，也有二维码扫码这样的新型意向表。意向表的内容也很丰富：包括面谈时间、面谈老师、面谈说明等。这样家长可以根据孩子一个学期的学习生活情况，有重点地选择想要交流的老师。老师如果觉得有特别想要跟家长交流的内容也能主动提出，在充分尊重家长意愿的前提下进行沟通。这样的双向选择，为一对一家长会提供了更切实的交流基础，是基于学生个性发展的正确选择。

第二步，围圈分享，学科交流。为了让一对一个别化家长会更充分更有针对性地开展，让家长更全面了解孩子的在校情况，各个年级开展围圈分享。一年级组在年级组长的召集下，各个班老师围坐在一起，共同交流一对一内容，同时有经验的老教师还亲身示范，解答老师们提出的疑问；二年级包班教师召集体育、英语老师，分享各科孩子的学习情况，徒弟认真倾听记录学习；三四五年级的老师在班主任老师的召集下，召开一次班级教导会，让学科老师全面了解孩子的学期表现、努力方向和家教建议。老师们这样用心，只为服务好每一位交流的家长，为孩子的成长助力。

第三步，私人订制，真诚沟通。老师与家长近距离真诚沟通，从多角度进行交流：发现闪光点，肯定努力和进步；有针对性地给出个别化指导，提出相应的改进建议；耐心倾听家长的疑惑和心声，交流教育想法和适切的教育策略，用真诚架起沟通的桥梁。

第 3 节 如何办好一场家长会

在了解家长会的不同类型之后，教师就需要根据自己的开会目的，制订家长会的具体策略。要知道，家长会是一位或几位教师面对全班或一部分家长，家长人数自然是占优势的，如果教师有不恰当的言辞或行为，往往容易引发家长的集体反感，甚至造成家校矛盾。因此，想要办好一场成功的家长会，每一个流程的工作都必须做好，无论是会前的各项准备，还是家长会现场组织，亦或是会后的跟踪反馈，学校和教师都要认真对待。

一、做好家长会前的准备工作

（一）确定家长会的时间

教师要选择好开家长会的时机，不同时间召开的家长会往往具备不同的侧重点，选择恰当的时间点召开家长会可以带来更好的效果。

1. 开学前召开家长会

开学前召开的家长会往往是家长与学校和教师、家长和家长之间的第一次正式接触，所产生的第一印象会影响双方日后的交往。教师要特别重视第一次家长会，这是展示学校和教师风采的窗口，有利于增进家长对学校教育的了解，并建立家长对学校的认同感、信任感和依附感，为后续家长积极参与家校合作奠定基础。同时，入学前的家长会也能促进学校、教师和家长一起做好孩子的"幼小衔接"，帮助学生尽快适应小学的学习和生活。

案例分享

营造一年级新生家长会的仪式感[①]

放好学校宣传片。在家长会之前先播放宣传片，让一年级新生家长对学校有一个基本了解。学校可从历年开展的活动中剪辑镜头，从教师、学生两个方面展示学校的风采，凸显学校最显著的特色。学校还可以让已经毕业的学生家长进入镜头，简要回顾过去六年中孩子和家长在学校的收获。

做好家长会"开场秀"。家长会"开场秀"要让家长对学校留下美好的第一印象，可以挑选一些学有专长的孩子以小团体的形式向家长展示书法、美术、演讲等节目，时间控制在15分钟左右。教师团体也应进行展示，如小品、诗歌吟唱、职业服装秀等，以充分展现学

---

① 王庆欣. 试谈一年级新生家长会的仪式感 [J]. 辽宁教育，2017（07下）.

校教师的精神风貌。

规划好家长会内容。召集全部的一年级家长，先是学校领导简短而不乏文采的讲话，以"当家人"的形象抓住家长的心。然后是介绍学校行政班子，凸显学校的执行力和服务理念。接着是介绍教师团队，通过"一分钟的温暖教育故事"等形式展示教师风采。最后简要介绍即将进行的新生训练项目与要求。要留出足够的时间给各班主任与家长在班级中见面、沟通。

办好家长学校开班仪式。家长会的正式内容结束后，可以接着举行家长学校的开班仪式。由校长宣布一年级家长学校开班，并郑重地向新生家长赠送家长学校的"见面礼"，诸如学校的校刊或者家庭教育资料等，并颁发家长学校学员的证件卡。

如果换了新老师，也有必要在学期初召开家长会，由新接班教师对家长进行简单的自我介绍和交流，让家长了解新老师的班级管理经验、教学风格，也让老师多了解一些孩子的特点，从而实现家校合力。

2. 阶段性总结时（如期末考试后）召开家长会

每个学期结束时，学校都会整体安排做总结和做计划，这也是召开家长会的好时机。教师可以利用家长会，将学生一个学期的学习情况和在校表现与家长进行沟通，展示孩子在校期间的各项成果，总结孩子在这一阶段的进步和不足，并给予家长在家校共育和家庭教育方面的指导。同时，引导家长和孩子一起做好假期和新学期的计划，帮助学生度过一个愉快而有意义的假期。

3. 学校重大活动时召开家长会

学校举办各类仪式性活动时，如入队仪式、毕业仪式、各类节日庆典和校庆等，可以把活动与家长会整合在一起，邀请家长参与到活动当中，让家长和孩子一同留下活动的足迹。这能够让家长在常规家长会之外更加真切地见证孩子的成长，更加了解教师和学校的工作，有利于后续家校合作的良好开展。

此外，学校或教育主管部门组织开展游学、冬夏令营、志愿者服务等社会实践活动前，也可召开家长会进行说明，以争取家长的积极配合。

4. 重要或突发事件时召开家长会

当出现以下重要事件或突发情况时，学校应及时召开家长会，以赢得家长对学校工作的理解和支持。

一是发生有关教育的重要事件时，如颁布重要的教育改革新政，进行重要的区域类教育活动，孩子小升初之前等，学校应召开家长会强调注意事项。二是学校和班级发生变化时，如学校搬迁，学校或班级拆分合并，班主任更换等，需召开家长会说明原因，让家长配合做好孩子的安全督导工作。三是学生因为自然灾害、校园欺凌等不可抗力或人为原因发生失联或遭遇人身伤害时，学校需及时召开家长会，做好其他学生的心理安抚。此外，如果暴发流行病，学校也应及时召开（在线）家长会来引导家长和孩子做好疾病的预防与应对。

此外，确定家长会的时间还需要考虑家长是否有时间参与，如果连家长的出席率都保证不了，家长会的效果可想而知。最好是由学生的父母亲自来参加家长会，而且最好不要每次都只有母亲出席，尽量不要由祖辈替代父母参加家长会。

例如，学校留守儿童较多，就可以在寒假中选择一个集中返乡的时间召开家长会，或进行线上家长会。因为留守儿童的家长，平时大多无法到场参加家长会，只有在寒假期间才有短暂的时间。教师要向家长介绍学生的各方面表现，并指导他们与祖辈监护人沟通交流，提升留守儿童家庭的教育能力，更好地保障留守儿童的成长。

再如，工作日白天召开的家长会，有不少家长就会因为工作忙不方便请假而缺席，学校可以把家长会调整到工作日的晚上或周末节假日。这样家长可以认真参与家长会，听取老师的教育建议，以免即使请假来了也还是着急工作上的事情静不下心来，影响家长会的效果。

（二）发布家长会通知

确定家长会时间后，教师一定要提前发布家长会的通知，让家长提前做好准备，如向单位请假，思考与老师交流的问题等。同时，给家长一些温馨提示，如要求家长尽量提前10分钟到达，带好纸笔，校园内禁止吸烟，告知家长学校停车位置，教室在教学楼的位置示意图等。此外，请家长填写能否参加的回执，并统计不能前来的家长人数和原因。

🖲 工具箱

家长会邀请函

亲爱的家长朋友：

　　为了增进家校交流，推进家校合作，诚挚地邀请您于＿＿月＿＿日＿＿点，前来我校＿＿年级＿＿班教室参加家长会。为了方便任课教师更好地与您交流、汇报班级情况和学生状况，请如实填写下面的家长会调查表，并于近日提交给班主任。

家长会回执表

是否参加	参加人数	家长姓名	手机号码

诚挚欢迎您的到来！

班主任：＿＿＿＿＿＿＿＿

＿＿＿＿年＿＿月＿＿日

除了发布通知，也可以让学生给家长带口信，或在微信群中告知家长。此外，还可以采用写信的形式，并制成邀请卡由学生带回家，相较于正式的通知，信件的语言

更加亲切自然，有利于提升家长的参与度和配合度。

（三）确定家长会主题

虽然每次家长会都是教师向家长汇报学生的情况，但如果能够根据会前问卷调研来确定一个家长会主题的话，会让家长会更具针对性和实效性，恰当的家长会主题是家长会成功的前提条件。

教师要明确，家长会的主题需要从服务学生的全面发展来考虑，不能仅仅局限于学习。如果家长会只是对孩子成绩的反馈，难免会让一些家长和孩子有紧张甚至抵触的情绪。学生的品行、运动、艺术都是教师应该关注的方面。教师对孩子的评价要全面客观，不能以偏概全。相对于督促学习，其他主题可能令家长更感兴趣，也能对家

🗂 工具箱

家长会调查表

教师可以通过问卷调查的形式，了解孩子平时在家的学习生活情况，并将家长在教育孩子方面的困惑收集起来，从而能够在家长会上集中解决家长面临的一些共性问题，为确定家长会主题提供帮助。

学生姓名：	参加家长：（爸爸 / 妈妈）
此次家长会您最想听到哪方面的交流分享？	
通过您在家中的观察，您觉得自己的孩子有哪些表现得好的地方？	
您觉得自己的孩子有哪些可以进步的地方？	
对于孩子目前的情况，最困扰您的问题是什么？	

校关系营造，对学生的全面发展和健康成长产生更长远的效果。同时，家长会要成为促进家校沟通与合作的契机，教师应多和家长交流家庭教育理念、家庭教育困惑、家庭教育策略等内容，也可对家校冲突问题进行沟通处理。

1. 根据学生近期出现的共性问题确定家长会主题

教师平日里要注意观察学生群体中出现的一些共性问题，比如疫情来临如何缓解孩子的焦虑情绪，怎么提高孩子参与集体活动的积极性等。以此为主题召开家长会，往往更容易取得家长的关注和配合，也能够更好地预防和解决这些问题。

除了日常教育教学中的观察，教师可以在家长会召开前，通过问卷调查、家长座谈等方式发现学生近期出现的共性问题。此外，教师还应建立与家长在平日里沟通的渠道，如学校论坛、班级微信群等，多去了解班级学生家长在家庭教育过程中的困惑与烦恼，并从中选择出共性问题来作为家长会的主题。

2. 根据学生的年龄特点和发展规律设计家长会主题

不同年级的家长会主题应有所区别，教师要考虑学生的年龄特点和发展规律来设计家长会主题，提前给家长打好"预防针"。比如，低年级要重视学生学习习惯、生活习惯、阅读习惯的养成教育，中年级要注重学生的学习分化、人际交往能力培养，高年级要注重学生的小初衔接、青春期教育、自我管理能力培养等。

3. 根据具体班情确定家长会主题

每个班级学生和家长的情况必然有所差异，教师应根据具体班情设计家长会主题。例如，有的家长忙于工作，疏于陪伴孩子，常给孩子订外卖解决吃饭问题，家长会的主题就可以定为《再忙也要陪孩子吃饭》；有的学生模仿家长的不当言行，就可以举办一期以家长榜样作用为主题的家长会；学生普遍有手机使用的问题，那就有必要以家庭手机使用规范为主题召开家长会；有家长做出了良好的改进或示范，那就可以邀请这些家长做经验分享家长会……家长会的主题来源于班级，也服务于班级学生。

（四）做好材料、人员、会场等相关准备工作

在家长会召开之前，教师还需要准备好课件、签到表、家长会意见反馈表等，并印制好需要发放给家长的资料，提前联系好会上发言的科任老师及家长，确定会后需要单独交流的家长名单。

家长会召开当天，教师可以组织学生打扫、装扮教室，并根据学生的意愿，分配学生承接家长会的"会务工作"，让学生也有一定的参与感，如接待家长，做好家长会签到等，为家长提供一个既整洁又富有班级特色的环境氛围，让家长在了解孩子平时在校情况的同时倍感温馨。

二、明确家长会上谈论的问题

根据家长会的主题，教师要对家长会上谈论哪些问题提前进行梳理。谈论的问题不要过于宽泛、不要离题，要让家长能抓住重点，开完会后脑子里有东西；也不要太聚焦于某个或某几个学生，个别学生的问题并不适合拿到集体家长会上讨论。一般来说，家长会上主要探讨以下几个问题：

（一）班级情况介绍

一个班的整体发展氛围影响着其中的每一个孩子，家长肯定会关心班级的发展情况，教师可以举例说明班级取得的荣誉，学科教师对班级的评价，班级良好的风气和习惯，目前班级存在的共性问题等。

同时，对班级收费及活动情况进行必要的说明，如班费使用情况、研学活动开展情况、班级危机公关实践说明等。例如，"×××与×××的冲突事件是怎样妥善解决的，我们从中吸取了什么教训"。

（二）带班理念和工作重点

老师，特别是新接班的老师，一定要让家长了解自己，如"我是什么风格的老师""我的教育管理理念是什么""我会如何处理班级近段时间出现的问题"等。如果能让家长看到老师的经历和经验，能够使他们信任老师对班级的驾驭能力，对家长来说是一颗很好的定心丸。

同时，要让家长了解接下来一段时间的教育教学工作重心，如本学期班级整体的发展目标如何？老师具体的工作计划是什么？家长怎么配合老师一起把孩子教育好？这有利于取得家长对教师工作的支持。

（三）学生学业成绩

家长当然会关心孩子的学业情况。汇报学生学习信息的家长会，老师应当聚焦学生的进步情况，其次理性提示可能存在的学习动机、学习习惯等问题，最重要的是，希望家长从哪些地方予以配合、帮助，并给出一定的可操作建议。

（四）家长家庭教育技能培训

除了强调学习、活动展示和说明下一阶段的任务，班主任还要将学校、班级的管理措施以及一些先进的家庭教育方法展示给家长，以提升家长家庭教育的能力，解决家长在家庭教育方面的困惑，促进家校共育的有效性。例如，家长群有哪些行为准则，学生在校期间如何使用手机，家长如何控制好自己的情绪，青春期孩子的身心变化和行为特点有哪些，等等。

家长会过程中，可以适当开展一些互动游戏，避免枯燥说教。家长会结束前，老师不要忘记肯定家长的拨冗出席，衷心感谢家长对自己工作的支持。

三、做好家长会后的跟踪反馈

顺利完成一次家长会，并不意味着家长会的流程到此为止。否则就可能变成家长听了有触动，看了有感动，想了挺激动，事后却无行动。若要家长落实到实处，将家长会的短期效果进行适度延续与延伸，就必须在家长会后进行跟踪反馈。

一方面，适当给家长布置一些"家庭作业"，比如让家长写一写家长会后的感想，从中倾听家长的心声，指导他们认真分析并反思自己在家庭教育中存在的问题与不足，思考孩子的教育规划，再定期进行跟踪回访，落实对学生建议的实施情况，从而持续帮助家长采取科学有效的家庭教育策略，促进家长积极的行为改变，保障孩子健康成长。例如，教师可以写一封感谢信给家长，在对家长的出席表示感谢的同时，重申双方在家长会上制订的行动计划。每半个月还可以给家长打一次电话，询问行动计划的进展，并提供必要的帮助。

另一方面，要询问家长对家长会的意见，如通过家长会满意度问卷调查等方式，了解家长们认为本次家长会令人受益的地方，存在疑惑的地方，以及意见和建议等。教师可以据此有针对性地修改家长会方案，弥补自己工作上的不足。

此外，教师还要针对缺席家长会的家长做好会后的单独沟通。一方面要安抚学生，如果学生因为家长没有参会而感到不安、自卑，感到自己和其他学生不一样，教师要及时安抚学生的情绪；另一方面要跟家长进行必要的单独交流，无论是线上交流还是线下见面，保证将家长会的重要内容传达到位。

高效家长会的基本流程[①]

家长会往往只有短短一个小时，甚至只有40分钟时间。若要开得形式灵活，容量大，效果好，离不开班主任的整体策划、充分准备和科学实施。

1. 设计调查问卷

一方面，问卷可以获取学生及其家庭的基本信息，全面了解家庭教育环境对学生的影响，有利于教师对学生进行科学分类，也有利于教师对家庭教育的科学指导；另一方面，问卷可以帮助教师了解家长对班级发展目标的认可度，对班级建设的满意度，对常规教学工作的理解和配合度，征求家长对学校教育教学行为的反馈意见，以便及时调整和改进。

2. 组织互动颁奖

通过极具现场感、亲情感、感染力的颁奖活动，可以充分调动家长参与学生教育的责任感和积极性。一方面，可以让老师根据每个学生的特点为他们设计奖项，由家长亲自给孩子颁奖，切身感受孩子的点滴成长与进步；另一方面，可以让学生给家长设计奖项，由孩子给爸爸妈妈颁奖。

3. 制作精美PPT

通过PPT这种既有文本又有音视频的展示形式，无论是向参会家长进行学校和班级工作的简要介绍，还是对家长提出具体要求，都会比教师单纯口述的效果要好得多。

4. 布置"会说话"的会场

家长会是展示教师、学生及班级风貌不可多得的时机。首先，要有一个明确的会议主题，以条幅或板书的形式醒目地呈现出来；其次，让教室的每面黑板和墙壁都能帮助老师说话，将孩子在校生活的精彩瞬间，班级集体建设的丰硕成果都张贴在班级的醒目位置，供家长学习参观。

[①] 霍庆，陈艳华. 班级管理新路向 [M]. 石家庄：河北美术出版社，2020.

5. 安排学生接待员

安排接待员，可以让每一个与会家长都体会到被尊重的感觉，有助于他们重新审视自身角色的重要性和所担负的神圣责任。同时，有助于促进家长对班级工作的了解，唤醒家长将教育力量凝聚到班主任的治班理念中。

6. 准备一套完备的家长学习资料

短短的家长会不允许教师讲得面面俱到，有些会议内容可通过下发资料的形式给到家长。**一是告知资料**。将需要告知的资料打印好发放给家长，具体包括会议议程、班级工作公示、在校注意事项、任课教师联系方式等，方便家长留存。**二是学习资料**。可以发放安全教育、传染病预防、青春期教育等纸质学习资料供家长会后学习，也可以给家长推荐一些网络上的优秀学习资源。

7. 推荐一组特色家庭

留部分时间给家长，由孩子对自己的家庭进行介绍，由家长简述教子之道，让大家共同感受温馨家庭的育人氛围。这既有利于家长们会后交流，也便于不同家庭手拉手结对成长。

8. 布置一项作业

留一份家庭作业给家长，可以将家长会的短期效果进行适度延续，避免家长听了有触动，看了有感动，想了挺激动，事后无行动。

第 7 章

家长学校：
为家长**赋能**

教师和学校的困惑

教师1 何苦占用业余时间让家长到校学习？一些家长直接因为忙不来，一些家长来了也不认真听，还怨声载道的，能有什么效果？如何能让他们积极主动一些，我们也是牺牲了自己的休息时间去准备这些教学内容呀！

教师2 每次确定家长学校的培训主题都特别费劲，下次真不知道该给家长们讲些什么了。哪些培训主题更切合小学家长的教育需求，对他们的帮助更大呢？

教师3 培训内容总是有家长觉得有用，有家长觉得没用，有没有什么方式能令每一位参与的家长都满意呢？

教师4 每次开展家长学校活动都是老师在上面讲，家长在下面听，家长们看似积极参与，实际收获却不大。什么样的学习形式对家长而言更有效呢？

家长学校是提升家长家庭教育能力，使家庭教育与学校教育形成强大合力的重要途径。家长学校向家长传播、普及家庭教育知识和相关法律法规，让家长树立正确的育儿观、成才观，形成恰当的家庭教养方式，走出一些家庭教育的误区，进而能够读懂自己的孩子，最终助力孩子身心健康成长和全面发展。

然而，举办家长学校也会面临一些实际问题：一些家长压根儿抽不出时间参与，一些家长觉得学习形式太枯燥，还有一些家长觉得学习内容对自己并没有什么大的帮助，这令学校和教师对家长学校的有效性产生了疑惑。

那么，家长学校讲什么，什么时间讲，什么方式讲，怎样才能提升家长的参与度和学习效果，更好地发挥家庭教育在孩子成长中的作用，让家长成为学校教育的同盟军。以上是我们这章即将探讨的问题。

第1节　家长学校概述

一、什么是家长学校

顾名思义，"家长学校"就是给家长上课的学校，是家长学习和成长的场所。与学校类似，开办家长学校也近乎一个独立的办学过程，只是它教学的对象不是学生而是家长，它是宣传正确的家庭教育思想，普及科学的家庭教育知识，提高家长素质和家庭教育水平的主要场所，是优化未成年人健康成长环境、推进社会主义精神文明建设的重要阵地。

家长学校最初创建于西方。1897年，美国成立了全国家长教师联合会，是全球历史久远且规模最大的家长教师联合组织。该协会主要的工作内容包括两方面，一是推动家长为子女的良好发展积极参与学校教育，二是推动学校为学生的良好发展主动培训家长。全国家长教师联合会可谓现代家长学校的雏形。近几十年来，随着各国对家长教育在儿童发展中的作用有越来越深刻的认识，家长学校逐渐在全球多国兴盛起来。

随着社会各界对教育的重视程度迅速提升，20世纪80年代起，我国的家庭教育工作得到很大发展，家长学校作为教育的有效形式之一也在全国各地发展起来。我国的第一所家长学校诞生于1983年的浙江省宁波市象山县石浦镇，之后以家长为主要对象的各类家长学校在各地相继出现。而20世纪90年代起，全国妇联、教育部等部门先后出台多项政策，指导和促进家长学校的建设和发展。1998年，全国妇联发布《全国家长学校工作指导意见（试行）》，首次提出家长学校的定义和任务。2004年，全国妇联、教育部发布《关于全国家长学校工作的指导意见》，指出家长学校以未成年人的家长及其抚养人为主要对象，是为提高家长素质和家庭教育水平而组织的成人教育机构；是宣传正确的家庭教育思想，普及科学的家庭教育知识的主要场所；是中小学、幼儿园开展家庭教育工作和党政机关、企事业单位、社区、村镇进行公民素质教育的有效途径；是联系学校、家庭、社会，促进形成三结合教育网络的桥梁；是优化未成年人成长环境，推进社会主义精神文明建设的重要阵地。2011年，全国妇联、教育部、中央文明办发布《关于进一步加强家长学校工作的指导意见》，进一步强调家长学校是宣传普及家庭教育知识，提升家长素质的重要场所，是指导推进家庭教育的主阵地和主渠道。2022年，《家庭教育促进法》明确提出：中小学校、幼儿园可以采取建立家长学校等方式，针对不同年龄段未成年人的特点，定期组织公益性家庭教育指导服务和实践活动，并及时联系、督促未成年人的父母或者其他监护人参加。

地方层面，各地也纷纷出台具体政策，对家长学校的建立和实施进行规范。2018年，北京市教委、首都精神文明建设委员会办公室、北京市妇女联合会印发《北京市关于进一步加强中小学家庭教育指导服务工作的实施意见》，要求全市中小学要建立家长学校，建校率要达到100%，以健全学校家庭教育指导服务体系，提升学校家庭教育指导服务水平。2019年，青岛市教育局印发《青岛市中小学幼儿园家长学校规范化建设标准（试行）》，明确提出全市家长学校的主要任务：一是家教指导，每年向每名学生家庭提供不少于4次8课时家庭教育指导服务。家教指导服务应充分考虑不同群体的需求，具有较强的针对性和实效性。二是实践活动，每学期至少组织一次学生和家长共同参与的家庭教育实践活动。定期开展"好家教，好家风，好家长"等评选活动，引导家长重家教、正家风、做表率。三是家校互访，每学期至少组织一次学校开放日活动，开展家访工作。定期征集、回复家长对教育、学校的意见建议。定期开展家长学校满意度调查，家长对家长学校的满意度不低于90%。四是政策宣讲。面向家长宣传党的教育方针、法律法规，及时解读与家长利益密切相关的教育改革政策。

在政策和法规的积极推动下，家长学校制度在我国各地发芽开花，家长学校逐渐成为中小学、幼儿园的"标配"，成为家校共育的重要途径。

二、办好家长学校的重要意义

（一）促进家校共育的有效开展

国内教育心理学研究表明，对于学生影响最大的是家庭环境，其次才是学校。因此，优秀的学校教育离不开优秀家庭教育的支持。

家长学校作为一种有效的家校合作形式，能够提升家长对于学生发展和教育基本知识的了解，帮助家长理解学校在学生教育中的理念和方法，从而有利于促进家校双方的相互理解，形成良好的家校关系，让家校之间达成一致，形成教育合力，共同促进学生的健康成长和全面发展。

办好家长学校有助于解决令学校头痛的"5+2=0现象"，家长学校的开办能够促进家庭环境的转变，加强家庭对学生的正面影响，从而使"5+2=7"乃至"5+2>7"。

（二）提升家庭教育的质量

家庭是孩子人生的第一所学校，家长是孩子的第一任老师。家庭教育是青少年成长的"底色"和基石，其质量关乎未来我国在世界上的人才竞争力，具有深远的意义。

然而，由于家长的素质与性格不同，所受的教育程度不同，收入情况不同，家庭教育水平也会有较大的差异，不同的家庭教养方式对小学生的自尊心、自信心以及行为方式和心理发展都会产生不同的影响。

在《家庭教育促进法》出台后，家长提升自己的家庭教育水平是责任更是义务，而家长学校正是能够有效帮助家长提升家庭教育的知识和能力，使家长掌握科学的家庭教育方法，为家长赋能，培养合格家长的重要抓手。家长通过在家长学校学习，可以逐渐改进自己与孩子交流时的行为习惯、语言表达和思维方式，有助于形成更适合学生发展的家庭氛围，更利于学生成长的家庭关系，更好地给学生指引，促进良好亲子关系的形成，避免不当家庭教育造成的悲剧。

通过家长学校的学习，越来越多的家长开始走上钻研家庭教育的道路，他们以"开始抵触——被学习群唤醒——爱上读书——群内分享——带动其他家长"的轨迹逐渐发生转变。当遇到孩子的教育问题时，家长不再只是向学校和老师提要求，而是开始聚焦家庭教育寻求解决之道。还有很多家长，不仅孩子的教育问题得到很好的解决，家庭生活也更加幸福；不仅自己成为学习者，更成为家庭教育的传播者。

🔄 知识链接

孩子期待家长积极参与家长学校

有学者在2009年对S小学一、二年级两个自然班的100名学生进行了调查，结果显示：[1] 95名学生表示支持自己的父母参加家长学校，3名学生表示不支持，2名学生表示无所谓。

---

[1] 李伟功. 小学阶段家长学校的问题与对策研究 [D]. 东北师范大学，2009.

学生对家长参加家长学校的态度			
态度	支持	不支持	无所谓
人数（人）	95	3	2
所占比例	95%	3%	2%

绝大多数学生对家长学校持积极肯定的态度，学生这样阐述自己支持父母参加家长学校的理由：

1. 让父母改正教育方式，学会怎样做合格的家长，懂得如何教育自己；
2. 加强父母和自己的沟通，更容易理解自己；
3. 对自己有一定帮助，有利于自己的学习；
4. 让父母了解自己的在校情况，更关心自己的学习；
5. 不再打骂自己等。

事实上，孩子的积极态度往往会促使家长产生积极的行为方式，即孩子越是支持家长参与家长学校，越能促进家长的实际参与。所以，家长学校的教育指导工作应该不仅考虑家长们的需求，更应关注孩子们的需求，让家长最大限度地去满足那些有利于孩子身心健康发展的各种主客观需求。

三、家长学校的"办学"困境

然而，在当前的教育实践中，家长学校还存在这样那样的问题，家长学校的有效性不尽如人意，主要表现在以下几个方面：

（一）对家长学校的认识不足，家长缺乏参与的主动性

在孩子的教育问题上，家长之间的认知差异是巨大的。有部分家长认为孩子进入

学校后，教育孩子就是学校的事，是教师的责任。还有家长认为，家庭教育不是"刚需"，仅仅是"门面"；或者家庭教育就是狠抓孩子学习成绩，教师就是要让孩子读好书，考好试，得高分。

这些家长都忽略了家长教育在孩子成长中的重要性，对参与家长学校学习活动的积极性自然也不高，在当前家长普遍较忙的情况下，家长的参与率难以保证，家长总是推三阻四，找各种理由不来参加；或者来了也不认真听，只会敷衍地说家长学校的学习对自己有帮助。

（二）教育内容缺乏系统性和针对性，教育手段单一

相当比例的家长学校都缺乏系统的教学内容规划，通常是班主任负责给家长讲课，有合适的家庭教育资源抓来就用，没有形成体系，而且也没有固定的学习时间，大都是利用家长会等场合组织家长开展学习，随意性强，不利于家长对学习内容的消化吸收，缺乏家庭教育指导的实效性。

家长学校对家长学习的需求往往也没有进行调研，而不同家长的学习需求是有差异的，有的家长缺乏理论学习，有的家长需要技巧训练……家长学校多是面向全体家长统一授课，其中的家庭教育讲座等教学内容难以匹配每一位家长的个性化需求，针对性不强。

同时，目前大部分家长学校仍采用传统的线下授课，以教师的讲授为主，缺乏家长的互动参与。而且，家长学校的培训结束后，专家或老师往往直接离开，很少有答疑环节或进行个别辅导，更难做到长期跟踪。家长在课后无法用学到的家庭教育理念指导实践，致使家长学校的课程难以落地，大大降低了学习效果。

有老师反馈说："学校家庭教育的培训形式局限在给家长开各种讲座，培训内容往往由学校单方面设计，家长缺少参与性及选择性。大部分专家讲座的理论性大于实践性，主题缺少统一性和连贯性，一次或几次的讲座很难帮到不同的家长解决实际的

家庭教育问题。家长时常听时激动，回家不动。"

（三）家长教育不同于学校教育，缺少专业师资

受制于客观条件，家长学校的课程通常是由学校中主管学生工作的教师或者资深教师进行讲授。虽然这些教师很熟悉学生和学校教育，但缺乏专业的成人学习和家庭教育领域知识，故而难以保障家长学校教学的专业性。

特别是对于一些本身就承担繁重教学任务的教师而言，让他们研究家庭教育，研究如何指导家长教育孩子，会加大他们原本就不轻松的工作量，使得本就不多的空余时间进一步被削减，他们难免会对家长学校产生一定的抵触情绪，影响家长学校的教学效果。

另外，还有些学校虽然在校门口挂上了家长学校的牌子，但对家长学校工作无暇顾及，家长学校很多时候陷入一种无管理机构、无制度、无经费、无活动开展的状态。有些学校甚至把家长学校等同于考试后的教学质量分析，"走过场""以学习为中心"的现象屡见不鲜，家长学校名存实亡。

◎ 知识链接

家长对于家长学校的建议①

有研究者在2018年对辽宁省锦州市三所中小学的260位家长进行调查，结果显示：高达98.1%的家长认为有必要专门学习教育知识，提高自身素养。其中，66.5%的家长认为学习教育知识的最好方式是参加学校的家庭教育指导活动。在"对学校开展家庭教育指导工作有何意见或建议"这个开放性问题中，家长纷纷写下自己的意见，主要涉及时间、课程设置、

---

① 张春菲. 中小学家长学校有效运行的策略研究——基于锦州市三所学校的调查 [D]. 渤海大学，2018.

授课方法等方面。

在时间上，大部分家长都反映学校安排活动的时间与自己的上班时间有冲突，工作忙，希望能安排在空闲时间进行学习，对于家庭教育指导的时间希望是在入学之初，然后在教学中进行穿插，这样能更好地进行实践。

在课程设置上，形式要多样，不要固定不变，可以以沙龙、案例分析、网络等方式上课，让家长能更直观、真切地接受家庭教育指导。

授课方法方面，主要是要有针对性地指导，因材施教、分类分层进行指导，授课要连贯；也有家长指出要重视特殊家庭，与普通家庭区分进行指导。

第2节　家长学校的内容和形式

想要更好地发挥家长学校的作用，首先需要明确家长学校教什么和怎么教。即根据学生的特点和家长的家庭教育需求，系统规划家长学校的授课内容，并丰富家长学校的形式，通过多种类型的活动吸引家长的积极参与。

一、家长学校教什么

（一）家长学校的授课内容

有研究者指出，小学家长学校的课程内容，应包括先进的家庭教育观念、家庭教育的基本知识和科学的家庭教育方法三个方面。其中，家庭教育观念是前提，家庭教育知识是理论基础，家庭育教方法则是在理念指导下对理论知识的具体实践。[①]

1. 家庭教育观念

家庭教育观念主要包含儿童观、教育观、人才观三个层面，可以简单归纳为三个"人"：孩子是人，我们应该平等、民主地对待他；孩子是生长发育中的人，我们要根据孩子身心发展规律科学地教育他；孩子最终将是独立的社会人，我们要按照社会的标准去培养他、规范他。

家长学校需要向家长介绍先进的家庭教育理念，并在这个过程中引导家长树立和更新正确的家庭教育观念。正确的家庭教育理念可以引领家长帮助孩子搭建良好的人生平台，而不是争一时的学习成绩高低。如果家长一直秉持错误的家庭教育理念，那么育儿之路走得越远，距离正确的轨道就会越远。

2. 家庭教育基本知识

家庭教育基本知识主要包含孩子的身心发展规律和教育孩子的基本原则等，其中，尊重孩子身心发展规律是保障教育效果的前提。有不少家长为了让自己的孩子更快、更好地发展，往往会采取提前教育的方式，实则不利于孩子的发展。特别是在"双减"背景下，明确孩子的身心发展规律，有利于缓解家长的焦虑，也能够使孩子更好地成长。

因此，家长学校要向家长普及小学阶段孩子的身心发展规律有哪些，让家长了解孩子发展的各个关键期，从而明确孩子在什么阶段该做什么，不该做什么，避免拔苗助长。

3. 家庭教育方法

家庭教育方法是指家长在教育、抚养子女时所运用的方法，是教育观点和教育行为的综合体现。很多家长在教育观念上并不陈旧，但为什么仍然会有茫然、不知所措

[①] 杨俊. 小学家长学校课程体系建构探索 [J]. 教学与管理，2005（9）.

的时候呢？因为家长缺乏相应的教育策略。比如，家长都知道好的学习习惯对于低年级的学生非常重要，但怎样培养好的学习习惯呢？又如，家长知道中年级可能会开始学习分化，但对于如何避免和改善这种现象却答不上来。

每个家庭都有着不同的特点，家庭教育的过程中都会面临各自不同的问题，有时候普遍的方法并不能适应特殊的他们。因此，家长学校必须给家长提供在家庭教育中真正能够运用的具体策略。

上述三大内容中，家庭教育观念是前提，帮助家长突破已有经验的限制，以更为开放的心态学习具体的知识和方法；家庭教育基本知识是基础，帮助家长以更科学的眼光看待孩子的成长，在掌握具体做法的同时，还能了解背后的原理，以提升具体教育方法应用的效果，使家长做到举一反三，灵活应用；家庭教育方法是实践的关键，也是绝大部分家长在接受培训时的核心诉求，能够指引家长快速上手，有效提升家庭教育质量。

BAC 案例分享

深圳市某家长学校课程体系[①]

课程类别	核心板块	拓展板块
基本理念类	1. 家长学习，孩子成长	意志拼图
	2. 心中有他人，四海皆朋友	家庭文化建设
	3. 管教同步，严慈同体	独立生活与交往能力的培养
	4. 让优秀在孩子成长中成为一种常态	蹲下来，和孩子一起成长

① 肖红球. 中小学家长学校课程设计研究——深圳市 C 学校为例 [D]. 深圳大学，2018.

续表

课程类别	核心板块	拓展板块
基本知识类	1．教育改革对家庭教育提出的新要求	
	2．学教学艺术，做合格家长	把握孩子心理发展规律，让孩子健康成长
	3．树良好榜样，教文明儿女	学困生的成因与教育
	4．快乐健康的成长环境靠营造	正确引导单亲家庭孩子健康成长
	5．安全教育在家庭教育中的重要性	
	6．教育好孩子，建立沟通的渠道	自信面对考试，正确面对成绩
基础方法类	1．孩子自理能力	
	2．培养孩子的自尊心和自信心	孩子与异性正常交往的引导
	3．建书香家庭，让孩子以书为友	
	4．看见特殊，挖掘潜能，改掉不良习惯	特殊才能与创造力的培养
	5．孩子日常创新精神与能力培养	

（二）家长学校的课程设计原则

家长学校的教育内容要突出针对性、时效性和操作性，围绕学校不同年龄段学生的身心发展特点、本校学生的实际情况及家长的具体需求，对授课内容进行系统规划，分年级或分专题设计课程。切忌随意、盲目、空泛，想起什么就培训什么，或流行什么就讲什么。

1．家长学校课程要理论与实践相结合

家长学校的课程体系设置首先要科学，做到理论与实践相结合。概括来讲，家长教育内容应涵盖以下三个方面：

首先是理念性内容，向家长介绍最新的家庭教育理念和当代社会对于人才的需

求，在这个过程中更新家长的教育观念，帮助家长树立积极学习家庭教育知识的意识。

其次是知识性内容，帮助家长了解孩子的身心发展规律，了解孩子在当前年龄段的核心议题与常见问题，以及当前家庭教育需重点关注的方面。

最后是具体的家庭教育方法，包括与孩子的沟通技巧，良好亲子关系与家庭氛围营造的技巧，孩子良好品行的培养策略以及常见问题的处理方法等。

2. 家长学校课程要贴合孩子的成长发展规律

每个年级的孩子家长会面临不同的教育困境，家长学校课程设计要结合小学阶段（6—12岁）孩子的身心发展特点，根据不同学段孩子的成长发展规律设计适配性的学习内容，从而使家长能够在教育的关键期及时对孩子进行指导。

例如，一年级重点是入学适应课程，二年级重点是行为习惯培养课程，三年级重点是学习动机培养、亲子阅读课程，四年级重点是亲子沟通、人际关系课程，五年级重点是培养积极的心理品质，六年级重点是青春初期指导和小升初衔接课程。

3. 家长学校课程要结合家长的学习需求

设计课程时，学校和教师还要考虑家长在教育孩子时所面临的现实问题，可以通过调查问卷、家长访谈等形式，了解家长在育儿中的困惑和希望学习的内容，从而提升培训的针对性。

一些共性问题，可以作为每位家长的必修课程，而一些个性问题，则可作为选修课程，让家长根据自身需要自主参与。选修课程可以让家长通过"网上抢票"的形式报名参与，这可以让"抢票成功"的家长非常珍惜这一机会，前来听课时更加专心投入，与专家的互动更加积极。针对少量在家庭教育中存在较大困惑或有急迫家庭教育指导需求的家长，教师也可为他们设计一对一帮扶或小组辅导的个性化课程方案。

此外，很多家长忙于工作，将孩子丢给爷爷奶奶隔代抚养，由于父辈与祖辈教育观念的差异，经常会发生矛盾，对孩子负面影响很大。学校也可以开设针对祖辈的课程，让爷爷奶奶知道自己在家庭中的角色定位只是辅助者，只有全家教育手段一致，才能形成合力，让孩子更好地成长。

二、家长学校怎么教

为了更好地吸引不同特点和现实诉求的家长积极参与家长学校的学习，学校和教师需要在家长学校的开展过程中，注重形式上的多样性和时间上的灵活性。

（一）课程安排要注重形式上的多样性

家长学校的课程安排要具有多样性，常见的形式有讲座式的集体教学、座谈会、读书沙龙等。每一种形式都有各自的特点，学校需要根据实际情况选择适合的教学形式，以促进家长学习的积极性。

1. 专题讲座

专题讲座是家长学校最常采用的方式，覆盖面比较广，整个年级甚至全校的家长可以同时参加，因此更适合讲解那些家长普遍关注的问题。但专题讲座对专家的要求往往较高，与家长的互动相对较少，应控制好频率，每学期1—2次即可。

2. 体验式活动

相对于单纯的讲授，体验式活动打破了"一人讲，众人听"的方式，可以通过场景模拟和亲身体验，增强家长参与的热情，引导家长在体验互动中获得思考和启发，避免出现纸上谈兵或"会场频频点头，回家忘到脑后"等情况。体验式活动提高了学习效果，也大大增加了将家长学校所学方法应用到育儿实践的概率。体验式活动对授课教师的要求比较高，每场活动参与的家长不宜超过50人。

🔵 工具箱

将教练技术应用于家长学校培训中①

　　教练技术是通过一系列方向性、策略性的过程，洞察被教练者的心态，向内挖掘潜能，向外发现可能性，令被教练者自我超越，自我突破，从而有效达到目标。

　　将教练技术应用于家长学校培训中，不是给家长一些现成的方法，而是带领家长看到新的可能性，自己找到解决问题的方法。它较少关注理论和知识的传播，较多关注自我的觉察及人际的互动。

　　应用教练技术时，一般包括五个环节，即体验、分享、交流、整合和应用。这五个环节由"体验"开始，构成循环贯穿于家长学校全程。

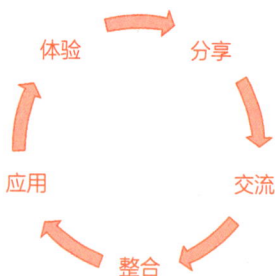

　　1. 体验：教练设计一项活动，家长投入该活动，并以观察、表达和行动的形式进行。

　　2. 分享：家长分享他们在活动中的感受或观察结果。

　　3. 交流：把这些分享的内容结合起来，与其他家长探讨、交流。

　　4. 整合：从体验、分享和交流中归纳提取出精华，并用某种方式去整合，形成一些解决问题的方式方法。

　　5. 应用：策划如何将这些体验应用在日常与孩子的沟通中，而应用本身也成为一种体验，有了新的体验，循环又开始了。

　　应用教练技术时，要相信家长是自己问题的专家，它促成了家长的自我觉察后产生的自发行动，因此具有极强的实践性。同时，鼓励家长耐心地自我觉察，引导他们领悟"慢就是快"的道理。

---

3. 经验交流分享

　　在教育子女问题上，每个家庭的方法是不一样的，有的科学，有的不恰当。学校

---

① 谢伟，王永中. 基于教练技术的家长学校实践——以浙江省长兴中学为例［J］. 中小学心理健康教育，2016（11）.

可以通过家长沙龙、家长茶话会等方式，以班级为单位，邀请家长坐在一起，对感兴趣的内容或育儿困惑进行交流。教师可以邀请在相关方面做得好的家长进行经验分享，让那些在家庭教育过程中遇到困难的家长虚心请教、认真学习，然后再进行互动交流，请家长彼此分享心得，为彼此出谋划策，从而使每个家长都掌握科学的方法教育子女。

这种方式以家长为主角，能够让家长敞开心扉，且这个过程中分享的经验和方法实用性强，故而深受家长的欢迎。教师通常作为主持人，要把控好交流的方向，引导每位家长都尽可能参与到讨论中，避免有人偏题跑题或占用过多时间。教师也可在其中适当分享自己的观点，但需要注意分寸，避免成为自己的"一言堂"。

4. 读书活动

与家庭教育讲座活动相比，读书活动虽然没有那么强的现场感染力，但一本好的家庭教育图书在体系建构、知识容量、便于家长细读慢思等方面，又有着家庭教育讲座所不具备的巨大优势。

案例分享

以实效为追求，创设家长学校组织形式
——上海市杨浦区探索区域家长学校建设的实践

在小学家长学校中开设"微型课堂"，结合课程主题，由案例导入进行学习，教师们通过经验分享的形式，让家长在小组中体验、感悟和总结，突出"针对性、开放性、融合性"的特点，提升家长的家庭教育能力，实现自我成长，促进家校共谋共育。在组织形式上具有"时间短，人数少，场地小"的特点。时间短——授课时间一般在20分钟左右，符合现代社会生活节奏加快的需求；人数少——参加人员的范围小，组织起来更加灵活便捷；场地小——对场地要求不高，可根据参加人数和活动内容因地制宜。

在实践中，考虑到"微型课堂"参加的家长数量少，范围小，教育的针对性强等特点，教师们应突破传统家长学校的封闭式活动形式，针对不同的活动专题挖掘学习资源，设计指导方案，将多种教学方法有机结合，如微型访谈，感悟交流，实践操作，主题辨析，在线咨询等。为了启发家长的后续思考，教师还常常会提供相关辅助资源，包括与教育主题相关的故事、儿歌、典故、视频或网站链接等。"微型课堂"时间虽短，但内容丰富并具有独特性。"我们平时工作很忙，家长学校活动的上课时间短，目的明确，非常符合我们的需求。""这种上课形式挺新颖的，虽然每次上课时间都不长，但是都很有针对性，每个家长都有机会发言。"

（二）课程安排要注重时间上的灵活性

不同家长在参加学习的时间、精力、意愿上可能有很大差别，因此学校和教师在安排家长学校课程的时候，要充分考虑家长的现实需求，特别是要注重时间上的灵活性。

例如，学校可以将家长学校的开课时间定在晚上或双休日，方便那些工作日白天没时间学习的家长。学校也可以借助网络组织家长学习，如线上直播课、音频课、小视频、公众号推文等，通常都支持回看，这样家长就可以打破空间和时间的限制来学习，避免路途中的奔波或因请假而耽误工作。

案例分享

"灯火通明"的父母夜校[①]

"灯火通明"的父母夜校是深圳市罗湖区翠北实验小学的品牌之一，也是家校共育的重要路径。每周都会有实践经验丰富的教育专家来到学校，带来理论通识课、系列方法课等优

---

① 深圳翠北实验小学：父母夜校开启幸福家庭教育［N］. 中国教育报，2018-03-08.

质课程，他们有的是著名教育专家，有的是身边触手可及的教研员，甚至有些主讲人是家长请来的。不在现场的家长能同步收看网络直播。

每一次父母夜校，都能给家长带来共鸣、思考与行动。一（1）班魏瑜桐妈妈徐霞有感而发："翠北父母夜校让人倍感温暖，为我们这些迷茫的家长在育儿路上提供了非常有力的支撑和帮助！时代发展很快，我们的孩子面临的成长环境发生了很大的变化。在孩子刚进入小学大门、幼小衔接这样的关键时期，听到老猫校长分享一年级孩子的科学育儿理念和方法，获益匪浅，不仅消除了我很多的焦虑，也让我从生活、心理、与老师沟通等方面做出适当的调整和改变。真是及时雨啊！"

五（5）班朱易泓妈张春玲说："这个学期我听过很多专家的讲座，特别是通过'正面管教'学到很多实用的工具，如'如何说孩子才会听''如何开家庭会议'等。之前他不喜欢和我在一起，因为我总是挑剔他的毛病，现在我们的亲子关系有了很大改善。之前他不喜欢和我说悄悄话，因为我不能专注地听他讲话，手上总是忙着这样那样的事情。现在我改变了说话的方式，他总是喜欢黏着我，小嘴说个不停，就连他和朋友之间的小秘密也告诉我。为了改善整个家庭的氛围，我还规定每周六晚上为家庭日，我们一起娱乐休闲，一家人其乐融融。"

随着父母夜校的影响逐渐深远，学校的老师、保安师傅、清洁工阿姨也自发地参加学习。晚上灯火通明，课后每个人都带着温暖、带着幸福从这里离开。

第3节　保障家长学校的有效运行

想要更好地发挥家长学校的作用，让家长学校不仅仅是一个"牌子"，除了内容和形式，学校还要重视家长学校的组织和运行，完善家长学校的各项规章制度，扩充、培训家长学校的教师资源，提升家长参与学习的积极性。

不少地区对家长学校的管理机制有明确规定。例如，《北京市关于进一步加强中小学家庭教育指导服务工作的实施意见》规定，家长学校由学校负责组建，学校校长兼任家长学校校长。家长学校要做到"五有"，即有规范的管理制度，有较强的师资队伍，有明确的计划安排，有系统的教学内容，有可行的成效评估。家长学校每学期至少要开展1次家庭教育指导和1次家庭教育实践活动。《青岛市中小学幼儿园家长学校规范化建设标准（试行）》规定，由校长、副校长、中层干部、年级组长、班主任、教师和家长代表组成的校务委员会，负责家长学校领导管理工作。家长学校的校长由学校校长或学校分管副校长担任。建立一支由本校干部、班主任、骨干教师和优秀家长代表、外聘专家组成的，素质优良、结构合理的师资队伍。

学校可以根据本地区教育行政部门关于家长学校的规范要求，结合学校校情、教师和家长群体特色、学生特色，建立保障家长学校有效运行的各项制度和操作规范。

一、健全家长学校规章制度

家长学校的成功运行和普通中小学校一样，需要先完善各种规章制度，做好顶层设计，完善组织结构，这样才能明确家长学校的功能和职责，做到各司其职、各尽所能，并在实施过程中不断总结、反思和提升，使得家长学校逐步规范化、科学化和长效化，减少随意性和盲目性。

健全的规章制度是办好家长学校的有力保证，能够有效加强家长学校的管理工作，促使家长学校的常态化运行。家长学校在成立初期就应尽快建立家长学校的章程及相关制度，有专人负责，针对其组织架构、职责分工、运行方式等做出明确要求。其中最重要的是《家长学校章程》，需要明确规定家长学校的领导管理小组以及分工职责，规定家长学校的课程体系建设、考勤制度、学员评价、档案管理、评价反馈等内容。

例如，有学校制定《家长学校办学纲要》，明确规定家长学校的性质、任务、教育内容、组织领导、教育手段及考核办法；建立了相应的学籍管理、经费管理、合格家长评选制度和严格的授课制度。有学校将家长学校纳入学校重要议事日程，确保家长学校"十有"，即有领导、有牌子、有教室、有教师、有教材、有教案、有计划、有制度、有考核、有档案；做到家长学校工作有规划、有计划、有宣传、有检查、有记录、有台账。

◎◎ 知识链接

青岛市中小学幼儿园家长学校规范化建设标准（试行）（有删减）①

一、组织领导

1. 高度重视。学校幼儿园应当设立家长学校，组织开展家庭教育指导服务，指导家长树立正确的家庭教育理念，掌握科学的家庭教育方法，提升家长的家庭教育能力。

2. 加强领导。建立出校长、副校长、中层干部、年级组长、班主任、教师和家长代表组成的校务委员会，负责家长学校领导管理工作。

3. 制度建设。家长学校应建立必要的规章制度，形成以家长学校章程、校务委员会职责、责任分工、学分登记、考核奖惩等为核心的制度体系。

4. 精细管理。推进家长学校全链条工作流程再造，优化工作机制，实行精细管理，确保家长学校各项工作落地、落细、落实。建立工作档案并充分发挥其作用。

5. 创建品牌。深入推进家长学校规范化、专业化和特色化建设，努力打造具有文化特色、专业高效、深受欢迎的品牌家长学校。

---

① 青岛政务网官网，《关于印发《青岛市中小学幼儿园家长学校规范化建设标准（试行）》《青岛市中小学幼儿园家长委员会规范化建设标准（试行）》《青岛市家庭教育服务站规范化建设标准（试行）》的通知》[EB/OL]，（2019-12-04）[2023-10-12]，http://www.qingdao.gov.cn/zwgk/zdgk/zdlyzt/jsly/jyly/xqjy/202010/t20201019_499931.shtml。

二、主要任务（略）

主要包括家教指导、实践活动、家校互访和政策宣讲。

三、教学管理（略）

主要包括计划总结、课程建设、教学组织、教学常规、课题引领和学员管理。

四、师资队伍（略）

主要包括人员配备、素养提升、教学研究和考核评价。

五、条件保障（略）

主要包括场所设施、挂牌标识、图书配备、经费保障。

二、完善家长学校队伍建设

制约家长学校开展的一个重要原因是缺乏优秀的教师资源，保障家长学校的教学效果需要有一支专业的家长学校教师队伍。这样就可以根据培训需要，随时从库中抽取培训教师，不会像走马灯一样，今天请一个专家，明天请一个教授，导致所讲内容重复，甚至观点相互矛盾。

（一）教师资源

班主任班级管理经验丰富，在孩子教育方面往往有一套独特的做法，让他们现身说法，可能会达到更好的效果。因此，要努力突出班主任作为中小学生健康成长的引领者和人生导师这一职能，并积极发挥各学科老师的育人作用，让班级成为学校家庭教育指导主阵地。

学校要高度重视对家长学校授课教师的培训，培训质量往往会直接影响家长学校课程实施的效果和家长参加培训的积极性。对于有意愿担任家长学校授课教师的教师，学校可以通过培训，让他们掌握成人学习特点和培训技巧，理解家长学校的课程体系和内容，从而使得授课教师在实践中不断提升家长学校的授课能力，给予家长积极正确的引导。

例如，上海市某小学创造了全学科教师进入家庭教育指导的新模式。班主任、语文、数学、英语、体育、美术、劳技、音乐、科技信息等每一位任课教师，全部进入班级对家长进行相关课程的介绍，同时将丰富的课程育人理念，正确的家庭教育指导方式，科学的身心健康评价方式传递给家长。

苏州市某小学以学生心理健康教育为突破口，针对家庭心理环境建设，努力打造一支有高尚师德、有专业素质、有创造活力的育人队伍，为学生品格成长提供正向的家庭教育指导。一方面，学校投入40余万元专项资金组织教师参加心理健康教育培训。另一方面，学校坚持"分层培训，逐级提升，研培结合，突出实效"的原则，建立多形式、多层次、立体化的培训网络，构建系统、科学、专业化的培训体系，包括面向普通教师的初级培训，面向心理健康教育教师的中级培训和面向国家二级心理咨询师的提高培训。[①]

🗂 工具箱

成人学习的特点及培训技巧

家长作为成年人，学习方式与学生有很大的区别，教师不能直接将教育学生的方式应用到家长教育中。

1. 目的性强

成人参与培训一般都有明确的目的，如为了掌握一门技能，通过某项职业资格考试或

---

① 李婧娟. 家庭教育项目学校优秀案例［M］. 苏州：苏州大学出版社，2020.

解决某个困惑。这样的学习目的能够督促成年人在学习过程中全身心投入，认真学习，但如果未能实现自己期待的目的，就很容易失去学习兴趣。

因此，家长学校的培训要从家长当前希望学习的内容或遇到的育儿困惑出发，并在发放课程通知时或在课堂开始时，向家长强调本次学习的目的。同时，可以在家长学习的过程中，插入一些小调查，了解家长学习目的的达成情况，并根据家长的反馈对授课内容进行实时调整。

2. 实用导向

相比学生进行全日制学习有相对充裕的时间，成人是利用业余时间进行学习，尤其是对于"上有老，下有小"，既要照顾家庭又要努力工作的家长，能够用于学习的时间和精力都是有限的。相比内容的全面系统，他们更在意内容的实用性。

因此，家长学校的培训要多告诉家长如何去做，而不是通篇讲大道理。但如果缺乏理论支持，单纯传授实用方法，能够起到的作用也是有限的。因为孩子千差万别，现成的方法难以照搬，只有知其然还知其所以然才能灵活应对。所以，在进行课程设计时，教师需要将理论与实践相结合，同时边讲授边做练习，从而帮助家长将所学内容应用到育儿实践中，进一步提升学习内容的实用性。

3. 基于经验

相比学生，成人具有丰富的经验。经验是成人学习的重要前提和资源，在成人学习的过程中具有不可或缺的作用。英国心理学家斯皮尔曼以实验研究结果证实了经验对成人的学习具有正向和负向作用。在学习初始阶段，他们能够利用自身经验去建构新知识，学习动机较强，但经验也使得他们固守自己的思维方式，不易接受新思想、新知识、新技术等新事物。

因此，教师要重视讲授与家长经验相关的内容和示例，既要利用家长的宝贵经验，也要避免家长"照书养"或盲目听信非正规渠道信息等问题，注意引导家长调整心态，能够接纳新知识、新方法、新理念，以免对育儿产生不良影响。

授课前，学校还可以组织授课教师进行模拟试讲，指导他们多采用本地、本校家长的优秀案例，以增强教学的亲切感和认可度。授课后，学校要建立反馈机制，要求授课教师进行总结和反思，根据家长学员对培训内容、授课方式和培训效果所填写的评价表进行效果跟踪，及时调整优化课程体系，提升课程实效性。

学校还应重视校内培训资源的开发。学校科研团队，应联合专业的高校科研机构、社会教育机构等，为本学校或本区域内的学校研发出满足学校需求的校本化家长学校课程。例如，针对一年级新生家长，学校可以编写校本教材，将学生入学后需养成的各类学习、生活、安全、文明等习惯，用图文并茂的形式，形成一年级新生学习准备期家校共育的翔实教材。

此外，学校应建立家庭教育授课教师的评价机制，给予家长学校授课教师一定的经费、时间方面的支持，并将家庭教育指导服务计入他们的工作量，在绩效工资计算上予以倾斜。对于那些在家长教育工作方面成绩突出（家长的满意度应当是评价的重要依据）的家长学校授课教师，还可以颁发奖状、纪念品等，以提升家长学校授课教师的积极性和教学效果。

（二）专家资源

学校还要充分挖掘校内外资源，努力组建家庭教育专家库，建立由学校教师为主体，专家学者和优秀家长代表共同参与，专兼职结合的家庭教育队伍。此外，社区和社会机构中也有很多家庭教育组织，有成熟的课程和教师，学校也可以和它们开展合作，共同做好家长教育。

案例分享

上海市闵行区七宝镇明强小学家长学校建立三级指导团队

学校形成一支具有较高家庭教育指导能力的核心团队，以问题为导向，理论结合实际，将家庭教育指导工作落到实处。

一方面，学校外聘全国、市、区级专业教育专家，为家长带来最新的教育理念和行之有效的教育方法。另一方面，学校积极组建校级指导团队，邀请在家庭教育指导工作方面出色的教师向全校教师、家长分享经验。同时，学校挖掘优秀的家长和社会志愿者人士长期组建志愿者队伍，积极壮大家庭教育师资队伍，保障指导的普及性。

学校家庭教育三级指导团队如下图所示：

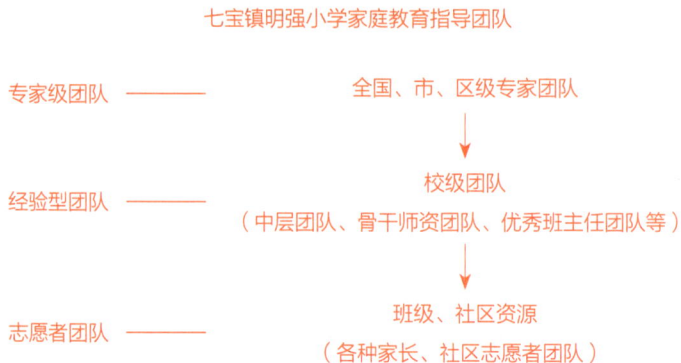

七宝镇明强小学家庭教育指导团队

专家级团队 ——————— 全国、市、区级专家团队

↓

经验型团队 ——————— 校级团队
（中层团队、骨干师资团队、优秀班主任团队等）

↓

志愿者团队 ——————— 班级、社区资源
（各种家长、社区志愿者团队）

单个学校的教育资源可能十分有限，教师队伍培养不易，对外也缺乏一定的专家资源渠道。因此，学校要主动打开家长学校专家资源的通道，与兄弟学校互通有无；区域层面也可以发挥优势教育资源整合的力量，给予家长学校人员上的支持，积极打造高素质的家长学校教师队伍，提升家庭教育指导水平。

区域层面打造家长学校育人队伍

1. 青岛市建立多元家庭教育指导团队

建立家庭教育讲师团。在全市各中小学、幼儿园中选取优秀教师组建家庭教育讲师团，一方面加强讲师团成员自身家庭教育理论学习提升及专业指导能力培养，另一方面作为全市家庭教育指导核心团队，引领全市中小学家庭教育队伍建设。

建立专家服务团队。组建由全国、省、市等相关领域专家组成的家庭教育专家咨询库，并成立由教育系统机关干部、齐鲁名师名校长组成的227人的市级讲师团，在市、区两个层面，通过报告、交流研讨、课堂教学等方式，积极宣讲家庭教育科学理念。

建立家长示范团队。选择一批积极性强，具有丰富家庭教育实践经验，在周边学生家长群体中具有一定影响力的家长，组成家长讲师团，定期开展专题讲座、主题沙龙等活动，通过家长"教育"家长，引领其他家长不断提高自身家庭教育能力。

2. 泰安市岱岳区打造四支队伍，增添协同育人新动力

打造"精英型"指导团队。通过精准培训、名师工作室带动、创课实践等方式，挖掘培养了一支以优秀教师、热心家长为主体的家庭教育讲师团，造就了一支懂家长、懂孩子、懂教育、懂网络的家庭教育工作队伍，形成了以"校创课—区应用—省展示"创课模式。近年来，指导团队先后创课1564节，较好地解决了家庭教育"最后一公里"的问题。

打造"专家型"校长团队。采用岱岳教育双周论坛、任务驱动实务指导、问题研讨考察学习及典型模式观摩提升四阶段的任务驱动式学习模式，让校长成为家庭教育的行家。

打造"成长型"家长团队。以家长空间为学习的主阵地，引导并培养家长的持续学习力。借助家长空间专业课程，解决家长学习资源不明确、不系统的问题；借助家长空间案例分享，鼓励家长学以致用，分享互动，共同提高；借助家长空间家长学习结业机制，培养家长学习习惯。目前，已培养魅力型家长600名，通过他们的示范带动，形成了全区家长良好的学习氛围。

打造"学者型"教师团队。 邀请省内外相关领域专家学者及全省各地一线优秀教师组成专家团队，在家庭教育指导、课程资源建设等方面与岱岳区深度结合，形成适合区域家庭教育发展的顶层设计规划，有序开展线上线下培训、交流。

三、建立家长学习评价激励机制

学校可以通过考勤、作业、学年召开表彰大会等方式，表彰在家校共育工作中表现良好的家长，并广泛宣传，树立榜样，推动家长正确认识和理解家庭教育，鼓励更多的家长参与其中，从而与学校教育形成合力，共同为孩子未来的发展努力。

一方面，家长学校授课结束后，教师要根据上课内容，布置相应的课后反思或实践案例作业，并对作业进行反馈。总结得经验，反思促提高，在完成作业的过程中，家长会逐渐形成属于自己的教育智慧。待所有作业汇总后，教师要进行点评和分析，大家在他人的案例中汲取经验教训，又能生成新的教育智慧。

同时，学校可以通过学习结果测试、学习积分等方式督促家长学习，并对积极学习的家长给予表彰，从而提升家长的学习积极性。积分制是借鉴企业管理的理念，将家长的学习热情、参与程度、合作成效等都用分数进行量化，用积分记录家长的参与过程，并对分数进行衡量和评比，从而激发家长的参与热情，凝聚团队精神，实现"小积分"管好"大队伍"的目标，更好地提升家长学校的教学效果。

例如，杭州市上城区推行的"星级家长执照"活动，家长可以利用看网络视频等方式学习不同课程获得积分，修满100分并通过线上测试即可获得一星级家长执照，每多修100分，星级相应提高一级，直至成为五星级家长。

案例分享

积分激励家长成长[①]

为了更好地帮助家长形成系统、科学的家庭教育理念，掌握正确的家庭教育方法，上海市奉贤区数字家长学校实行家长学习积分制。

家长在平台参与相关学习可以获得"基础性学分"和"发展性学分"；同时，家长在学习过程中进行答疑解惑、课程开发、发表经验推文等操作，也可以进行学分兑现。

根据所得学分，家长可以获得家长学校所颁发的"家庭教育学力段位证书"。"家庭教育学力段位证书"于每年7月发放，其中，2022年共计向家长发放证书45437份。这大大激发家长后续学习的积极性，同时"家庭教育学力段位证书"已纳入"贤城好家长"的评价体系中，可进一步发挥评价激励导向作用。

另一方面，学校可采用撰写学习心得及成果交流会等形式，关注家长参与学习后的收获与实践转化。学校可以每学年举办家长学校成果展示会，让家长向自己的孩子展示、汇报学习成果，让孩子为自己的父母颁发荣誉，如"作业认真奖""发言积极奖""关心集体奖"，等等。看到家长如此关心自己的成长，愿意为之学习、努力，对孩子来说本身就是一种良好的激励。

总之，家长学校要成为家长愿意来、愿意学、学完愿意用的场所，学校和教师需要在内容、形式、评价多方面进行规划。家长和学校、教师的愿景是一致的，家长学校能够帮助家长实现这样的愿景，在尝到"甜头"之后，家长自然愿意成为家长学校的"好学生"，提升自己的家庭教育能力，反过来对学校的教育工作也是一种帮助和促进。

[①] 徐龙. 数字化赋能现代家长教育——上海市奉贤区数字家长学校的实践探索［J］. 现代教学，2023（Z2）.

第 8 章

校园开放日：
一场与家长的
"浪漫约会"

教师和学校的困惑

教师1 我们工作这么忙，还要配合学校领导去搞校园开放日"作秀"，做这些"表面工作"真的有必要吗？

教师2 感觉校园开放日就是为了吸引生源吧？平时没事儿也没什么必要办，劳民伤财。

教师3 我们花了"大力气"来办校园开放日，却没有多少家长参加，就学生最闹腾，没有什么实际效果，还有必要继续办下去吗？

校园开放日就是一场学校和家长之间的"浪漫约会"，是一个能够让家长全方位、多角度、立体式了解学校、教师和孩子的好机会。俗话说"耳听为虚，眼见为实"，如果不到真实的教育环境中去体验一番，不去看一看孩子是如何学习的，教师是如何教学的，那么家长就很难真正理解学校教育是怎么一回事，也很难真正对学校教育产生认同感。

近年来，越来越多的学校开始尝试打开校门，把家长请进校园。然而，当学校在"风风光光""热热闹闹"举办校园开放日的同时，也遇到了一些问题。比如，有的教师并没有真正认识到校园开放日的价值，认为校园开放日只是"表面热闹"，并没有什么实质性的效果，反而还增加了自己的工作量；有的教师虽然认识到校园开放日的价值，却不知道如何办好校园开放日，如如何增加家长参与的积极性，如何提升开放日的效果等；还有的学校和教师没有掌握正确的方法，导致校园开放日出现了"盲目跟风""弄虚作假""华而不实"等诸多问题。

220

家校合作操作手册

给学校和教师·小学卷

那么，校园开放日对于学校和教师来说到底有什么意义？学校和教师应该如何办好校园开放日？要注意哪些问题？本章，我们将主要围绕这些问题展开讨论。

第1节　向家长敞开学校的大门

打开校门，把家长请进学校，不仅体现了学校的开放态度，也是建设现代学校的必然选择。作为家庭和学校之间联系的"纽带"和"桥梁"，校园开放日在家校共育中有重要价值。

一、什么是校园开放日

"校园开放日"原本是指学校在某个特定时间内，邀请家长、学生和社区公众等人员参观、检查学校教育教学工作，促进他们了解学校工作的一种形式。但是，由于校园开放日的主要对象是学生家长，所以有时候它又被称为"家长开放日"。

从校园开放日举办的时间来看，它通常是定期举行的，持续的时间有半天、一天、一周或者一个月。比如，有的学校会将每个星期四的下午定为校园开放日；有的学校会将某一天（如11月15日）定为校园开放日；还有的学校则会将某个特定的周（如5月的最后一周）或者某个特定的月份（如5月或者10月）设定为"校园开放周"或者"校园开放月"。

从校园开放日举办的内容和形式来看，它通常是以活动为载体的，有以某种单一的活动形式为主的单一型开放日活动，也有以某种形式为主、其他多种形式为辅的混合型开放日活动。例如，有专门展示教育成果的校园开放日，有专门庆祝某个节日

（如六一儿童节）的校园开放日，也有包含教育成果展示、民主评议、现场咨询等多种活动的校园开放日。常见的校园开放日活动类型有以下几种。

（1）观摩课堂教学：组织家长走进学生教室观摩常规课堂的教学活动，了解教师的日常教学工作、教师的素质以及学生的日常学习等。

（2）参观校园文化：组织家长参观学校各建筑物，包括教学楼、图书馆、阅览室、多媒体教室、多功能会议厅、体育馆、音乐教室、演播室等，并向家长介绍学校发展的历史等。

（3）展示学生成果：将学生在绘画、舞蹈、音乐、手工制作、体育运动等各个方面的素质教育成果展示给家长。

（4）参与亲子活动：设计一些促进亲子关系的游戏和活动，邀请家长和学生一起完成，如亲子趣味跑、亲子手工制作、亲子素质拓展游戏等。

（5）进行现场咨询：在特定的地方，安排专门的教师，帮助家长解决教育中的困惑和问题，或者解答家长关心的教育问题，如学生心理健康、家庭教育、学生习惯培养、校园安全等问题。

（6）参与学校评议：通过家长座谈会、问卷调查、网络调查、校长信箱等多种途径邀请家长对学校教育教学提出意见和建议，包括校园管理、日常教学、校园安全、家长教育等。

总之，校园开放日是一种时间灵活、形式多样的家校联系方式，也是家长参与学校教育的重要途径。

二、学校为什么要举办校园开放日

相对家长会、家访、打电话、微信等家校沟通方式而言，校园开放日给了家长"亲眼所见""亲耳所听"和"亲身参与"的机会，这种直接、生动的家校沟通方式及其带来的效果是其他任何方式都替代不了的。因此，校园开放日在家校沟通、家校共育中具有重要价值。总体来说，对于学校和教师而言，举办校园开放日活动既是一个难得的展现自己、提升自己、赢得家长的机会，也是一份不可推卸的教育责任。

（一）展示学校和教师风采，促进家校了解

通常来说，校园开放日都会举办丰富多彩的展示活动。因此，对于学校和教师来说，校园开放日就是一个大型的展示会。具体来说，在校园开放日上，学校可以向家长展示自己的办学理念、办学历史、办学成果、校园文化、硬件设施等，还可以向家长展示教师的师德修养、专业素养和精神风貌等。比如，通过课堂观摩，教师可以生动形象地向家长展示自己是如何教育学生的，也更直接地展示了自己的专业水平和教育能力。总之，校园开放日给了学校和教师一个绝佳的展示自己的舞台。

（二）赢得家长信任，改善家校关系

除了是学校和教师的展示舞台之外，校园开放日也是增进家校关系的纽带。因为学校和教师的展示，让家长对学校和教师工作有了更多的理解和认同，对教师有了更多的尊重和信任。例如，教师在课堂上自信、专业的形象就是一个生动的、极有说服力的例证，让家长看到教师的专业，认可教师的专业，从而建立对教师的尊重和信任；甚至可以即时改变家长对教师抱有的观望、质疑、不信任等不利于教师工作开展的态度，从而促进良好家校关系的建立。

一位家长在参加校园开放日的活动后感叹道："我为孩子在学校取得的显著成绩而倍感欣喜。走进课堂，看老师们上课，才知道老师的辛苦。我以后一定要积极配合学校的工作，做好家庭和学校的联合教育，让孩子幸福成长。"

（三）更新家长教育观念，促进家长参与子女教育

校园开放日活动不仅是展示校园生活、展示教师才能的机会，也是更新家长教育观念，提升家长教育素质的良好机会。一般来说，校园开放日的活动都是由教师精心设计的，体现了学校和教师的教育理念。在亲自参与或者看别人参与活动的过程中，家长能够体验到这些先进的、科学的教育理念，并在家校共育实践中践行这些教育理念。

另外，通过参与校园开放日活动，家长还可以更科学、更全面地认识自己的孩子。平时，家长可能由于缺乏横向比较，很难清楚了解自己的孩子，总是跟自己心里的预期相比，因此难免高估或低估了自己的孩子。但是在校园开放日上，家长可以看到同龄的孩子是什么样的，并对自己的孩子有一个更合理的判断。有时候，在校园开放日上，家长可能还会发现孩子身上以前被自己忽略的优势。例如，家长可能发现平时学习成绩不好的孩子在校园开放日中有很强的社交能力，在家沉默寡言的孩子其实在校园开放日上非常勇于展现自我，等等。

◎◎◎ 知识链接

成都市武侯区某小学的一项研究发现，校园开放日可以增加家长参与学校教育的意愿。例如，在2009年时，98%的家长都认为参与学校教育教学是一种负担，并不愿意参与学校教育。但是，通过举办校园开放日等类似活动后，有12%的家长从"不愿意"变成了"愿意"。

（四）广开言路，提升学校办学水平

校园开放日还是一个广开言路，促进学校教育质量和管理水平提升的好机会。平时，家长很难有机会深入了解学校，并提出自己的建议，但是定期举行的校园开放日

活动，给了家长们对学校各方面工作提出意见和建议的机会。例如，在校园开放日活动结束之后，学校可以收集每位家长对活动的反馈，了解家长的真实需求，从而进一步改进活动方案。在专门的座谈会上，学校也可以广泛听取家长的意见，进一步改进学校的教学和管理工作。总之，在家长的监督与建议中，学校的办学水平、服务意识、声誉等都将得到进一步提升。

（五）激发学生内驱力，促进学生成长

校园开放日可以促进家校共育的三大主体，即教师、家长和学生的共同成长。从学生的角度来看，校园开放日除了是学校和教师的展示会之外，也是学生们的展示会。在校园开放日上，学校通常会展示学生的素质教育作品，如绘画、手工、3D打印、编程等。这些摆在学生和家长们面前的作品，可以极大地满足学生自我展示的需求，激发学生的自信心、荣誉感以及学习动机等。校园开放日上丰富多彩的活动，如运动会、文艺表演等也给了学生一个多角度展示自己的机会，让学生可以发现自己隐藏的优势。这对于培养学生积极、乐观的心理品质有极大帮助。在校园开放日上，往往还会安排一些学生志愿者，负责接待家长和学生，或者参加一些团体活动。志愿者工作可以培养学生的社会交往能力、团队协作精神等。因此，对于学生来说，校园开放日也是一个展示才能、培养能力的良机。

总之，校园开放日是家长参与学校教育的重要形式，是家校沟通的重要渠道。举办校园开放日对于学校、教师、家长和学生来说都具有重要意义。这是一件可以实现多方共赢的事情。

三、举办校园开放日的误区

目前，举办校园开放日已经逐渐成为教育改革的潮流之一。但是，随着人们对校

园开放日的重视，近年来校园开放日也出现了一些诸如"刻意夸大""表面热闹"等不可忽视的问题。学校和教师要避开这些"坑"，才能真正发挥校园开放日的价值。具体来说，举办校园开放日，学校和教师需要注意以下几个方面的问题。

（一）避免弄虚作假

尽管校园开放日是一个展示学校、教师和学生的良好机会，是一个扩大学校影响力的良好机会，但是这并不意味着学校可以在开放日中夸大其词、弄虚作假。目前，有些学校为了扩大学校影响力，吸引更多优秀生源，严重背离了校园开放日的初衷，把校园开放日变成"招生宣传日"或者"学生选拔日"。有的学校为了展示实力，会刻意夸大、精心粉饰开放日。从长远来看，这种弄虚作假式的校园开放日不仅会破坏学校风气，破坏学校和家庭之间的信任关系，甚至会破坏学校教育在社会中的印象，带来一种消极的社会示范。

因此，为了保障学校教育的可持续发展，校园开放日应该遵循公开、透明、实事求是的原则，不刻意夸大，不弄虚作假。

（二）避免手忙脚乱

有的学校缺乏经验，或者在开放日之前缺乏充分的准备，导致校园开放日上教师出现"手忙脚乱"的现象。一会儿是学生家长临时有事，来不了了；一会儿是大风来了，把校园布置的宣传资料等吹跑了；一会儿是学生在开放日上打架了，受伤了；一会儿是家长不愿意参加活动，冷场了……总之，校园开放日上可能会出现各种情况。但是，如果学校和教师可以提前做好充分的准备，想好预案，或者提前对学生、家长进行培训等，则可以在很大程度上避免"混乱"的出现。

（三）避免唱独角戏

学校举办校园开放日的目的之一就是增进学校和家庭之间的了解。如果学校的开放日是以学校和教师为主导的，家长只是听教师"指挥"的话，那么家长就很难表达真实的想法，教师也难以真正了解家长。如果把校园开放日比作一台大戏的话，那么教师不应该是唯一的主角，家长也不能只是观众或者群众演员。一场成功的校园开放日应该是多方参与的，尤其是家长应该踊跃参加。因此，校园开放日应该从由学校和教师"独唱"变为学校、教师、学生和家长一起"合唱"。

第 2 节　如何举办一场成功的校园开放日

校园开放日是教师、家长和学生展示自己的重要舞台，是家校沟通的桥梁，是家长参与学校教育的重要途径，在家校共育中具有重要价值。那么，如何才能举办一场成功的校园开放日呢？具体来说，学校和教师需要做好以下几项工作。

一、要有明确的目的

目前，有一些学校在举办校园开放日过程中存在盲目跟风的误区。这些学校在举办校园开放日时并没有明确的目的，教师不知道为什么要这么做，好像只是看到别的学校都在搞，所以为了不"掉队"，自己也不得不"跟上潮流"。此外，当得知学校要举行校园开放日活动时，不少家长也不清楚开放日到底是干什么的，有什么用。因此，有的家长会发出质疑："你们为什么要开展校园开放日活动？""我们去了能干什么？""你们这就是在浪费我们的时间！"这导致有时候家长不愿意来参加校园开放日，或者即使勉强来参加了也不知道自己应该干些什么，走马观花地"乱逛"。这种目的不明确、"随大流"的校园开放日，不仅浪费时间和精力，收不到好的效果，还可能导致学校教师和学生家长怨声载道、叫苦连天，引发不必要的家校冲突。

因此，要想举办一场成功的校园开放日，首先应该明确目的，即清楚地知道自己为什么要这样做，最终想要达成什么目标，而不是因为"别人都在做"。学校和教师不仅自己要明确目的，还应该让家长和学生也清楚地知道学校为什么要举办校园开放日，以及自己应该怎么做。只有学校和家庭、教师和家长都明确了校园开放日的目的，才能真正投入校园开放日活动中去，实现开放日的价值。

一般来说，学校举办校园开放日可能有以下几个目的：一是加强家庭和学校之间的沟通与联系，增进家长对学校和教师工作的了解和认同，提升家长的教育能力，以便家长更好地支持和配合学校教育工作；二是展示学校教育教学成果、教师风貌等，增进家长和社会大众对学校的认同，扩大学校的影响力；三是广泛听取家长和社会大众对学校办学的意见，促进教师成长，全面提升学校教学质量和管理水平。

具体来说，学校可以在结合本校实际情况的基础上，明确校园开放日的主要目的，帮助教师认识到校园开放日的意义与价值。另外，学校还可以通过黑板报、宣传单、给家长的一封信、家长会、家访等形式加强与家长的沟通联系，对校园开放日的目的进行广泛和深入的宣传，争取家长对校园开放日的理解和认同，使家长愿意并积极参与校园开放日。

二、要做好充分的准备工作

一场成功的校园开放日应该是准备充分的，即在活动前做好预案和各种准备工作。为了保障校园开放日活动的顺利进行，学校、教师、家长和学生都需要做好准备工作。因此，学校需要从整体的角度出发，全校上下一盘棋，遵循自上而下、相互协作的原则，做好活动的策划、人员的分工和培训、场地的布置等多项准备工作。从不同的层面来看，主要需要做好以下准备。

（一）学校的准备

一般来说，校园开放日活动是以学校为主导的，因此学校的准备比家庭的准备更重要。由于学校开放日是一项面向全体的、大型的家长活动，涉及的人员很广，工作很复杂，所以需要进行全校协调。具体来说，学校的准备主要是指学校领导（校长、副校长等）层面的准备。

1. 成立校园开放日活动领导小组

学校可以将校园开放日活动作为学校的常规活动之一，并纳入学校年度工作计划。为了保障校园开放日活动有序进行，学校需要进行统一规划。例如，学校可以成立一个校园开放日活动领导小组，全面负责校园开放日活动的策划和实施。这个领导小组可以由校长来担任组长，负责校园开放日活动的总协调工作；由副校长担任副组长，协助组长做好统筹协调工作；由学校各处室负责人、教研组长或者年级组长等人担任组员，负责具体活动的策划、组织和执行等具体工作。

2. 制定校园开放日制度

在学校校园开放日活动领导小组的领导下，学校可以在集体研讨的基础上制定出具有本校特色的"校园开放日制度"，对学校的校园开放日活动进行整体规划。例如，可以明确校园开放日活动的宗旨，确定校园开放日的大致时间与形式，并且确定好学校各部门之间的分工与职责，做好突发事件应急预案，协调好整个学校的人力、物力和财力等。此外，学校还可以将校园开放日工作纳入教师的考核评价，以提高教师参与的积极性。

（二）教师的准备

教师是校园开放日活动的主要参与者，也是校园开放日活动的组织者，在校园开放日中起着重要作用。因此，教师的准备甚至比学校的准备更重要。相对学校而言，教师的准备更具体。一般来说，教师需要在开放日之前做好以下准备工作。

1. 做好心态准备

教师做好心态准备，第一，要在情感上认同校园开放日的价值，并有意愿参与校园开放日活动，而不是对开放日持怀疑态度，或者做出消极对抗的行为。第二，教师要在校园开放日中以尊重、平等、平和的态度对待学生家长，而不是以居高临下、傲慢的态度对待家长。例如，在与学生家长交流过程中，要保持亲切、温和的态度，要注意倾听、不粗暴打断对方，要控制情绪、不乱发脾气等。

2. 做好语言准备

在校园开放日中，教师要面对形形色色的家长。为了更好地与这些家长沟通，以便建立良好的家校关系，教师还需要做好语言准备。一方面，学校应当提前培训，对家长可能问的问题，想要跟教师交流的内容，让教师提前熟悉，做好对话训练。另一方面，为了保证语言的规范和文明，教师需要尽量使用普通话。但是，如果遇到一些听不懂或者不会讲普通话的学生家长时，教师也需要学会用方言与之交流。此外，教师在与家长沟通时，还需要适当注意控制语速，不要太快，也不要太慢。

3. 做好穿着准备

校园开放日是一个比较正式的活动，因此教师还需要注意在活动中的穿着打扮。总体来说，教师在校园开放日中的穿着打扮应该比平时更正式，需要保持端庄、大方、得体。在穿着上尽量穿正装，或者学校统一发放的工作装，尽量不要穿短裙、短裤等休闲装。在妆容上应该保持干净利落，女教师可以化一些淡妆，以表示对家长的礼貌和尊重，男教师可以将头发剪到合适的长度。另外，如果校园开放日上有需要一定运动量的活动，教师则应尽量穿舒适的裤子和运动鞋。

4. 做好环境准备

环境是家长进入校园和教室后的第一印象。因此，为了给家长留下良好的第一印象，也为了体现学校注意细节的办学态度，在校园开放日开始之前，还需要对校园或者班级环境进行适当的布置。例如，可以在校园里树立欢迎家长的标语牌或者在校门口悬挂欢迎家长的横幅，如"热烈欢迎各位家长来我校参加开放日活动"；可以在家长参观的路线上粘贴或者树立引路标识，引导家长游览；可以在校园宣传栏、教学楼走廊等显眼的位置展示学校办学成果，如教师风采、学生优秀作品等；可以在家长听课的教室提前准备好教材、教案、板凳等；可以在座谈会议室悬挂电子屏，并打出引导家长积极参与的标语，如"广泛征求家长意见，全面提升管理水平""坚持教学开放，加强家校联系"等。另外，学校还需要打扫好校园内卫生，提前准备好招待学生家长的茶水、杯子、点心等。

5. 关注学生的情绪和行为

校园开放日，由于家长的到来，学生往往会比较兴奋、激动，甚至会感到好奇。因此，在校园开放日之前，教师需要帮助学生做好情绪和态度的准备，让学生有一个心理准备，不至于过于兴奋。另外，为了保证校园开放日活动的正常进行，教师还需要明确告诉学生哪些事情是可以做的，哪些事情是被禁止的。例如，不能随意破坏校园里的标语、指示牌；见到家长要有礼貌，主动打招呼；哪些地方可能存在危险，需要格外注意等。对于在校园开放日上有表演或者展示的学生，教师还需要提醒他们做好准备工作，并且保持心态的平和。需要注意的是，在校园开放日之前做好学生的准备工作绝对不是要弄虚作假，而是保障校园开放日的顺利进行以及学生的安全。

6. 帮家长做好准备工作

家长是校园开放日的主要受众群体。为了让家长更加积极地参与校园开放日活动，老师还需要在开放日之前做好家长的准备工作。教师需要告知家长开放日的时间、地点和主要内容。为了体现出对家长的尊重以及对校园开放日活动的重视，教师尽量不要使用口头通知的方式，如让学生给家长"带话"来通知家长；而是应该以书面材料的形式郑重地告知家长，如制作精美的请柬或邀请信，加盖校章送达家长手中。当然，在信息化社会，教师也可以通过制作电子邀请函的方式通知家长。不过，相对电子邀请函，纸质邀请函可能显得更加正式。总之，学校可以根据实际情况选择合适的方式告知家长，让家长做好参与校园开放日的准备。

需要注意的是，除了告知家长什么时候来参与开放日之外，教师还应该在邀请函中说明注意事项，让家长知道在开放日上哪些事情是被禁止的。比如，在校园内，尤其是教室里不能吸烟，在听课时不能讲话，不能接打电话，不能随意走动，不能提前退场等。

三、要设计形式丰富、主题突出的活动

活动是校园开放日的灵魂，也是校园开放日在家校沟通中的一大优势。丰富多彩、主题突出的校园开放日活动不仅可以提高学生家长参与开放日的积极性，还可以提升开放日的实际效果。具体来说，设计校园开放日活动应该注意以下几点。

（一）校园开放日活动应该是丰富多彩的

形式多样的活动能够很好地激发参与者，尤其是家长参与的积极性，让家长更愿意参加校园开放日。另外，多样的开放日活动也能够给家长带来更多不一样的体验，激发家长的情感，在潜移默化中改变家长，更好地实现活动效果。具体来说，学校可以从以下几个方面来设计开放日活动。

1. 带领家长"看一看"

学校可以设计一些类似参观校园、观看表演的活动，带领家长亲眼"看一看"，

让家长可以多角度了解学校、教师和学生。例如，可以组织和带领家长看一看校园、教学楼、教室等学校硬件设施，了解学校的设备设施是否能够满足教学需要，了解学校的校园文化；可以带领家长看一看学生素质教育成果的照片、荣誉证书、喷绘展板等；还可以带领家长看一看学生的课间操、文艺汇演、运动会、书法展、摄影展等，了解学生在学校的学习生活。

2. 带领家长"听一听"

学校可以带领家长听一听学校领导的汇报，帮助家长了解学校的办学情况和教育理念；可以带领家长听一听学校教师是如何上课的，了解教师是如何教育孩子的；还可以带领家长听一听优秀学生代表和优秀家长代表的经验分享，了解优秀学生是如何学习的，以及优秀家长是如何教育孩子的。

值得说明的是，邀请家长进课堂听课是校园开放日的常见活动。学校在设计这类活动时需要注意合理安排课程，如要兼顾语数外音体美等不同的学科，也要综合考虑低、中、高不同的年级。此外，在听课活动中，最好可以安排一些互动环节，包括教师和学生之间的互动，也包括家长和教师、学生之间的互动。

3. 带领家长"查一查"

学校可以设计一些检查类的开放日活动，让家长更深入地参与学校教育。具体来说，可以带领家长查一查教师的备课情况，如教案是否规范，是否关注了学生的学习基础和个别差异等；也可以带领家长查一查教师布置和批改作业的情况，如教师是否做到了精选习题、分量适当、批改及时等；还可以带领家长查一查学校的管理制度是否齐全，教研活动安排是否合理，以及校园安全是否到位等。

4. 与家长"谈一谈"

学校可以设计一些具有互动性，便于深入交流的活动。具体来说，可以安排一些家长与教师之间的咨询会，方便家长就教育中的某个问题向教师咨询，如"如何培养孩子的学习积极性""如何与孩子沟通"等；也可以安排一些家长、教师和学校领导参与的座谈会或讨论会，就一些大家都比较关心的教育问题进行探讨和交换意见，如规范办学、师德师风、体罚和变相体罚、课外辅导班、有偿补课等问题。

5. 让家长"写一写"

对于不愿意口头表达的家长，学校还可以设计一些"写一写"的环节，以便更好地收集家长的意见和建议，尽可能多地听到家长的声音。例如，可以就学校办学条件、教师上课情况、学校特色活动等内容发放征求意见表、问卷调查表让家长填写；也可以专门设置一些"孩子，我想对你说""给孩子的一封信""给校长的一封信"等活动，让家长通过书写的方式表达对学校、教师和学生的真实想法。

案例分享

浙江省兰溪市兰花小学"家长开放日2.0版本"①

浙江省兰溪市兰花小学家长开放日在传统家长开放日的基础上，立足儿童视角，升级为2.0版本，具体区别如下：

首先，在主题构思上立足儿童视角。 学校将家长定位为孩子的学习伙伴，以"我们一起上学去"为主题，引导家长以平视的视角全方位、沉浸式地体验孩子的校园生活。这可以让家长显得更加真实和民主，有助于拉近孩子与家长的心理距离，让孩子不再"仰望"家长。

其次，在参加方式上立足儿童视角。 家长开放日活动分年级组织开展，采取分批次报名的方式，每次每班邀请10位家长参与活动。这么做一来在某种程度上避免了有些家长因故无法参加活动，给孩子造成的失落情绪；二来可以避免过多家长涌入校园，给学校正常的教学秩序造成冲击。

最后，在过程设计上立足儿童视角。 在家长开放日，家长全程参与孩子的学习和生活。

---

① 黄常清. 交互式家校课程的开发和实施——浙江省兰溪市兰花小学"家长开放日2.0版本"案例分析 [J]. 教书育人，2023（11）.

早上，家长与孩子同时入校，共同参与晨间活动、上午的课堂活动以及阳光大课间；中午，家长与孩子共进午餐，一起进行午间阅读；下午，家长和学生一起参与下午的音体美等课程，体验学生社团等活动。

2.0版本的家长开放日其实是"家长全天候式体验日"。它能够让家长体会到孩子一日学习的辛苦，有助于增进家长与孩子间的相互理解，同时也让家长深入了解老师一日工作的劳累，有利于促进家校合作。

（二）校园开放日活动应该是主题鲜明的

如果校园开放日的活动形式是多样的，但没有一个明确的、鲜明的主题，那么活动就会像一盘散沙，变得徒有热闹，却让家长感到迷惑"学校到底想要干什么"。因此，开放日活动在丰富之余还需要有一个鲜明的主题串起来，使活动做到"形散神不散"。也就是说，每一场校园开放日活动都应该有一个明确的主题，所有的活动都应该聚焦这个主题，围绕主题而设计。

具体来说，校园开放日的主题来源是多元的。学校可以在和教师、家长共同协商的基础上确定校园开放日的主题，也可以根据学生近期发展中遇到的主要问题，或者教师和家长在教育学生过程中遇到的主要困惑等来确定校园开放日的主题。校园开放日的主题可以直接从学生角度出发，围绕学生情绪健康、身体健康、积极心理品质、良好行为习惯、良好学习习惯等展开；也可以间接从家长角度出发，围绕如何建立良好的亲子关系、亲子沟通，如何做好家校共育等进行。总之，校园开放日主题的选择应该以遵循学生发展规律，促进学生持续、健康、全面发展为主要原则。

四、要充分尊重家长意愿，发挥家长优势

通常来说，教师在校园开放日中处于主导地位，家长多处于"被告知"的地位。

校园开放日的活动内容、时间、组织形式等大多是学校和教师确定的，家长似乎很少有发言权和主动权。这种由学校和教师"唱独角戏"的校园开放日严重忽视了家长的主体作用。因此，教师需要更多尊重家长的意愿，让家长积极主动参与到开放日活动中来；教师还需要当好开放日活动的引导者，激发家长的角色意识、责任意识，发挥家长的资源和优势，更好地促进家校共育和学生发展。

第一，学校可以通过增加开放日的次数，给予家长自由选择的机会。如果校园开放日每学期只有一次，或者每年只有一次，那么有些家长可能会因为工作等原因错过，也难有弥补的机会。因此，学校可以考虑设置多次开放日（如每学期两次），并且设置不同的主题。家长可以根据自己的时间，以及自己的需要和兴趣决定要参与哪一场开放日活动。这种做法不仅可以增加家长参与开放日的可能性，还会让家长觉得"我是自愿参与的"，提升家长参与开放日的满意度。

第二，学校可以充分利用家长资源和优势办好校园开放日。如果增加开放日的次数，那么就会增加学校和教师的工作量，导致教师工作压力过重。为了解决这个问题，学校可以充分调动家长资源。例如，学校可以邀请家长委员会成员或家长志愿者一起参与校园开放日的策划、组织工作。这样做，一方面可以让教师更多了解家长的想法和需求，更有针对性地准备开放日活动内容；另一方面也可以增进家长对教师工作的理解，增强对教师的尊重和信任。

五、要做好活动后的反馈和总结

家长在参与校园开放日过程中不免有印象深刻的事情，或者有一些意见和建议。因此，校园开放日活动结束后，教师需要及时收集家长、学生的反馈意见，做好经验总结，以便在下一次活动中改进和提升。具体来说，教师可以在活动过程中设置专门的分享反馈环节，邀请家长分享自己的感受、经验和想法；教师也可以提前设计好活动的反馈调查表，在活动结束后邀请家长填写，收集家长意见。为了方便家长反馈意见，教师可以在校园或者班级里设置专门的反馈信箱、电子邮箱等；也可以让家长将意见反馈给家委会，由家委会整理后统一反馈给学校。

对于家长的反馈资料，教师要及时进行总结，形成台账资料。然后根据需要，向上级领导汇报活动情况，包括活动取得了哪些效果，还存在哪些问题，未来需要学校提供哪些帮助等。

第 9 章

家长志愿者:
学校和教师的
好帮手

教师和学校的困惑

教师1 我们学校在统计家长谁有意愿做志愿者时，大家都积极地报名，但真到了需要家长志愿者行动的时候，来的人却寥寥无几。

教师2 为什么刚开始的时候家长志愿者非常有热情，但几次活动下来，活动的热情就渐渐变淡了，如何能让家长持续保持热情呢？

教师3 让家长过来学校帮帮忙怎么还有不乐意的？不都是为了孩子吗？稍微"牺牲"一下怎么就不行了？

教师4 有些家长做事还挑三拣四的，不是帮忙反而是添乱，那就干脆不要报名做志愿者就好了呀。

孩子的教育仅靠学校单方面的努力是难以完成的，而家长志愿者利用休息时间，不计酬劳地参与学校服务，对学校各项教育教学活动提供力所能及的支持和帮助，正是促进家校合力育人的有效依托和抓手，有利于统筹资源，合作共赢。

然而，在组织和实施家长志愿者服务的过程中，时常会出现一些教师意料之外的情况，如家长不情愿或胜任不了等情况。教师的一些具体做法有时也存在不妥之处，如乱摊派，变自愿为强迫，家长参与和学生评选挂钩等。

那么，家长志愿者对于孩子、家长和学校有哪些重要价值？学校怎么做才能利用好家长中蕴含的丰富资源，提高家长志愿者的积极性和服务效果，从而让他们成为学校和教师的好帮手呢？

第1节　什么是家长志愿者

一、家长志愿者的概念和作用

（一）家长志愿者的概念

志愿者，指的是不为物质报酬，基于信念和责任，自愿为社会和他人提供服务和帮助的人。我们这里提到的家长志愿者（又称家长义工），是指以志愿者的身份支持和协助学校各项教育教学管理活动的学生家长。

家长志愿者在国外已是一种很普遍的学校制度，家长参与的积极性高，工作范围很广，形式也很多样，如协助老师指导学生做活动，协助老师进行课前准备和课后工作，成为研学活动的助教，去图书馆整理书籍等，是家校合作的一种重要方式。

在我国，家长志愿者活动近些年来才逐渐兴起，志愿活动主要集中在学校周边交通协管、大型活动支持等方面，但不同学校家长志愿者的参与意愿和参与效果可能存在着较大差异。

例如，学校召开田径运动会，有这么一群人，他们不是学校职工，却默默承担了许多辅助工作。他们没有比赛项目，却奔忙在绿茵场上，他们就是运动会的"特殊成员"——家长志愿者。早上8点刚过，家长志愿者们就开始了一天的忙碌。孩子们排队时，他们跑前跑后维持秩序；赛场旁，他们努力抓拍运动健儿的精彩瞬间；观众席上，他们帮助老师维持班级秩序，管理纪律；入场前，他们俯下身来帮同学们把凳子摆放整齐；跑道旁，他们协助老师组织参赛运动员检录；体育组器材室旁，他们满头大汗地去搬仰卧起坐赛垫……他们以这种方式，也参与了孩子们的运动会，跟孩子们一样发挥着重要作用。

再如，北京第二实验小学早在2016年10月便成立了一支家长志愿者队伍。戴着绿色袖标的家长志愿者安全员每天早高峰在校门口前疏导过往车辆，指挥送孩子的家长各行其道，并护送坐车来的孩子安全通过马路。刚开始实行志愿者安全员制度的时候，很多送孩子的家长都不理解，但通过志愿者晓之以理，动之以情的劝导，家长不配合的现象越来越少了，家长之间还会相互提醒，极大改善了学校周边的交通秩序，缓解了交通拥堵。

（二）家长志愿者参与学校教育活动的价值

家长中蕴含着丰富的教育资源，学校正确引导和合理利用家长志愿者是家校合作的一种有益尝试，对于学生、教师和家长自身都有非常积极的影响，主要表现在以下方面。

1. 从学校视角看，促进学校改善教育教学管理

很多家长，尤其是低年级的家长，特别关心和支持学校的日常管理和教学，希望通过各种途径表达自己对学校管理和教学的意见。成为家长志愿者让家长跟学校和老师有更多的接触机会，使得他们更加了解学校教育教学的具体运作情况，也更容易发现学校管理中的问题，从而更好地为学校工作献计献策。而且，家长与教师视角的差异往往能给学校和教师的工作提供新思路。这有利于学校提升工作效率，也能在一定程度上减轻学校和教师的工作负担。

同时，家长志愿者和教师间近距离的交流，还有利于增进家长对于学校工作的了解和认同，形成家校间的伙伴关系，降低家校冲突的发生几率，使得家庭教育与学校教育更好地衔接，让老师全身心地投入到教育教学中去。

2. 从家长视角看，拉近了家长与孩子间的距离

通过参与家长志愿者活动，家长能够走进校园，参与学校或班级的各项具体工作，从而直接观察到孩子在校的学习和生活情况，并能够与许多跟自己孩子年龄相仿的学生接触。这给家长和孩子提供了共同话题，为双方进行深入交流和了解提供了契

机，有利于拉近亲子关系。有学生反映："我觉得家长义工活动很好，可以让爸爸妈妈们更深入地了解我们的学习环境和心理状况。不过，要是让我的爸爸妈妈也来做一天学生，和我们一起读书、做作业就更好了。"

家长志愿者还能为孩子树立榜样，既能让孩子认识到学习的重要性，又能提升自己在孩子心目中的形象，给孩子带来荣耀感，这对于孩子的成长是大有裨益的。孩子对于家长到学校担任志愿者，内心无比自豪。"妈妈，你工作那么辛苦，还抽时间来做志愿者，我觉得你特别了不起，我要向你学习!"还有学生表示，希望自己的父母去体验一下志愿者，帮助学校老师一起维护学校周边秩序，他觉得这样很有荣誉感。

3. 从孩子视角看，丰富孩子的学习生活，树立孩子的责任意识

学生家长的文化水平、兴趣爱好、行业和职业等各不相同，可以起到互补的作用。这其中蕴含着丰富的教育教学资源，学校不可小觑。

学校家长志愿者队伍的组建可以充分发挥家长的能力，为班级和学校活动提供支持，有利于校内外教育资源的利用和衔接，使学校的教育得以拓展。例如，家长志愿者利用自己的专业知识和技能给孩子带来有关各个专业领域的讲座，拓宽孩子的视野；或调动身边的社会资源，为孩子提供课外参观和活动场所。

同时，家长到学校担任志愿者，还会让孩子在潜移默化中了解志愿服务，增进对志愿精神的认同，从小感受到服务社会、贡献社会是每个公民义务和责任，这对于孩子责任意识的培养具有重要作用。

二、家长志愿者的服务范围

家长志愿者的积极参与是孩子健康成长的重要力量。那么，家长志愿者在学校主要做哪些事情呢？具体而言，家长志愿者的服务内容包含以下几个方面。

（一）支持和参与校内外活动

活动是学校教育教学的重要补充，家长志愿者在教师的统筹策划下协助学校和班级举办各项活动，既能给教师"减压"，又能提升活动效果。"以前最怕搞集体活动，经常一个人忙到昏天黑地，现在活动中处处可见家长志愿者的身影，只要做好统筹策划，轻松多了！"

一方面，家长志愿者要积极参与到学校的大型活动中来，如体育节、艺术节、科技节、开放日等活动的筹备、协调管理、物资采购、现场引导、摄影摄像、活动报道，等等。广州市某小学一直重视整合学校、家庭和社会资源，鼓励家长义工走进学校，走进课堂，参与到学校的各项活动中，形成了一套有效的"家长义工制"。学校举办田径运动会，赛场上随处可见家长志愿者的身影，担任出场式评委、裁判、维持赛场秩序、协助班主任管理等工作，热心为运动会志愿服务。家长志愿者和班主任老师一样，在赛场上来回奔走，通知运动员参加比赛，替运动员拿水擦汗，给运动员加油鼓劲……有的还充当起"场外教练"，耐心地为参赛选手讲解动作要领。

另一方面，家长志愿者还要在学校日常教育活动中展示特长，提供自己力所能及的支持，如根据自己的兴趣爱好、职业和专业优势，给孩子上主题课，参与"双减"课后兴趣小组等。

例如，北京市某小学积极发挥家长志愿者的从业经验和知识储备，鼓励他们走进学校"做老师"的活动尝试尤其值得我们学习。学校专门设置了"星期六课程"，课程内容涉及儿童健康、科技发展、艺术欣赏、经济金融、新闻传播等多个领域，均是由家长自主申请为学生授课，学生自愿报名参加的。在周末课堂上激发学生多元兴趣，开阔孩子成长视野，强调亲子陪伴中的"共学共成长"。在每一次课程实施时，爸爸妈妈做主讲，孩子担任"小班主任"，自己确立活动流程，制做宣传海报，设计报名表格，组织同学选课听讲。在家长申报、学校审核的基础上，"星期六课程"已形成"制定课程目标→选择教学方式→设计课程海报→组织学生选课"的实施流程。

"星期六课程"丰富了学校的教学内容，拓宽了孩子们的知识面，已成为家校共育的桥梁，班级与家长的纽带，亲子深度交流的契机。

再如，天津市某小学的做法也特别出色。学校开设了由家长为讲师的"心悦学堂"。家长依据自己的职业背景，深入浅出地为学生讲解最新的知识技能，涵盖工业、农业、医疗、教育、艺术、环保等诸多领域，不仅为学生打开了梦想之门，而且将"忠诚、责任、学习、公益"等家校共育新理念植入师生的心中。例如，"学会学习"类"心悦学堂"包括"英语学习技巧""阅读写作指导""快乐音乐点亮孩子智慧人生"等主题内容，"生命教育"类"心悦学堂"包括"关爱残疾人""从'同心抗疫'看'中国精神'"等主题内容，"金融知识"类"心悦学堂"包括"假币识别""银行基本知识"等主题内容。目前学校开展的"心悦学堂"已累计近百课时。

（二）协助校园安全管理和监督

学校安全工作关系学生的方方面面，关系千千万万个家庭的幸福安宁和社会稳定。邀请家长志愿者参与校园安全管理和监督，如交通维护，校园安全巡视，学生用餐管理等，有利于提升校园安全保障。

在苏州市某小学，每天清晨和下午，学校门口都能看到穿着红马甲的家长志愿者为学校疏导交通，帮助学生进出校门。家长志愿者到位准时，举止亲切，工作专注，为学生上下学的安全提供了坚实的保障。学校新教学楼完工时，邀请家长志愿者到校进行相关的审核工作，教室的设计、涂料的选择、跑道的铺设也都是在家长志愿者的监督下完成的。有了家长的监督，学校各项事务的秩序和质量都有了保障。

（三）支援学校其他工作

学校日常教育教学工作内容繁多且琐碎，为确保各项工作的正常运转，可以邀请家长志愿者参与一些内容明确、模式固定的工作环节，如宣传学校的教育教学理念和办学成果，管理班级微信群，维护学校公众号，整理图书资料等，从而让学校更专注于执行教育教学功能。

三、家长志愿者不是免费劳动力

家长志愿者的重要性不言而喻，但有些学校在实际组织和实施家长志愿者活动的过程中出现了一些问题，令活动效果大打折扣。具体表现在以下几个方面。

（一）直接分派任务，看似自愿，实则强迫

多家媒体曾报道家长吐槽自己被迫成为学校志愿者的新闻。有家长抱怨，每个班级每天都要派出家长到路口执勤，名义上是志愿者，如果参加不了可以和家委会主任沟通，没有强制必须参加，但实际上每个班级早就排出了家长值日表，并发在了家长群里。如果是没有老人帮忙的双职工家庭，为了参与执勤就不得不向单位请假。家长们即使私底下表示过不满，如"上班根本没时间执勤""学校为什么不能多请几个保安"，但绝大多数家长还是会配合家委会的安排参与执勤，主要是迫于一种无形的压力——"其他家长都来，你不来孩子会怎么想？老师会怎么想？就算心里有想法，也不好说，除非大家一起不来。"还有家长表示，他是"自愿来执勤"的，因为家长越是热心，孩子在班里的"地位"就越高。

学校和教师要改变家长志愿者工作任务的发布形式，否则家长会因为担心自己的孩子被"另眼相看"而只能假装自愿。学校更不能将家长积极参加班级活动，支持学校工作，作为日后评选孩子各项荣誉的标准；或家长不参与就针对孩子采取一些惩罚手段，在排座位、评选班干部时让孩子"吃亏"。家委会也有义务代表家长维护学生权利，如果出现学生被歧视性对待，家委会应出面交涉，要求学校调查，并根据调查结果对问题进行处理。

（二）让家长干学校和老师的活

家长志愿者是学校教育资源的有效补充，是教师的合作伙伴，但他们不能替代学校和教师的本职工作，该由学校和教师完成的事情还是应该由他们自己独立来完成。

类似安排家长批改、辅导孩子作业，让家长帮忙排课表、录学籍，都是对家长志愿者工作任务的乱摊派。对此有家长吐槽，"班级群已成工作群，老师是发圣旨的'皇帝'。""什么时候老师待遇这么好了，还给配助理，而且一配就是几十个。"这其实折射出了家长对老师乱摊派任务的极度不满。

孩子的教育离不开家庭和学校的配合，但家校合作的边界需要清晰，不能将学生、教师、学校应承担的本职工作转嫁给家长，不能让家长志愿者成为学校的编外教师。关于学生作业这一问题的职责界定，我国教育部门明确规定，学生作业不能变为家长作业。

（三）对家长"一刀切"，未考虑家长志愿者的多样化参与志愿

一些家长志愿者指出，自己对于参与家长志愿者活动非常有热情，但几次活动下来，感觉自己只是在完成一些琐碎的任务，很多想法并不能实现。还有家长志愿者指出，自己对于参与家长志愿者活动"心有余而力不足"。

学校在组织家长志愿者活动时，不能只考虑自己单方面的需求，还要综合考虑家长的时间、专业能力等，制订出实际、可操作的方案，并向家长志愿者明确说明其职责要求，以尽可能满足家长志愿者多样化的参与意愿，就不会再出现"统计时踊跃报名，参与时却寥寥无几"或"开始时热情洋溢，几次活动下来热情就渐渐消退了"的现象。

家长志愿者工作不是学校单方面的硬性任务分派，良性的家长志愿者团队，应当是在家长自愿的基础上，通过广泛动员、科学分类筛选组建起来的，并有完善的工作制度统筹安排志愿者活动。

一、广泛动员，招募家长志愿者

找到合适的家长志愿者是保证家长志愿者活动成功的基石。招募家长志愿者可以采用多种渠道，如利用给家长的一封信、家长会、家长开放日、家长联络群等发布招募信息，对家长进行广泛动员。

招募家长志愿者时，一定要尊重家长本人的意愿，建立在自愿的基础之上，不能强迫家长参与。为了更好地调动家长参与志愿者服务的积极性和主动性，学校和教师要对家长志愿服务的日常工作进行宣传，诚挚邀请家长来校和学生一起分享他们的经验和特长，并强调家长志愿者对学校和班级发展的重要性，从而使家长意识到志愿者的工作确实是有价值的，增加家长对志愿服务工作的理解与认同，吸引更多的家长加入志愿者团队。

例如，一所乡村小学就家长义工（志愿者）招募工作进行全面宣传，并制订了以下具体流程：①

（1）召开家长会时，派发《家长义工成立方案》的小册子，增强家长对家长义工工作的认识，感受它的意义。

---

① 李剑萍. 乡村小学家长义工队搭建的有效途径［J］. 教学研究与管理，2019（6）.

（2）以"家长义工"为主题开展中队活动主题班会，学生通过班会活动课了解家长义工，并对爸爸妈妈进行宣传。

（3）家委通过班级微信群进行宣传，并主动做好讲解和咨询等工作。

（4）学校电子屏滚动播放有关家长义工的信息、制度、方案、权利和义务等。

（5）学校的官网和微信公众号对家长义工工作同步进行宣传。

在招募时，学校还要向家长讲清楚志愿活动的要求，让家长根据自己的专业特长、兴趣爱好、空闲时间来选择适合自己的志愿者服务项目，避免出现报名时很积极，后期活动时却没有时间或不能胜任的情况。在便于学校管理的基础上，最好尽量将志愿者工作的内容和时间进行细分，以方便家长选择、参与。

相比为每次活动临时招募志愿者，建议学校每年或每学期定期对家长志愿者进行招募，形成稳定的家长志愿者团队，如果临时遇到重大活动需要较多的志愿者，再进行临时招募。

案例分享

"家长义工制"：让家长走进学校①

江苏常州市觅渡桥小学于2004年12月建立"家长义工制"，要求学生家长在小学6年中至少当一次义工。

义工制度实行之初，学校先号召一年级的新生家长担任义工，因为新生家长的热情往往比较高。但时常能看到这样的场景：家长义工往往只盯着自己孩子的班级，甚至只盯着自己的孩子，根本没有意识到义工是为全校学生服务的。

这种情况在新生家长对孩子的学习生活有了初步了解之后有所改善，他们逐渐想要了解高年级学生的学习生活，也慢慢领会到学校义工制度的根本目的，同时，高年级学生的家长

① 薛丽君，王小萍."家长义工制"：让家长走进学校［J］. 中小学管理，2008（07）.

也逐步加入义工行列。

义工制度实施两年来，已有3000多位家长走进学校担任义工，累计听课630余节，为学生递送学习用品1163件，护送学生参加演出活动及观影活动20多次，配合学校为学生体检1500多人次。有的家长已做过3次义工，有的家长因为工作时间冲突，主动要求调整做义工的时间，还有的家长工作繁忙没时间来做义工，家里的老人争相来做。

二、汇总筛选，建立家长志愿者资源库

家长根据自己的实际情况报名志愿者后，教师要详细记录全部家长志愿者的基本信息，如姓名、电话、学历、职业、兴趣特长，以及孩子的姓名和班级等。教师可以通过问卷的形式来搜集并分类整理上述信息，建立家长志愿者资源库，深入了解每位家长志愿者的优势和强项，避免使用他们的劣势和弱项，为日后有效利用这些资源打好基础。

例如，教师可以根据资源库中家长的年龄、可参与志愿服务的时间、家长的兴趣和特长等，将家长志愿者按服务类型重新分组为："专业技能"类（能让孩子获得某一领域的知识），"社会资源"类（能为孩子提供活动的社会资源），"日常服务"类（时间较为充裕的家长能为孩子的安全保驾护航），"生活阅历"类（老红军、退休干部等能言传身教感召孩子）……

三、完善制度，规范家长志愿者工作

学校应将家长志愿者作为一项常规固定的家校共育活动进行统筹安排，制订系统的家长志愿者活动计划，而不是每当遇到一个需要家长志愿者协助的工作时，才想起

志愿者，临时进行召集。

为此，学校应建立健全家长志愿者相关制度，从制度层面对家长志愿者的各项工作予以规范，并提供必要的支持和帮助，以持续激发家长志愿者工作的积极性和有效性。

🖼 工具箱

家长志愿者管理构架（供参考）

负责部门	负责人	职责
课题组	课题主持人	全面负责家长志愿者工作
各级部	级部主任	分管各级部家长志愿者工作
各班	班主任	具体负责本班的家长志愿者工作
食堂	工会主席	负责家长志愿者参与食堂管理
社团（含心理社）	各社团教师	负责家长志愿者参与社团活动
教务处	教务主任	负责家长志愿者参与设计家校合作作业等
德育处	德育主任	负责家长志愿者参与各项活动（含家访）
校长办公室	校办主任	负责报道各项家长志愿者活动
教育发展中心	中心主任	对家长志愿者工作给予及时评价和适当奖励

一方面，学校应让家长明确家长志愿者工作的参与意义、实施流程、工作内容、工作要求及奖惩制度等。另一方面，学校应完善家长志愿者组织体系，给各项家长志愿者相关工作安排分管部门和责任行政人员，从而对建立志愿者队伍、前期培训、服务过程支持、服务后的评估和激励进行系统化的管理，并为志愿者提供必要的支持，如为志愿者提供专属服装、袖标/胸牌标识、场地、物料支持等。

油甘埔小学家长义工制度[①]

一、指导思想

1. 充分发掘家长资源，合理运用家长中的人力资源参与学校管理。丰富学校教育元素，更好地为学生成长提供良好的环境和条件。

2. 加强家校之间的交流和合作，引导家长义工参与学校管理，共同完善学校建设，建立家校之间的和谐关系。

3. 满足广大家长（包括社会各界人士）关心教育、支持教育、丰富人生、回报社会的美好愿望，培育广大家长热心公益事业的社会风尚，全面提高家长素质。

二、义工人员组成

本校在校学生富有责任感，有奉献精神，关心教育，关注孩子健康成长的家长、其他监护人及社会热心人士。

三、参与时间

家长根据自身特长及工作时间安排，可以有选择地参与学校的相关活动。

四、家长义工管理网络

1. 主管行政：校长、分管家校工作的行政领导、家长委员会会长。

2. 负责老师：张××、张××。

3. 各年级：年级组组长、各班班主任、各年级组家长委员会成员。

五、实施流程

1. 每学期初，各班级进行招募和登记家长义工工作。

2. 在成立学校家委会的基础上，成立新的班级家委会。

3. 学校家委会根据学校的工作计划和要求制订家长义工参与学校各项活动的计划。

4. 实施学校家委会领导的学校家长义工参与学校管理的各项活动。

5. 班级家委会根据班主任的计划和要求，制订班级家委会的工作计划。

[①] 张永雄，毛秀蓉. 家长义工 [M]. 北京：新华出版社，2013.

6. 实施班级家委会领导的班级家长义工参与班级的各项管理活动。

7. 学校家委会和班级家委会每隔一周召开一次会议，讨论近两周来家长义工的活动情况，分析出现的新问题，制订适当的新策略，提升管理水平。

8. 学校每学年定期召开家长义工交流会，交流工作经验，分享做家长义工的感受。

9. 每学年召开一次优秀家长义工的评选和表彰大会。

六、义工工作内容

1. 安全管理（防火、防盗、防骗、防伤害、防校园暴力）。

2. 落实《未成年人保护法》。

3. 举办家长学校。

4. 维护学生生活学习制度，管理校园秩序。

5. 参与教师、学生的评先、评优工作。

6. 参与教师与学生矛盾的调解以及家长与学校、教师矛盾的调解。

7. 参与组织学校开放日活动及其他大型校内活动（运动会、文艺晚会、墙报校刊出版、对外宣传等）。

8. 参与班级和学校的文明建设，特色教室的设计。

9. 参与学校兴趣班的活动。

10. 参与课堂教学的改革和课外活动的创新改革。

11. 参与学校重大事件的讨论和决议。

12. 选出代表参与学校建设与发展的讨论和决策。

七、义工要求

1. 家长委员会根据学校的要求和需要，根据家长义工的特长和提供适合服务的时间，分好组，安排好服务时间，由家长委员会的各组组长负责通知并指导、监督、总结、反馈服务情况。

2. 各位家长义工听从家长委员会的安排，并且必须做到以下几点：

（1）准时到岗，不迟到不早退。服务期间穿义工服。

（2）加强责任感履行义工职责，完成义工的工作任务。

（3）乐于与其他义工、教师、学生交流合作完成任务。

（4）积极参加义工培训。

（5）遵守校规校纪，语言文明，服装得体，不带无关人员进校。

（6）服务完成后，填写好油甘埔家长义工服务表，归还义工服。

八、义工工作室

学校设置家长义工工作室（家委会办公室），配备相关材料及用品。义工工作室行使以下的职能：

1. 家长义工委员会有关人员的值班室。

2. 家长义工委员会开会或商量事宜的场地。

3. 接待家长的访问。

4. 接听家长的电话。

第3节　充分发挥家长志愿者的作用

　　家长志愿者队伍组建起来了，接下来要充分发挥志愿者作用，避免其沦为"免费劳动力"，而且要让家校配合愉快，就需要在组织培训、创新互动、建立评价机制等方面开展工作。对此，有些区域也相继出台相应制度，保障家长志愿者工作的积极性和有效性。例如，2019年5月，江苏省扬州市邗江区教育局发布《邗江区新家庭教育实验家长义工指南》，分别从做正向能量的传递者、做学校管理的参与者、做教育教学的促进者、做课程建设的支持者、做家校合作的助力者、做研学实践的协助者等六个方面对家长义工志愿服务进行条目式整理，具有较强的实用性和可操作性，对于学校推广家长义工活动，提升家长义工工作的水平具有重要的导引和示范作用。对于学校来说，具体需要做到以下几点。

一、组织培训，加强家长志愿者服务指导

家长志愿者来自各行各业，文化层次参差不齐。在加入家长志愿者团队初期，不少家长容易只盯着自己的孩子或孩子所在的班级，志愿活动也都围绕自己的孩子打转。因此开展活动前有必要先对他们进行系统的培训。分阶段、分层次、有计划、有组织地对家长志愿者进行培训，引导家长志愿者树立正确的教育观念，明确家长志愿者的职责和要求等，是家长志愿者活动成功的另一个保证。

（一）培训内容

学校对家长志愿者开展的培训主要包括以下内容：

首先，志愿工作的基本常识，如什么是志愿者，家长志愿者对于学校和班级的意义，家长志愿者的角色定位等。家长志愿者应"热心公益事业，践行志愿服务精神，像小火球一样，既能温暖自己，又能照亮别人"。"我为人人，人人爱我"是做好家长志愿者服务的最佳总结。

其次，志愿工作的具体内容，如时间、地点、需要完成的工作、完成的标准、学校提供的支持、需要对接的教师、对家长志愿者的激励方式等。

最后，还要向家长志愿者介绍一些与学生一起工作的技巧，如怎样与学生更好相处，哪些事可以做，哪些事最好不要做等。如果家长志愿者需要完成的工作比较复杂，如对学生进行授课等，可以进行一些实际场景模拟演练，帮助他们尽快进入角色。

（二）培训形式

培训形式不拘一格，可以采取集中线下培训，也可以线上网络培训。培训之前可

以发给家长一些文字材料便于随时查阅，如学校编制一本《家长志愿者手册》，明确本校家长志愿者的工作性质、工作内容和工作要求，在培训的时候也便于家长及时掌握相关内容。

案例分享

"安全护航"家长志愿者培训①

"安全护航"家长志愿者的服务内容主要是在每天上下学时间灵活处理校门口因交通发生的各种问题。在这一时间段，成群结队的学生和家长会频繁进出学校门口，这对于家长志愿者而言算是一项比较大的挑战。而有的家长志愿者由于内向胆小，无法很好地完成工作职责，致使有时出现设立服务岗却形同虚设的现象。

为了让家长志愿者更加出色地完成"护航工作"，学校对家长志愿者采取"榜样示范式"的培训模式，专门邀请那些外向、热情，受到家长、师生广泛好评的家长志愿者进行榜样示范，让其他家长志愿者观摩学习，并有针对性地进行"一对一"传授经验。通过"骨干带新秀"示范式培训，"安全护航"家长志愿者队伍的能力和水平有了大幅提升，师生、家长的安全出行也得到了有力保障。

二、提升家长志愿者的参与积极性

（一）重视家委会的组织作用

家委会要在家长志愿者活动中发挥积极的组织作用。由家长委员会自主决策，而不是由校方主导安排家长当志愿者，往往会起到更好的效果。

家委会应在每次志愿活动前制订详细可行的方案，为志愿活动的顺利进行奠定基

---

① 支乔"绳韵"教育——新优质学校发展之路［M］，广州：华南理工大学出版社，2021.

础。同时，在志愿活动开始前，提前通知家长，留给家长足够的时间报名，让尽量多的家长有机会参与进来。

家委会本身其实也是一个志愿者的组合，是否热心，是否愿意付出，是否有志愿精神是成为家委会成员的重要因素。家委会成员要以身作则，积极报名成为志愿者，投入校内外的各类活动，和老师们一同见证孩子成长，也给孩子们树立了榜样。

案例分享

从混乱到有序，家长志愿者做校门口的安全守护者[①]

多年来，安徽省安庆市华中路第三小学门口都有一支由学生家长自发组成的志愿者队伍，他们按照事先安排好的时间，在每天上下学的时间都会风雨无阻准时到岗，戴上志愿者袖章，穿上醒目的红马甲，站在学校门口及进出道路两侧像"交警"一样协助指挥交通，守护全校学生的安全。

目前，全校已有300余名家长参与到维护校门口交通秩序的志愿者队伍当中，身着红色服装的志愿者已成为学校门口一道别样的风景。家长志愿者多年来的坚持既保证了学生们上下学的安全，更加强了家校联系，拉近了家长间的距离。学校每年也会集中对优秀家长志愿者进行表彰，让家长和孩子一起接受全校师生的掌声和感谢，用仪式感和榜样的力量来促使学校的安全工作持续开展下去。

（二）活动多样化，努力满足家长志愿者个性化的参与意愿

目前的志愿者活动大都由学校统一组织安排，家长自愿参加，这容易忽视家长的个体偏好，或使得一些家长因为时间问题而无法参加。每次家长志愿者活动，学校都应根据家长志愿者的优势特长，可以提供服务的时间等实际情况，制订详细、可操作

---

① 方斌，徐嘉. 破解校门口"最后100米"护送难题［N］. 中国教育报，2023-09-20（6）.

的实施方案，从而满足家长多样化、个性化的参与意愿。

学校可以让有专业能力和资源的家长多去参加一些能发挥自己所长的活动，没有专长的家长也可以选择参加一些服务类的活动。鼓励时间充裕的家长定期参与志愿者活动，如固定每月一次；时间不灵活的家长也可以根据学校的临时需要，自愿参与志愿者活动。

学校还可以尝试采用集体活动与小组合作相结合的方式，集体活动即学校统一组织的志愿者服务活动，小组合作指以家庭为单位，自愿采用小组合作的方式随时随地开展亲子志愿活动。这样的亲子志愿活动可以更多地考虑家庭成员的爱好、时间和特长等，家长和孩子可以自行设计服务内容，选择更多的服务主体，如为敬老院老人表演节目，山区"手拉手"活动，社会环保行动等。活动后家庭只需向学校申报，由学校进行记录。这样的方式既可以更加灵活多样地开拓志愿活动的类型和方式，也可以最大限度地调动每个家庭的热情。[①]

三、评比表彰，建立家长志愿者服务激励机制

（一）重视对家长志愿者服务的阶段性评比和表彰

若要持续调动家长志愿者的积极性，让他们更好地焕发活力，建立家长志愿者服务激励机制，对他们进行表彰十分必要。

学校要对每一个来校做志愿者的家长给予充分的肯定和赞扬，可以邀请家长在一些公开场合接受表彰，如举办家长志愿者总结表彰大会暨新志愿者加入仪式，邀请家长志愿者上台颁发荣誉证书、感谢信、小礼物等，或请优秀家长志愿者代表分享参与志愿服务的经验和心得体会等。这让更多的优秀家长志愿者脱颖而出，让他们的经验

---

① 张润林. 学校家庭教育指导工作手册［M］. 上海：华东师范大学出版社，2020.

得到推广，吸引并激励更多的家长投身到志愿者服务中来，帮助孩子拓展知识能力，学会社会担当。

对家长志愿者进行评比和表彰，可以结合他们的服务次数、服务时间、服务质量来评价。例如，累计服务时间达到4小时的家长可以评为"三星"志愿者，累计服务时间达到8小时的家长可以评为"四星"志愿者，累计服务时间超过20小时的家长可以评为"五星"志愿者，并颁发奖章及证书。

🗄 工具箱

"优秀家长志愿者"评选方案

1. 评选目的：通过推选对学校工作支持较大的优秀家长志愿者，让家长学有榜样，营造家校共建的育人氛围，共同促进学校、学生的发展。

2. 评选对象：学校全体学生家长。

3. 评选标准：支持学校的教育教学工作，对学校（或班级）的管理、建设和发展做出突出贡献，在学校、老师、家长中形成较大的影响。

4. 评选办法：每班推出一至两名候选人，学校再根据候选家长的事迹从中推出10名"优秀家长志愿者"，在学校的办学特色展示会上进行表彰。没被评为优秀家长志愿者的，班级内宣传表扬，让学生知道他们的事迹，并优先邀请其参加学校组织的情智文化展示活动。

5. 评选要求：

（1）各班班主任负责公平公正地推荐，把真正对班级、学校贡献大的家长推选出来。

（2）班主任和被推荐家长做好沟通，填好表格，于本周五下午放学前将候选人表格交到德育处，过期视为弃权。

××小学

××年××月××日

"优秀家长志愿者"候选人推荐表

家长姓名		联系电话		家长照片
学生姓名		所在班级		
事迹介绍				
班主任 推荐理由			班主任签名：	

（二）注重家长志愿者活动的过程管理

有效的过程管理也是提升家长志愿者工作效率的好方法，有利于持续保持家长志愿者的工作积极性，避免家长志愿者产生自己在学校的工作"没人管，没人问"的感觉。

一是设立专门的工作记录本，不同时间到岗服务的志愿者都可以在本子上记录下自己进行志愿服务的情况，也便于家长了解其他志愿者的工作情况，同时使志愿者工作有记录可查。

二是建立专门的家长志愿者工作交流协调群，将志愿者凝聚起来，让家长感觉到不是只有自己一个人在做事。群里还可以定期组织一些志愿者线上或者线下的交流活动，分享工作经验并对出现的问题进行讨论，以提升志愿者工作质量。

此外，教师可以在服务过程中和服务结束后，分别了解家长的反馈，积极听取家长志愿者对于工作的感受和建议，如家长在志愿服务中的感受如何，有什么收获和成长，是否得到了充分的支持，对于志愿服务岗位设置、培训和过程管理有什么意见等。

学校和教师的认可和感谢是家长志愿者的重要动力。学校和教师要及时对家长的付出给予积极的评价，感谢家长所做的各种贡献和努力。鼓励和感谢的方式有很多种，除了定期的总结表彰，还可以在班级、学校的公告栏中张贴家长志愿者服务情况，在班级小报、学校公众号上刊登优秀志愿者事迹。另外，教师在校园中遇到参与志愿服务的家长，也应致以真诚的问候和感谢，使家长感受到来自学校和教师的认可。

第 10 章

日常沟通：
打造稳固的
家校关系

教师和学校的困惑

教师1 现在和家长日常沟通的途径太多了，哪一种才是最有效的呢？线上沟通这么便捷，线下沟通还有必要吗？

教师2 小王的家长和我联系得实在太频繁了，紧盯着孩子的学习变化不说，还什么鸡毛碎皮的事情都要和我说，是不是以为我很闲？

教师3 建立班级微信群之后，家校间的沟通的确方便了不少，但总有家长在群里点赞、投票，说一些无关的话，让其他家长不胜其烦。如何利用好微信群这把"双刃剑"呢？

教师4 和有些家长打交道真难，真想见面就绕道走，不知道有没有什么好的方法和他们进行沟通呢？

　　教师在日常工作中免不了与学生家长打交道，和家长的日常交流既是教师工作的一项重要内容，也是教师必须要掌握的一种能力。这虽然会耗费教师大量的时间和精力，但也是影响家长对于学校和教师教育看法的重要因素。良好的日常沟通，能够打造稳固、坚实的家校关系，缓冲一定的家校矛盾，有利于提升家校共育效果，促进学生发展。

　　然而，在沟通的过程中，教师需要应对各种不同类型的家长，可能会遇到各种棘手的情况。随着移动互联网的发展和新媒体时代的到来，日常沟通的方式也在悄然发生着变化。

本章我们将探讨教师与家长日常沟通最常见的几种方式，以及教师如何掌握日常沟通的技巧，灵活处理日常沟通中出现的各种问题，提高与家长日常沟通的有效性。

第1节　家校日常沟通的作用与方式

家校间的日常沟通涉及学生学习、生活、情绪、交往等诸多方面，它最显著的特点就是琐碎且即时，可能发生在各个渠道和各个时间段，几乎是每位教师尤其是班主任老师，在每天的工作中都会遇到的，是家校共育中花费时间和精力最多的一项工作。

学校和家庭共同担负着教育学生健康成长的责任，家校日常沟通既是学校教育的一部分，也是家庭教育的一部分。家校双方通过日常沟通，可以就学生的相关问题进行信息传递、对话协商、相互反馈，并在取得共识后采取相应行动，从而共同促进学生的身心健康成长和全面发展。同时，家校沟通是影响家长对于学校和教师教育看法的重要因素。因此，家校沟通不可忽略和代替，绝非可有可无。

一、家校日常沟通的重要作用

做好家校日常沟通，对于提升家校共育效果，促进学生的健康成长有着至关重要的作用。

（一）及时了解学生情况

每个学生都是不同的，家校沟通可以让教师通过家长详细了解学生的家庭背景、性格个性、兴趣爱好等，让家长通过班主任和学科教师了解孩子在学校的表现、学业成绩、学习习惯等。

例如，有的孩子向家长隐瞒真实的学习成绩，等到家长知道时，情况已经非常严重，学习已远远落下。良好的家校沟通可以让家长和教师对学生形成更加真实全面的了解，从而使教育更具有针对性和时效性。

（二）稳定促进家师关系

日常沟通有助于家校双方达成相互理解和支持。家长和教师虽然在教育孩子的过程中扮演着不同的角色，但教育目标都是希望孩子更好地发展，所以彼此间是相互平等的。

良好的家校沟通可以让家长知道教师在做什么，想做什么，为什么这样做，遇到了什么困难，需要家长什么样的帮助，从而不再随意埋怨教师，理解教师不是圣人，不可能什么都懂，什么都会，什么都对。同时，日常沟通也能够让教师更好地认识家长，不再动不动就指责家长，理解不是每个家长都有足够的能力辅导孩子学习，改正孩子的不良习惯。

（三）教师和家长及时改进教育方法

日常沟通有助于探寻更适合孩子的教育方法，帮助家长改进家庭教养方式，帮助教师改进教学方法。通过日常沟通，教师可以充分利用自己的专业优势来帮助家长掌握正确的家庭教育理念，改进不良的教育方式，如指导家长如何不催不喊培养孩子按时完成作业的好习惯。同时，教师可以通过询问家长来了解孩子心目中的好老师是什么样子，了解孩子喜欢的教学方式，从而改进教学方法。

良好的日常沟通能够促使家长和教师相互配合，形成教育合力，这对于提升学校教育和家庭教育的质量具有深远的影响。另外，对于教师而言，家长应该是重要的支持者，而良好的家校沟通有助于让教师感受到来自家长的支持，从而提升教师的工作满意度和职业幸福感。

二、家校日常沟通的主要方式

家校日常沟通的方式有很多，在智能手机、即时通信软件如此普遍的当下，随时联系家长，随时视频电话，增加沟通频率的同时，也一定程度上增加了教师沟通的负担。教师应当注意根据沟通内容，选择更加高效的日常沟通方式。

（一）即时通信工具

QQ、微信、钉钉等即时通信工具，是目前学校采用最多的家校间的网络互动平台。使用即时通信工具进行家校沟通时，教师和家长无需受时间和空间的限制，因而几乎每天都在使用。沟通时，教师通常会根据具体情况，选择在家长群中统一发布消息，或选择与家长私信沟通。

1. 通过家长群进行沟通

孩子入校后，班主任通常就会在第一时间组织家长建立家长群，从而实现与家长群体的交流。可以说，家长群几乎成了现在所有学校班级中的必备品，占据了家校共育的"半壁江山"。

家长群最主要的功能就是发布信息，通过发布孩子的课堂表现、活动照片与视频、作业内容及完成情况、班级活动通知和常规要求等，让家长及时了解孩子的在校生活，并配合完成相关班级管理工作。

同时，教师可以通过家长群组织家长进行交流互动，就班级建设、学生管理、教育难题等问题展开讨论，收集相关意见和建议。教师也可以利用家长群分享家庭教育相关学习资源，帮助家长更新教育理念，提升家庭教育水平。

2. 通过私信进行沟通

如果是与家长讨论个别孩子的问题，不适合在家长群里公开讨论，教师可以通过添加好友，与家长单独进行文字、语音或视频聊天。这替代了传统的发短信、打电话的方式。

但要注意的是，教师要控制网络沟通渠道的数量，以免因使用过多工具给家长造成混乱，建议使用一个固定的沟通渠道，避免频繁更换。此外，考虑到部分家长的网络使用能力可能较低，教师需要提前给家长这些软件的使用说明，也可以让孩子去教家长即时通信工具的使用方法。

案例分享

钉钉智慧校园促家校沟通[①]

钉钉作为无纸化办公的一个代表软件，设计了很多方便家校沟通的功能，能够有效提升家校沟通的效率。

在钉钉平台上，每一个人都是实名的，谁发言一目了然，可以实现更高效、更快速、更安全的沟通交流。钉钉平台上传输文件和信息还可以显示已读和未读，如果发现没有阅读，可以再次提醒，或直接利用短信、电话进行通知，从而确保一些重要信息不会被家长遗漏。

学校还可通过钉钉平台在线收集家长的联系方式，然后将联系方式导入钉钉平台构架，并根据不同的年级、班级进行信息编排。只有本班的教师才能查询家长的个人信息，家长可以直接通过平台联系到教师，但无法看到其他家长的个人信息，保证了信息的私密性。

教师可以通过钉钉平台布置作业，家长能够在第一时间获取作业的信息。家长还能通过

---

① 孙桂平. 钉钉智慧校园建设下的家校协同教育［J］. 新教育时代·教师版，2019（29）.

钉钉平台查看学生的个人学习报告、档案报告等，包括学生的上课情况、作业完成程度、出勤情况、德育情况等，了解孩子在一个学期或者是一个学年度具体的学习情况。

如果学生需要请假，也可以通过钉钉平台进行信息互通，如家长可以把病例表上传拍照发送到钉钉平台，这既有利于避免学生逃课、旷课的行为，也对抑制流行性传染病的传播具有重要意义。

3. 直接通过电话、微信通话等进行沟通

打电话是家校日常沟通中一种重要的联系方式，主要用于教师和家长一对一的沟通，方便教师及时向家长反映学生的在校情况，并了解学生在家的表现。教师在给家长打电话时，需要掌握一定的技巧。

一是掌握好沟通内容。长期以来，不少家长一接到教师电话，第一反应就是孩子又犯错误了，下意识地想要逃避教师的电话。这主要是因为一些教师平时一给家长打电话就是"告状"，电话中全是孩子的缺点，没有一句优点，甚至家长也要跟着挨批评，使得最后教师与家长之间产生了无形的隔阂。教师对于自己眼中的乖学生，也理所当然地不会打电话，这些家长又可能觉得教师不关心自己的孩子。

教师应明确，并不是有了问题才能给家长打电话。打电话时要多表扬，少批评，甚至不批评。如果要批评，也可以用三明治式的批评——先表扬鼓励再批评（要注意批评只针对学生的不良行为），最后再表扬鼓励，这样更容易取得家长的主动配合。

二是掌握好说话的语气。教师跟家长打电话时，表扬要诚恳，批评要含蓄，沟通要热情，建议要真诚。双方的沟通交流应当是平等的、互相尊重的，这样才有利于和家长达成教育共识，争得家长的积极配合，实现共同教育好孩子的目的。

特别是和家长沟通孩子问题时，切忌把家长当孩子一样训斥，这会严重伤害家长的自尊心，对解决问题毫无帮助。一定要心平气和地跟家长说明孩子在学校所发生事

情的经过，表明学校对孩子的处理意见，征求家长意见，商讨孩子今后的教育问题，并随时根据家长的语气来判断家长的情绪，选择合适的沟通方式。

三是掌握好时间和频率。教师跟家长打电话，在时间上尽量不要干扰到家长的休息或工作，一般放学后的时间比较合适。在频率上既不要天天打，也不要一学期只打一次，甚至没有问题就一直不联系了。需要让家长感觉到教师关心他的孩子，又不能让家长感到厌烦。除了沟通学生突发问题、学校紧急政策或其他需要紧急联系的情况外，基本上，一到两个月跟家长电话沟通一次比较合适。

（二）家长访校

家长访校常常被称为"请家长"，这可能使得很多学生和家长非常忐忑，还带着一些戒备，仿佛这种形式天然地带着一种教师向家长告状的意味。而且家长访校多是在工作时间，难免会对家长的工作和生活产生一定的影响。

其实，家长访校不仅仅是家长受教师邀请到学校来，也可以是家长主动来到学校找教师交流。它是家校日常沟通的途径之一，通过家长和教师面对面的沟通，让家校双方有更深入的了解。

1. 哪些情形适合"请家长"

为了降低家长和学生的戒备，将家长访校的效果充分发挥，教师一定要想好什么情况下才需要"请家长"。

教师应尽量选用少占用家长时间和精力的方式进行家校沟通，能短信说清楚的事情就不打电话，能打电话说清楚的事情就不请家长到校。建议只在以下情况请家长到校交流：学生出现危及自身或他人健康、安全等的危险行为；学生在校与同学发生严重冲突，尤其是有伤人或受伤的情况；学生出现严重违纪行为；学生的学习成绩严重下滑；学生出现情绪问题，情绪波动严重或非常低落。

如果不是特别紧急但重要的事情，教师可以与家长提前进行商量，选择家长方便的时间，避免访校给家长的工作和生活造成影响。在家长访校前做好准备，如何与家长沟通，学生是否需要在场，主要需解决什么问题，等等。如果是特别紧急且重要的事情，则要及时联系家长。

2. 家长访校地点选择

就家长访校地点而言，环境较为舒适的家长接待室是最为理想的，它能提供舒服且能够保护隐私的交流的空间，让家长和教师敞开心扉交流。不少学校都设有专门的家长接待室，由教师轮流值班，或由学生会成员值班，也有学校由家委会组织安排家长接待室的接待工作。

如果不具备这个条件，则尽量选择人少的环境，如会议室、阶梯教室、办公室休息区，也可以选择校园内比较温馨舒适的场所，如小花园、安静的走廊等。选择室外场所时要考虑邀请家长访校的目的，如果不希望跟家长的见面被其他学生知晓，则最好选择相对隐秘的场所。如果需要学生在场，则最好不要选择室外场所，要考虑到学生在同时面对家长和教师时，难免有心理负担，如果被同学目睹，学生的处境会更加尴尬。

3. 家长访校不能忽视学生

请家长到校时，不能完全将学生排除在外，教师可以在交流内容合适的情况下请学生一同进行交流，免得学生猜测老师到底说了什么，担心自己被"告状"。毕竟家校合作的受益对象是学生，尊重学生的知情权能够保护师生关系和亲子关系，避免学生对家校共育产生负面印象。

如果沟通时觉得学生在场不便，或沟通时间与学生上课有冲突，教师可以提前简单告知学生交流内容，让学生有心理准备，并在家长离开后，也简单告知学生交流情况。

家长接待室

有些学校没有专门的家长接待场所，教师与家长谈话通常在教师办公室进行，然而办公室是公共空间，一来会影响其他教师办公，二来也会因为谈话内容涉及学生和家庭的隐私而产生尴尬，不利于谈话的深入。有时谈话不得不在走廊、大厅、教学楼外等空间进行，环境不舒适，人来人往也容易受到打扰。因此，一个专门接待家长来访的家长接待室是非常必要的。

家长接待室能够体现出学校对于家长来访的欢迎姿态，让家长和教师的交流有专门的场所，同时，也通过机制的设立为主动来访的家长开了一扇方便之门。

"家长是朋友"是南京一所学校的办学理念之一。①既然是朋友，来了总得有个坐的地方吧，学校相信家长接待室和教室一样重要，不但设立了总的家长接待室，还在教学楼的每一层都分设了家长接待室。

接待室内饰以蓝、白色为主基调，营造一种安静、纯净的氛围；接待室的布置采用依墙摆放软沙发的会客接待模式，家长位居右，处主宾位。这样的设计，传递的是平等和尊重。

在此基础上，学校还设立了每周四下午的家长开放日。每到这一天，校长、中层干部以及班主任都会热情接待来访的家长。

另外，校方还制定了教师接待家长的"五个一"礼仪规范：一个微笑、一个起身、一声问候、一个让座和一个道别。

（三）纸质沟通媒介

相对于无形的网络信息，纸质材料是有形的，便于长期保存和后续多次回看，从而更有温度，能更好地实现家校沟通中情感的传递。因此，教师在使用网络化日常沟通渠道的同时，不能忽视传统的纸质沟通媒介，二者相辅相成才能取得更好的效果。

---

① 李建华. 原来我们可以这样"近"[J]. 新校长，2018（4）.

1. 家校联系本

家校联系本类似于美国学校的小纸条。在美国，老师和家长的日常沟通多是通过传小条，学校在开学前会发放印制好的留言条，学生请假或有特殊事情要跟老师沟通时，家长早上写好小条，放进孩子书包，交给老师。

作为家校联系的重要渠道，家校联系本的适用对象是教师、家长和学生，然而在实际操作中，却是以教师留言为主，家长和学生较少有自由表达意见的空间，使得家校联系本变成了"记作业本"，或是教师的"告状本"。为了充分发挥家校联系本的作用，教师要注意以下几点。

一是丰富家校联系本的内容。 除了单纯地记录作业和作业完成情况，家校联系本还可以记录学生最近一段时间在学校和家庭中各方面的表现和评价，或记录学生在学校和班级特色活动中的完成情况，如在学校组织的"书香家庭"活动中，记录学生的家庭阅读情况。

二是给学生发言的空间。 除了教师的留言和家长的意见，家校联系本中还应该给学生留一些书写的空间，如设立"请听我说"板块，让学生写出对教师和家长评价的看法，也可以让学生进行自我评价，表达自己的心声。

三是邀请家长共同评价。 很多家长只是在看了家校联系本之后写上"已读"，很少填写家长留言。建议教师向家长说明如何填写，并根据学生的情况给家长一些个性化的小任务，请家长在家和学生一起完成，并将完成情况写在家校联系本上，从而提升家长填写的积极性。另外，教师也要认真填写对学生的评价，使家长受到感染，愿意花更多时间和精力去填写。

2. 家长信

相比班级群和家校联系本的信息，家长信会显得更为正式。很多家长对于微信群中的信息可能只是一扫而过，但拿到家长信时通常会认真阅读，因而起到更好的信息传递效果，让家长感受到学校和教师对学生教育和家校共育工作的重视。

家长信更适合于一些特殊节点和重要活动，频率不必过高，每学期2次左右即可。例如，在学期初、学期末或大型活动前夕，学校或年级会统一制作家长信。教师也可以以班级的名义发放家长信，与家长分享班级近期的情况、学生们的进步、家校共育工作的开展情况、下一阶段需要家长重点配合的工作等。

第2节 家校日常沟通的原则与策略

家校日常沟通因其频率高、事情碎、针对性强，对家师关系有重要影响。而良好的日常沟通，也能反过来促成良好的家师关系。因此，在进行家校日常沟通的时候，教师需要掌握一定的沟通原则与沟通策略。

一、家校日常沟通的原则

（一）平等交流，互相尊重

教师作为家校沟通的主导方，不能因为自己具备一定的教育专业知识，或是因为传统的"师道尊严"思想，就以主导者的身份自居，用一副居高临下的姿态"教训"家长，要求家长只能配合和支持，使得家长在沟通中只能处于从属的地位。

例如，某家长在班级微信群里和老师一言不合，可能就被老师要求退群，而其他家长都保持沉默，没有一个人站出来帮着说话。这样的沟通关系自然是不平等的，这样就把家校关系变为了"斗争"关系，家长只能屈服于教师"高人一等"的话语权，否则就可能失去通过班级群获取班级信息的机会。

教师与家长交流时，应使用商量、询问等较委婉的语气，切忌命令、质问、批评家长甚至对家长发泄情绪，绝不能因为学生的表现而对家长的态度有所不同，如对学优生家长的态度好，对"学困"生或犯错误学生的家长态度差。教师对待每个学生的家长都要做到公正公平，避免家长感到被歧视，甚至将这种情绪迁怒于学生，使亲子关系破裂。

此外，教师与家长沟通时，切忌自己一味地讲，而是要注重家长的主体性地位，积极发挥家长的能动性，做到耐心听取家长的意见，虚心接受家长提出的建议，以一种平等待人的心态和互相合作的意识与家长进行沟通。教师只有抱着平等的心态，才能使自己家校沟通的言行让家长感觉到真诚和善意，奠定友好沟通的基础。

（二）客观陈述，忌主观偏见

在沟通学生问题、特殊问题等情况时，教师需要首先厘清事件思路，尽量进行客观表述，切忌因为自己的主观意见甚至偏见，对事件发表先入为主的看法，丧失了客观公正的态度。就算家长或学生有明显错处或问题，教师也不要一打电话就是责难、批评，应就事论事，对事不对人，尽量采取正面表达，给家长一些台阶下，及时解决问题最重要。

（三）沟通内容不只学习

教师和家长的日常沟通一定要聊一聊成绩以外的内容。虽然孩子的学习情况一直是家长和教师沟通的重要内容，但不应是唯一的内容。除了成绩，教师更要跟家长强调孩子的"变化"，如学习情况是否有变化，学习态度是不是变得更主动、学习方法是不是变得更合理；再如情绪状态和行为方式是否发生变化，近期情绪上有没有大的波动，有没有"出格"的行为表现，有没有新的同伴群体，有没有发生师生冲突等。

针对不同年龄段的孩子，教师跟家长日常沟通时要有不同的侧重点。例如，对于

一、二年级的孩子，教师要指导家长积极培养孩子形成良好的行为习惯与学习习惯；对于三、四年级的孩子，教师要引导家长关注孩子的学习分化问题、勤奋感与自信心等的培养；对于五、六年级的孩子，教师则要多引导家长注意孩子青春期生理和心理的变化以及小学毕业和升学等相关事宜。

（四）不能忽视对家长的教育指导

大多数家长都未接受过系统的家庭教育培训，对儿童教育理论不是很熟悉，对子女的教育往往也只能在工作之余进行，所花费的精力和时间都是有限的。虽然一些家长认为教育孩子就是学校和老师的责任，但更多家长是"望子成龙""望女成凤"的心情，愿意配合老师和学校，期待给孩子最好的家庭教育。

因此，教师要通过家校沟通充分调动家长的教育热情，不要只是"叫家长"指出学生的问题，而是为家长提供相应的教育支持，指导家长学习家庭教育知识和技能，并考虑到不同家庭的养育压力和困难，根据实际情况提供专业帮助，从而引导家长应用科学合理的方法来应对家庭教育中出现的各种问题，让孩子在成长的每个阶段都能实现健康成长和全面发展。

（五）保护好学生和家长的隐私

教师要注意保护好学生和家长的隐私，特别是随着互联网时代的发展，家校沟通的方式也变得越来越灵活。只要在有网络的环境中，教师和家长就可以通过手机、平板、电脑等设备随时随地进行沟通联络。教师需要具备相关的信息素养，以免将信息泄漏在网络上。

教师不可随意讨论学生和家长的个人信息及家庭信息，不能在微信朋友圈或工作群随意传播，即便是用于教育用途，也需要适当修饰（如隐去姓名、遮挡头像），以免给学生和家长带来不利影响。在收集、汇总的信息涉及学生和家长隐私时，教师不能直接在班级微信群发布消息，而应进行一对一定向沟通，如一对一向家长发送孩子的测验成绩，一对一向家长收取家庭信息表等。

家校间的日常沟通绝不是小事，它有技巧，有方法，只要教师努力探寻和学习，本着一颗共同为孩子负责的心，多换位思考，就一定能和家长一起促进孩子的成长。

二、家校日常沟通的策略

一个班级有几十个学生，家长的教育背景、职业、性格自然不尽相同。有的家长特别注重孩子的教育，注重孩子平日里的一言一行；有的家长特别溺爱孩子，总是无条件满足孩子的要求；有的家长对孩子放任不管，认为教育只是学校老师的责任……教师需要掌握一些日常沟通的策略，才能更好地面对各种类型的家长，让家校沟通产生预期的效果。

（一）运用同理心，学会换位思考

人与人之间的沟通需要一个很重要的特质就是同理心，也可以称为换位思考、共情能力，指的是理解他人的立场与观点，感知他人的情绪与感受的能力。家长在社会生活中扮演着多重角色，教师要学会站在家长的角度看待问题，根据家长不同的身份、背景，所处的不同环境进行沟通。

教师和家长所处的环境不同，立场不同，角度不同，看问题的方式不同，得出的结论往往也不同。倘若沟通双方只站在自己的立场看问题，最终结果通常是不欢而散。教师要学会从家长的角度去思考，理解家长的情感和认知，冷静应对家长的不良情绪，切忌在公开场合对家长批评指责，避免因为冲动而破坏沟通的氛围。在此基础上再判断家长的认知是否合理。

教师在与家长日常沟通时可以使用"同理心地图"来解决问题。当家长和教师教育理念不一致，而对教师的某些教育行为产生质疑时，教师可以试着这么沟通。

（1）看：教师首先要看清楚家长提出的教育观念是什么，并了解家长持此教育观念时所处的社会背景和立场，为什么家长会认为教师的理念是不对的，要带着开放的心态去和家长沟通。

（2）听：教师要听听其他家长的声音，即别人对该家长所持的教育观念是如何评价的。

（3）想：教师可以尝试揣摩家长头脑中所想的内容，了解他们最关注的事情，并感受家长此时的心情，避免家长带着情绪难以沟通。

（4）说和做：教师要容许家长畅所欲言，了解家长的观点和做法，先取得家长的信任和支持。

（5）收获和问题：教师可以以学生的实际情况来分析在家长观念下教育行为的利弊，再陈述自己的教育理念以及这种教育理念对孩子成长的影响，从而找到解决问题的正确途径。

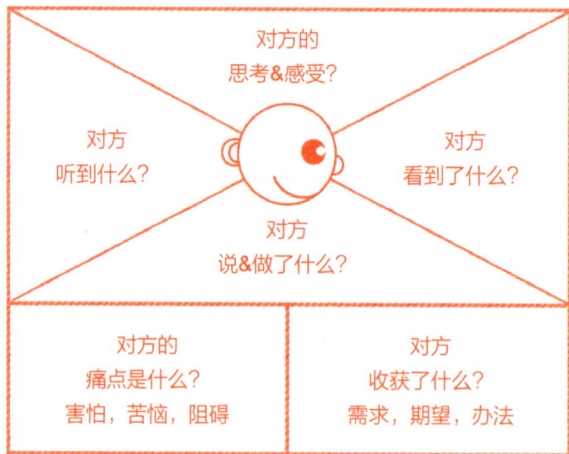

图10-1　同理心地图

需要注意的是，同理心并不意味着要完全同意对方。教师可以对家长的困难、痛苦、文化水平有限等产生同理心，但不需要认同他的不当行为。在此基础上，可以与家长进行真诚沟通，争取观点达成一致，解决问题。

案例分享

家校沟通，应换位思考

李同学是低保家庭的孩子，父亲身体残疾，全家靠母亲一人操劳。这让李同学很自卑，很少跟同学交流，怕同学看不起她。李同学学习也没有自信，经常不完成作业，考试成绩在及格边缘徘徊。

在李同学又一次没交作业后，老师把她母亲请到了学校。面对有些惶恐的母亲，老师并没有直接把李同学的情况告诉她，而是先表扬了李同学的一些进步，最后才指出她基础不牢固、学习不自信等一些学习上的不足之处。

李同学在一旁显得很意外，母亲则对老师连连道谢，并说道："我们家里穷，供孩子上学很不容易，平时也拿不出多少钱……"从母亲的话中，老师意识到孩子的自卑很大程度上是受到了家长的影响，于是继续跟她的母亲说了些李同学的优点，让她坚信老师没有放弃她。

谈话过后，老师发现李同学有了明显地改变，作业完成得一天比一天好，并且还结交了几个"小闺蜜"，老师也继续向她母亲反映她在学校的进步。这次成功的家校沟通主要得益于同理心，教师要客观地看待和解决孩子身上的问题，注重倾听，学着换位思考，站在对方的角度看待孩子的问题。

（二）学会反应式倾听

说与听，是沟通的两大要件。但大家往往都急着说，却少有人用心听。被听见就是被重视，它满足了自我表达以及与他人沟通联系的需要。一个优秀的倾听者往往更容易获得对方的信任。教师在和家长沟通时，应该耐心地倾听家长的表述，不要随意打断，生硬制止。特别是家长主动要求沟通时，往往都是积聚了一段时间的诉求或者是有突发事件，如果教师耐心听家长倾诉甚至是发泄完，往往可以缓和家长焦躁的情绪，从而开始理性的讨论和交流。

尼可斯归纳了成为一个更好的倾听者所需的各项技能：①

1. 搁置自己的需求

好的倾听有两个步骤，一是听进去说者说的，二是让他知道我们听见了。如果教师只关注自己的需求，必然无法听进去家长所说的。所以好的倾听者要先搁置自己的需求，这也是倾听中的核心。

2. 保持同理心

同理心要求以感兴趣、开放的心态，来了解对方要说的，也尊重他人的个别性。教师可以想一想，如果我是学生家长，我希望老师怎样对待我的孩子？假如我的孩子也在这个班，我是不是也会用同样的方法和心情去做这件事？假如我的孩子在这个班，他最希望我怎么做？

3. 运用反应式倾听

反应式倾听指的是重述刚刚所听到的话，这是一种很重要的沟通技巧。教师的反应可以让家长知道教师一直在听他说话，而且也听懂了他所说的话。

但反应式倾听不是对方说什么就重复什么，而是需要转化成自己的语言，简要重述对方的重点。教师可以尝试使用以下的句式，"你听起来……""你看起来……""你是不是感到……？"

---

① 麦克·P·尼可斯. 好好说话第一步：学会倾听［M］. 北京：文化发展出版社，2018.

家校合作操作手册

给学校和教师·小学卷

（三）使用非言语沟通

在日常沟通中，当教师需要向家长传达一个"立意良好但可能引起听者负面情绪"的信息时，可以通过语气、语调、面部表情和肢体动作等非言语沟通，来显示自己真诚积极的态度，从而更容易获取家长的合作。因为当一个人说话的语调、面部表情和肢体语言，与其说话的内容不一致时，人们倾向相信语调、面部表情与肢体语言，而不是他所说的话。

例如，当教师向家长沟通孩子在学校的问题时，若表现出负面的责备态度，那么即使口口声声说"我是为了孩子好"，家长也会呈现本能的防备状态，甚至抵触这位教师。但如果教师采用真诚、同理且关怀的态度，重点落在帮助家长共同解决问题，那么即使说话的内容是在指出孩子的问题或缺点，家长也能感受到教师对孩子的用心良苦，容易接受教师的建议，这样的家校沟通才是更有效的。

（四）善用我信息（I message）

在日常沟通中，教师和家长言语交流的句子可能都以"你"为开头："你不应该……""你怎么会……""你要……"。以"你"开头的句子，有的是含有价值判断的陈述，有的是带有权威、敷衍的对话，有的是责备的口吻，这些会让对方有被谴责的感觉，当然也就不愿意沟通了。

只要简单地转换成以"我"开头，就能更充分地传达自己的想法，让对方更了解自己的心情和想法，以达到有效的沟通。因为"我信息"是一种具体的陈述，可以让人感受到"对事不对人""就事论事"的感觉。

"我信息"通常包含三要素：具体事件、自己对此事的感受和自己的期待。我们可依照以下三个步骤运用"我信息"：描述行为，即不加评判地描述出当前的行为和事实；表达感受，即具体描述该行为对你的影响，坦诚说出自己的感受；表达期望，即让对方知道你想要什么，给予对方与你配合的机会，当对方对你有要求时，表达出自己的困难，学习如何拒绝。

🔲 工具箱

"我信息"的沟通方式练习

练习一

事件背景：学生上课聊天。

描述行为：我在上课的时候，看到过很多次你家孩子在和同桌说话。

表达感受：这种行为不仅会影响周围同学，也不利于他自己上课学习知识，我感到很着急，他需要认真听讲。

提出期待：我希望和你一起告诉孩子，如果有问题，下课再和同桌讨论，上课要保持安静。您看可以吗？

练习二

事件背景：家长不愿意来学校，"躲着"老师。

描述行为：最近几次邀请您来学校，您都说没有时间。

表达感受：为了反映孩子的情况，改进孩子的行为习惯，我只能频繁给您打电话，实在抱歉，但是孩子的事情很重要，我迫切需要跟您面谈。

提出期待：我希望您能尽快安排好时间，来学校与我沟通孩子的情况，可以吗？

总之，家校日常沟通做好了，就能建立起相对稳固的家校关系。这种关系不仅能够加深家校共育的效果，对学生成长形成方向一致的教育合力，同时，在面临一些沟通误会、家校矛盾甚至家校冲突的时候，也能为问题的解决奠定良好的基础。

第3节　打造正能量的家长群

随着移动互联网的发展和新媒体时代的到来，传统的家校沟通交流也在悄然发生着变化，特别是用于家长和老师交流互动的家长群（微信群、钉钉群等）已成为学校教育中不可忽视的一种沟通方式。家长群建立的初衷在于迅捷、高效地完成教师对全体家长或大部分家长的信息沟通。但是，家长群种类繁多，功能不一，成员不一，容易管理混乱，也会造成家长的负担，甚至令家长产生反感。

一、"令人头疼"的家长群

不可否认，建立一个集班主任、任课教师、学生家长于一体的家长群，有利于老师与家长间的交流互动，可以让教师和家长全面了解学生，更好地实施学校教育和家庭教育（见图10-2）。

然而，经常有教师觉得自己花费了很多时间和精力，却难以收到很好的效果，对群里各种琐碎的信息感到"心好累"。一些家长表示，见过家长群里的家长疯狂夸老师的、发鸡汤文的、推销产品的、炫耀孩子的、晒工资的，还有爸爸妈妈爷爷奶奶外婆外

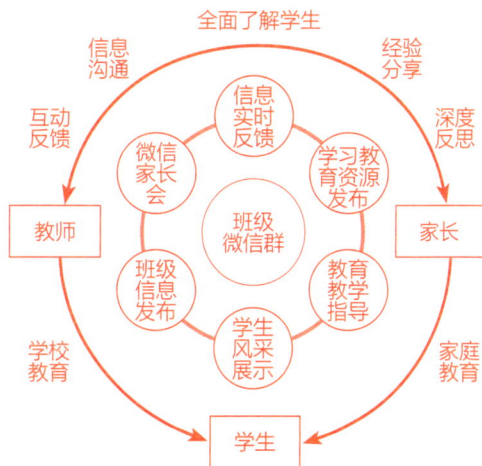

图10-2　以微信群为基础的家校共育模式[①]

① 董艳，王飞. 家校合作的微信支持模式及家长认同度研究［J］. 中国电化教育，2017（2）.

公齐上阵的……我们要清醒地看到家长群存在的一些弊端，不能让家长群成为教师和家长潜在的负担。

（一）家长群数量泛滥

目前，学校要求家长加入的群可谓五花八门：班级通知群，班级讨论群，家委会群，语文、数学、英语等科目群、学习小组群，学生社团群……教师组织家长入群前根本没有考虑家长的实际情况与感受，仅为自己方便。

家长几乎每天都要在这些群里签到、填表、做问卷调查、点赞投票、上报学习情况等，有的群甚至还要求家长在群里上传检查作业的照片、视频等。不同家长群中各种信息"狂轰滥炸"，成为强加给家长的负担，特别是不顾时间早晚的信息让家长更加不胜其扰。

"压垮成年人，只需要一个家长群"一度成为社会热点。有家长表示："家里两个孩子有16个群，语文向前冲、数学加油群、英语视频发布群、家长信息发布群、家长讨论群、家委会群，还有托管辅导群、特长辅导群。衡量来衡量去，哪个也不能屏蔽不能退。"

（二）"夸老师"信息刷屏

有时候，家长群逐渐沦为比赛家长与教师之间感情亲疏、为孩子争夺关注度的工具，"排队"点赞，"盖楼"感谢教师，以及一些无意义的回复"老师收到了"，"老师费心了"，成为家长群信息的主要特征，也被大家调侃为"拍马屁群"。这不仅浪费了家长和教师的时间精力，还可能让一些家长遗漏教师发布在群里的重要信息，同时暴露了教师、学校与家长之间的信任危机与沟通障碍，更折射了教育公平性、公正性、透明性等"痛点"。

（三）无关信息过多

家长群中总是会有家长发布一些无关信息，比如给孩子的作品集赞、投票，向群内家长推销、卖东西……或是在群里炫耀孩子的成绩，晒各种旅游的照片，与其他家长攀比孩子的学习和表现、家庭条件、家长资源等，让原本家长对学生和教育的关心悄然变成"我强你弱，我有你无"的家长间的较量。还有的一家三代人都要入群，每天在群里轮流询问教师孩子的情况，让其他家长不厌其烦。这些无关的群消息时常成为群内冲突的导火索，导致无辜的孩子受到指责，可能影响孩子的心理健康，给孩子的成长带来不可挽回的伤害。

（四）教师在群内言论或做法不当

教师在微信群中的做法也时常引发家长的热议，如在微信群发布学生成绩排名，批评学生，只发表现好学生的照片，都可能让家长产生不满而导致过激言论。此外，教师在管理家长群时的一些做法也可能与家长产生冲突。这些事情如果处理不当将影响教师与家长间的关系，甚至伤害到孩子，违背家长群加强家校沟通的初衷。

（五）隐含虚假信息

此外，利用家长群诈骗的新闻也屡见不鲜。2019年11月在西安市长安区某小学一年级的班级群内，有人冒充班主任在群里通知要收取300多元的资料费还把收款二维码发到了群里，几分钟后就有家长陆续将转账成功的截图发到了群里。类似的利用家长群诈骗的事件时有发生，不法分子利用家长微信群漏洞混入家长群，寻找时机冒充老师骗取家长的钱财。

为此，教师在建立家长群之前就要对家长群进行规划和设计，制定清晰有效的群规并贯彻执行，从而最大限度地方便家长准确了解信息，提升微信群交流的效率和效果。

二、设定家长群规则

最好的家校沟通，是个性化的，根据教师自身的特点和家长的特点而有所不同，没有放之四海而皆准的方法。家长群也是这样，只有带着教师自身特色的群才具有更强的生命力，让教师觉得这是一件有趣的工作，能体会到跟家长沟通的成效，而不仅仅是完成任务。为此，教师需要从以下几方面对家长群进行规则设立。

（一）确立群功能

家长群可以有各种功能，除了最基础的发布通知和说明家长需要配合学校完成的事项外，还可以用来开家长会，解答家长的教育困惑，探讨家教方法，等等。

当家长群的功能增加时，可以完成更多的家校共育工作，然而也会让群内的信息量大大增加。每位群成员都需要看更多的信息，花费更多的时间和精力，而且当信息量过大时，不利于群成员的快速浏览、记忆和查找。

因此，教师需要提前做好规划，设定自己最希望在班级群中实现的功能，建议选择三个左右即可，其他功能可以通过其他家校沟通的渠道来实现。

（二）制定群规则

管理三四十个甚至更多家长，并不是一件容易的事，最重要的是有所有人共同认可的群规则。在建群初期，教师可以根据群功能，拟定群规则，对发言内容、发言规则、发言时间、违规人员处理方式等做出详细规定，将规则发布在群里，征得家长同意之后，共同执行。

此外，教师应引导群中所有群成员修改群名片，格式诸如"张三—张珊珊爸爸"，一要保证实名制，让家长学会为自己的言行负责；二要注明和学生的关系，让教师能够一目了然知道是谁在发言。

案例分享

家长群规则

各位亲爱的爸爸、妈妈们：

欢迎大家来到××班，很高兴与大家相遇，未来的日子里我们会陪伴孩子们一起成长。为了共同促进班级工作的顺利开展，我们在班级群里进行约定，望大家能遵守：

1. 班级微信群的建立是为了让大家及时了解学生在校情况，并更好地进行家校之间的联系。

2. 请大家理解老师的延迟回复，老师在带班期间不能使用手机，如果大家要与我们沟通，请在晚上与我们联系或者留言。

3. 已经在群里的爸爸妈妈可以邀请孩子的其他直系亲属进群，但仅只限于直系亲属。

4. 班级微信群主要用于沟通交流班级与孩子的情况，请大家发布积极正面的信息，不要发布购买物品、集赞或者拉票之类的信息。

5. 有关孩子的个别问题，请大家单独与老师进行沟通。请假信息不要发在微信群中，请提前与老师联系，单独进行请假。

6. 如果个别家长之间交流较多的，可以私下进行沟通，若在群内有讨论，请不要太晚，以免影响他人休息。

不少地区还直接为当地学校微信群的管理出台了具体细则，帮助教师更好地与家长进行交流，促进家校合作。

案例分享

浦东新区教育局关于加强学校班级微信群管理的通知

为更好地利用现代化网络信息技术，让老师和家长、学生之间的沟通联系更加紧密畅通，促进老师与学生、家长共同成长，共同进步，共创文明和谐校园，现就加强学校班级微信群管理工作通知如下：

一、建群宗旨

1. 严格遵守国家法律法规及相关网络信息管理规定。

2. 班级微信群仅用于学校发布通知、家校信息沟通交流，不得发布与家校联系无关的消息、言论，不做聊天使用。

3. 禁止出现诋毁学校及师生形象，有违社会公德，不文明，侮辱性的语言，以及带有不良政治倾向、宗教色彩的内容。

二、入群范围

1. 本班班主任及任课老师、学生家长及监护人可入群，禁止无关人员加入。

2. 群成员一律实名制，教师命名规则：教师姓名；学生家长命名规则：学生姓名+爸爸/妈妈或直接出现学生姓名。

三、使用公约

（一）对老师的要求

1. 班级微信群由班主任管理或任课老师管理，班主任为第一责任人，负责群成员实名制、聊天监管、违规提醒处理等。

2. 不定时检查群成员，不应加入人员应予以清退。

3. 老师可在群内发布有关学校或班级教育教学活动，学生的每日家庭作业，以及与教育教学活动有关的教育信息等，相关信息应符合教育教学的相关政策规定。

4. 不得在群内公布学生的成绩排名或对比学生成绩的信息，不得发布学生的负面信息。

5. 不得就个别学生的问题在群内进行讨论，探讨个别学生的具体教育问题可与其家长直接打电话或当面沟通协商。

6. 不得与家长发生争执，当家长在群内出现负面情绪时，应当引导家长通过其他途径解决。

（二）对家长的要求

1. 家长对学校、老师的意见和建议不要在群内发布，如有需要应直接联系相关老师，或来信来访向校方提出。

2. 不得发布带有煽动性、过激性的言论。

3. 不在群内发布广告、推销商品或与本群无关的信息。

4. 未经班主任同意，不得擅自邀请非本班级家长进群。

5. 因老师上课或工作繁忙不能及时回复家长发布的信息，家长可另行致电老师，以便提供及时回复，确认信息。

四、学校监管

1. 请学校安排专人负责班级微信群的综合管理协调，及时发现问题，积极介入处置。

2. 学校家委会要做好对家长正确使用班级微信群的宣传，起到正确的引导作用。

3. 学校一旦发现微信群有恶意攻击学校、老师、学生或家长的情况，可将相关人员清除出群，并依法依规做出进一步处置；当出现倾向性、危害性问题，可能造成一定影响的，应当及时上报。

三、做好家长群的日常维护

家长群面向人员众多，家长成分也比较复杂，谁都可以随意截图、录屏家长群内的聊天记录，因此，教师尤其要注意在群内"谨言慎行"，自己的发言要注意礼貌、规范，对言辞不当的家长也要做好引导。因此，在确立群规则之后，教师需要注意家长群的日常维护，让群内氛围友好、善意，高效、清晰，一切以学生教育为最终目的。具体说来，教师可以采取如下措施。

（一）集中发布信息

家长群最重要的功能是发布学校的各种通知信息。不少家长抱怨学校发来的信息太多，应接不暇，手机一会儿响一下，严重影响家长的工作和生活。班主任要对各科教师发布信息进行规划，可以由班主任整合后统一发送，或者约定一个时间由各科教师集中发送，使家长形成习惯，每天在固定时间接收教师发来的信息。同时要求每位群成员，包括教师，都尽量在工作时间发布信息，早上七点之前和晚上十点之后尽量不要发言。

另外，教师要在家长群里建立与家长分享学生当天在校情况的习惯，对于当日发生的班级活动，还可以向家长分享照片、视频，从而让家长了解学生在校的情况。这种做法在入学初时尤为重要。但要注意所公布的内容要面向全体，不要每次只发布部分学生或表现优异的学生的照片、视频，尽量让所有家长都能在家长群中看到自己的孩子。

（二）点名表扬，匿名批评

教师在家长群中通报班级近期情况时，不要公布成绩和排名信息。要先从表现好的地方开始，对全部或部分学生进行表扬，可以点名；再对不良表现进行通报，但需注意尽量不点名，保护学生的个人隐私，避免家长看了不舒服，可以在集中交流之后再单独与这些家长沟通。

（三）清楚说明需要家长如何回应

教师可以在建立家长群时同时建立两个群：一是信息通知群，教师在发布信息时，对于不需要家长回复的信息，如每日例行发布的内容，就尾注"不必回复"；而需要回复的信息则标明"收到请回复"。这样可以使家长清楚知道自己如何有效回应，避免群中信息量过大，难以找到有用信息。二是经验分享群，家长可以在里面畅所欲言，分享家庭教育经验，解决家庭教育过程中遇到的困难等。

如果有家长发布一些不适合发在家长群里的内容，教师要学会婉言提醒，做好家长群中的引导者。同时，教师可以与家长明确家校群的互动时间，比如，"晚上8:30以后尽量不在群里发消息了，以免打扰大家休息。如果遇到特别重大的事情，可以跟老师单独联系"。

（四）邀请家长担任群管理员

管理群是一件费时费力的工作，会占用教师大量的时间精力。教师可以在新生入学后注意观察，找到意愿强、有时间、有能力的家长，邀请他们协助教师管理家长群。

这既能使家校沟通的内容更具有针对性，也能在一定程度上减轻教师管理家长群的压力。另外，家长管理员从自身角度给出的建议，可能会让其他家长更容易接受和信服，增强了家长对于家校共育的参与积极性。

但是，家长群的群主一定要是班主任，不能把家长群的组建工作也推给家长。只有群主才可以"@所有人"，发布群公告，对群成员的发言进行管理，从而维护群的纪律。

🗂 工具箱

家校网络交流平台"五要五不要"①

2018年9月，青海省西宁市西区教育局出台了家校网络交流平台"五要五不要"管理规定，规范区属各中小学校、幼儿园微信、QQ工作群等家校网络交流平台的管理。

"五要"：

1. 发布信息要符合教育方针、政策。要把平台交流的作用发挥好，要体现教师管理水平和素质，不违反教育收费政策，要控制信息发布的数量，引导广大家长、学生喜欢平台交流。

2. 发布信息要注重实效。要利用平台提高工作效率，减轻广大家长、学生的负担。

---

① 西宁城西区明令家校网络交流"五要五不要"[N]. 青海新闻网，2018-09-30.

3. 发布信息要传递正能量。既要引导广大家长、学生遵循正确的价值取向，又要把交流平台作为传递党的声音、反馈校情民意、推进工作落实的重要手段。

4. 发布信息要文明有礼。不随意组织无关人员在工作群交流。礼貌、规范、温和地使用语言，一般情况下不使用语音交流，注意区分朋友群和工作群，不滥用私人化表情。

5. 发布信息要规范严谨。要尽量减少信息往来次数，特殊的QQ或微信通知，应当参照正规行文规范要求。

"五不要"：

1. 休息时间不要发。信息发布要在工作时间内（特殊紧急情况除外），切实保障广大学生、家长的休息权利。

2. 作业、成绩排名等不要发。学生作业教师要当堂布置，不得在交流群中发布。不得发布学生考试成绩。批评、表扬不发，拉票评比不发。平台交流人员必须为实名。

3. 未经区教育局许可的求助、慈善、募捐等活动信息不要发。尤其是教师因工作需要建立的微信、QQ工作联系群，严禁在教育行为上"超纲"。一般性通知等，原则上不点赞、不回复（确需回复个人信息的，不得在群内回复，要回复给个人），避免"拍马屁群"的出现。严禁刷屏，相同内容不要重复发。严禁教师乱建群，教师不得加入家长交流群。

4. 与工作无关的言论、图片、链接等信息不要发。做到政治敏感话题不发，涉密资料不发，涉黄、涉赌、涉毒不发，不明来源负面新闻不发，违法违规信息不发，自觉维护网络交流平台环境的洁净。与工作无关的商业广告或商品营销不发，严禁教职员工成为"微商"，避免"广告群"的出现。

5. 他人隐秘信息不要发。各单位对掌握的个人电子信息要严格保密，不得以电子表格、文档等形式随意发布学生的家庭住址，不得泄露、篡改、毁损、出售或非法向他人提供个人电子信息。

第 **11** 章

一个都不能少：
做好处境不利
学生的**家校共育**

教师1 找家长有什么用？我们开家长会来的全是爷爷奶奶，学生的父母都外出打工了。我们在上面讲，老人家在下面讲。他们不理解学校的要求，也没有办法好好配合学校工作。

教师2 流动儿童的家长没有本地的家长配合老师的工作，家长为了挣钱很少关心孩子的教育，基本不参加学校活动，有时候打电话不接，发信息不回，家访不在，家校共育真的很难做。

教师3 有些学生一到放假就回老家去了，等放假回来，作业没有做，之前学的知识也忘得差不多了，严重影响教学进度。

教师4 有些学生父母离异后，都有了新的家庭，都不愿意管孩子，我们作为老师也没有办法。

特殊家庭学生（留守、流动及离异家庭儿童）由于常年生活在不完整的家庭结构中，或者受家庭经济条件差，父母工作不稳定，教育水平低等多种因素的影响，他们在教育中往往处于不利境地，因此有时他们也会被称作"处境不利儿童"。大量研究发现，相比普通儿童，这些处境不利儿童在学业、心理健康、社会适应、人格等多方面的发展更容易产生问题。这些儿童更容易出现抑郁、焦虑、孤独、自卑等消极情绪，性格上也比较孤僻、敏感，生活满意度和幸福感也比较低，还容易出现厌学、逃学等学习问题。[①]另外，处境不利学生的家庭教育和家校共育问题也比较突出。因此，如何做好这些学生的家校共育工作也是目前学校教育中一个不可忽视的重点和难点问题。

第1节　处境不利学生家校共育的一般策略

目前，我国的处境不利学生群体基数较大，做好这些学生的家校共育工作，不仅可以帮助这些学生更好地融入学校生活，帮助我们更好地实现学校教育目标，还有利于促进教育公平、社会进步。

知识链接

什么是处境不利学生？

所谓"处境不利学生"（disadvantaged student），顾名思义就是指生活在不利于儿童成长的环境中的学生。这些不利环境可能是来自家庭方面的，如父母离异，家庭经济收入低，单亲家庭，留守和流动家庭等；也可能是来自学生自身方面的，如身体有缺陷，学习有困难，心理或行为有问题等；还可能是来自学校方面的，如学习成绩不好，被同学欺凌、排斥等。

简单说，处境不利学生是指在家庭环境、经济保障、竞争能力和社会地位等方面都处于相对弱势的学生。

[①] 高一然，边玉芳. 流动儿童家校合作特点及其对儿童发展的影响［J］. 中国特殊教育，2014（6）.

一、做好处境不利学生的家校共育意义重大

无论是从提升学校教育效果的角度来看，还是从促进社会进步的角度来看，做好处境不利学生的家校共育工作都具有十分重要的意义。

（一）解决学校教育中的"痛点"问题

与普通学生相比，由于缺少家庭的温暖，缺乏家长的正确引导等多方面因素的影响，处境不利学生更容易遭到同学的歧视，更容易出现缺乏自信、缺乏幸福感和安全感、逃学、打架、人际关系不良、情绪易波动等心理和行为问题。[1]因此，这些学生往往是班级中最让教师感到头疼的一个群体。并且，这个群体有逐渐扩大的趋势。因此，从学校教育的角度来看，如何做好这些学生的教育工作也一直是我们在教育教学中的一个"痛点"。如果我们能够做好这个学生群体的家校共育工作，那么将有助于提升这些学生家长的素质，改善这些学生的不利处境，从而帮助这些学生更好地融入学校生活，帮助教师更好地实现学校教育的目标。

首先，做好处境不利学生的家校共育，有助于对家长进行再教育，改变家长的教育观念，提升家长的教育能力，从而改善孩子的成长环境。对于留守、流动等特殊家庭的学生家长来说，由于家庭经济条件限制，他们很容易在"努力赚钱"和"陪伴孩子"之间迷失自己；由于文化水平所限，他们很容易采取错误的教育方式对待孩子，如溺爱孩子，或者重物质、轻精神等。通过家校共育，学校和教师可以在一定程度上改变这些问题，让处境不利学生的家长意识到"陪伴比赚钱更重要"。另外，对于隔代教养的留守儿童家庭来说，家校共育也可以在一定程度上提升祖辈的教育素养，改

---

① 张现翠，胡现永，杜中华等. 处境不利儿童的心理发展现状与教育对策研究. 引用自青少年心理健康与社会适应教育培育学术论文集［M］. 石家庄：河北华图文化传播有限公司，2019.

变祖辈的家庭教育方式，如可以通过家长会、专家讲座等方式让溺爱孩子的爷爷奶奶意识到"爱孩子要有度"。

例如，弋阳县有一所学校大约有500名留守儿童，学校通过组织"异地家长会"的方式，让留守儿童家长深刻地认识到"陪伴是最好的教育"。最后，有30多位家长决定回家创业，给孩子更多的陪伴。对于父母双方都在外打工的家庭，则改为留一方在家。

其次，做好处境不利学生的家校共育，可以促进学生更好地融入学校生活。通过学校教育和家庭教育的共同努力，可以帮助处境不利学生养成良好的行为习惯、健康的心理品质，并获得更多的社会支持。例如，对于留守儿童来说，由于父母常年不在身边，祖辈缺乏正确的家庭教育方法，可能会养成不讲卫生，写作业磨蹭等不良的生活和学习习惯。这些不良的习惯进一步导致学生不受同学欢迎，无法正常融入学校生活。学校通过家校共育，指导家长做好学生的习惯培养之后，有利于改变学生在学校的处境，帮助学生更好地适应学校生活。

最后，做好处境不利学生的家校共育是教师的一份教育责任，有助于教师积累教育智慧，丰富教育经验。教师作为家校共育的"主力军"，也作为处境不利学生的"重要他人"[1]，在处境不利学生的家校共育中有着不可推卸的责任。近年来，多份关于家校共育的政策文件都明确提出了要做好处境不利儿童的家校共育工作。例如，2019年2月中共中央办公厅、国务院办公厅印发的关于《加快推进教育现代化实施方案（2018—2022年）》表示"要加强对留守儿童的关爱和保护，强化家长的法定责任"。2019年全国妇联和教育部等九部门印发的《全国家庭教育指导大纲（修订）》也明确提出要做好流动、留守、离异、重组等特殊家庭，以及智力障碍、听力障碍、视觉障碍、肢体残障、精神心理障碍等特殊儿童的家庭教育指导工作，并对如何做好这些工

---

[1] 吴重涵，戚务念. 留守儿童家庭结构中的亲代在位［J］. 华东师范大学学报（教育科学版），2020（6）.

作提出了工作方向。可见，做好处境不利学生的家校共育工作是学校和教师都不能忽视、不能轻视的一项"份内事"。

另外，对于教师来说，做好处境不利学生的家校共育工作并不是一件容易的事情。这需要教师在掌握一般学生成长和教育规律的基础上，还要掌握这些特殊学生的成长和教育规律。因此，教师为了能够做好处境不利学生的家校共育，就需要不断学习新的知识，发现新的问题，分析新的问题，解决新的问题。这个过程对于教师来说其实也是一个绝佳的成长机会。

（二）促进教育公平和社会进步

第一，做好处境不利学生的家校共育也有助于促进教育公平。所谓教育公平，简单来说就是"不让一个学生掉队"。但是，处境不利学生由于父母文化水平低、经济条件差、家庭结构不完整等诸多因素的影响，在教育中也处于不利的境地，没有办法像其他学生一样顺利完成学业。在现实生活中，这些学生可能会受到其他学生的排挤。如果学校和教师不给予他们更多的关注，不努力解决他们的问题，那么这些学生就很可能"掉队"。反之，则可以很好地解决这些处境不利学生在教育中面临的不公平现象。

知识链接

2015年中国儿童人口状况

根据2015年全国人口抽样调查数据估算，2015年，不能与父母双方一起居住的儿童达9560万。不能与父母双方一起居住的主要是受人口流动影响的儿童，包括农村留守儿童4051万人、城镇留守儿童2826万人，以及流动儿童中不能和父母双方一起居住的1884万人，合计共占不能与父母双方一起居住儿童的92%。[1]

第二，做好处境不利学生家校共育也有助于促进社会稳定。随着经济和社会的发展，目前处境不利儿童是一个非常庞大的群体。这个庞大的群体又有很多潜在的问题，如更差的学业表现，更差的心理健康状况，更差的社会化程度等。如果这些问题处理不好，这些处境不利学生就很有可能成为影响社会和谐稳定的风险因素。反之，如果学校能够做好家校共育，有效弥补这些处境不利学生在家庭教育方面的缺失，就可以帮助这些学生健康成长，更好地融入社会。

二、处境不利学生家校共育目前存在的主要问题

总体来看，目前处境不利学生的家校共育水平普遍低于一般学生。对于教师来说，做好处境不利学生家校共育面临的一个最大问题就是"难"。只要谈起这个问题，教师们往往都会表示"真的很难""我们也没有办法"。造成教师们在这个问题上"有心无力"的原因很复杂，有学生家庭因素的影响，如学生家长文化水平低，工

① 吴重涵，戚务念. 留守儿童家庭结构中的亲代在位 [J]. 华东师范大学学报（教育科学版），2020（6）.

作不稳定，经济条件差，家庭结构不完整等；也有学校和教师自身的原因，如学校缺乏相应的制度，教师时间精力有限，专业水平有限等。具体来说，做好处境不利学生的家校共育，教师主要面临以下挑战。

（一）家长缺乏家校共育意识，家校之间难以达成合作

做好处境不利学生的家校共育，教师面临的第一个"拦路虎"就是家长共育意识薄弱，家校之间难以达成合作。首先，教师们经常面临的一个问题就是"找不到人来合作"。对于处境不利学生来说，父母长期不在身边，教师要找到参与合作共育的人很难。有教师就表示自己经常"联系不到家长"，有的教师表示"打电话没人接，发短信很少有人回复"，有的教师表示"家访碰不到学生家长，他们要晚上八九点才下班"。[1]还有的教师表示，有些家长即使有时间，也不愿意配合学校工作。有的家庭还存在互相推卸教育责任的情况。例如，有些留守儿童父母在外打工，爷爷奶奶在家照顾孩子。当教师联系家长，希望他们配合工作时，父母和祖辈之间会互相推诿。当教师联系奶奶时，奶奶表示："我不是孩子父母，你找孩子他妈。"当教师联系妈妈时，妈妈表示："我不在家，你找孩子他奶奶。"另外，这种互相推卸教育责任的现象在离异家庭中也比较常见。

（二）家长教育能力有限，家校共育无处着力

教师面临的第二个"拦路虎"就是家长素质不高、教育水平不够，从而导致家校共育找不到着力点。家校共育需要家庭教育和学校教育共同起作用，才能够达到最佳效果。也就是说，家长的教育水平是制约家校共育效果的重要因素之一。现实中，很

---

[1] 李跃雪，崔钰歆. 流动儿童少年家校合作存在的问题及优化建议——基于S市中小学教师的访谈 [J]. 教育观察，2019（8）.

多处境不利学生往往来自农村或经济欠发达地区，学生家长的受教育水平相对来说也比较低。他们能够为学生提供的家庭物理环境、心理环境等都相对比较差。这导致学生能够得到的家庭教育是有限的，甚至有可能是有偏差的。例如，有的留守、流动儿童家长根本没有时间与孩子交流，对孩子进行教育；有的家长虽然想教育好孩子但是不具备相应的能力；有的家长则过于关注孩子的学习成绩，对孩子在学习上有很高要求，却忽视了孩子情绪、品德、性格的养成；有的离异家长还会故意营造孩子与父母之间的对立和矛盾，导致孩子出现心理和性格问题。

（三）教师自身信心和能力不足，家校共育难以深入

对于这类学生的家校共育工作，当然不如一般学生来得轻松。因此，教师容易产生畏难情绪，这也是很正常的。

由于在家校共育实践中屡屡碰壁，如多次联系家长没有得到回应，或者多次邀请家长参与学校活动没有成功，教师对处境不利学生家长的合作共育不再抱有希望，也不认为他们具有合作能力。因此，当谈起这些学生的家校共育问题时，教师们通常是满面愁容、满脸尴尬的。例如，有研究通过对教师的访谈发现，教师们关于留守儿童家长说得最多的是"找家长有什么用""找家长，人家还不理你呢""对家长也不抱什么希望了""叫家长来也是大眼瞪小眼"。如果长期处于这种信心不足的状态，教师有可能会陷入"习得性无助"的境地，不再愿意联系家长，并逐渐忽视对处境不利学生的家校共育，最终导致这些学生的家校共育工作难以深入开展。

另外，教师自身精力和能力不足也是导致处境不利学生家校共育工作难以深入开展的一个重要原因。现实中，虽然大部分学校和教师都能够意识到做好处境不利学生家校共育工作的重要性，也有做好这项工作的意愿，但是由于教育教学工作任务重，时间和精力不足，以及不知道怎么做，导致最终无法深入开展这项工作。例如，有的

教师表示："我能保证大部分学生不出事就行了，真的没有太多精力去照顾这些特殊家庭的学生。"有的教师则表示："我已经尽力了，还是搞不定这些家长，他们太难打交道了。"

三、做好处境不利学生家校共育的一般策略

做好处境不利学生的家校共育工作对于学校和教师来说意义重大，但这也不是一件容易的事情。总体来说，这需要学校、教师和家庭共同努力。从学校和教师层面来看，主要可以从以下几个方面入手。

（一）转变观念，重视处境不利学生的家校共育

要想做好处境不利学生的家校共育工作，首先要从观念上重视它。学校要帮助教师正确认识做好处境不利学生家校共育的重要性。

与一般家长相比，与处境不利学生的家长打交道，教师会遇到更多的麻烦或困难。比如有的家长不会讲普通话，只会说方言，教师听不懂；有的家长文化水平低，沟通交流存在困难等。因此，教师有时会出现"选择性沟通"，在无意间逃避与这些家长的沟通交流。这在无形中减少了处境不利学生家校沟通的频率。

因此，学校需要加强宣传和培训，营造积极的家校共育氛围，在潜移默化中让教师意识到做好处境不利学生的家校共育和做好普通学生的家校共育同样重要，甚至更重要。学校还可以通过制定"家校共育合同"，加强家校共育理论培训等方式，帮助教师明确自己在处境不利学生家校共育中的职责和义务；或者通过多举办校园开放日、家长会、家访等方式，增进教师对处境不利学生家长的了解，增强教师对做好处境不利学生家校共育工作的信心，增强教师的自我效能感。

（二）创新方法，做好处境不利学生的家校沟通

研究发现，目前教师与处境不利学生家长之间的沟通明显没有与普通学生家长之间充分。实践中，教师也表示处境不利学生家长沟通比较困难。这与处境不利学生的家庭有很大关系。对于留守儿童来说，他们的父母大多在外务工，很少有时间回家，孩子的教育主要由家里老人承担。对于流动儿童来说，他们的父母往往生活压力比较大，工作时间长，很少有时间关注孩子的教育。对于离异家庭儿童来说，他们的父母在有了新的家庭后，也很少有时间参与孩子的教育。有些离异家庭儿童可能从小就和祖辈生活在一起，很少受到父母的照顾。面对这种特殊情况，如果学校和教师仍然沿用传统的家长会、家访、电话、短信等方式开展家校共育工作，那么就很难达到理想的效果。因此，如果学校和教师想要改善处境不利学生的家校共育情况，尤其是家校沟通的尴尬状况，就需要根据这些学生的家庭特点，进行方式、方法的创新。具体来说，学校可以从家校沟通的对象、内容、频率和方式四个方面进行创新。

1. 选择合适的沟通对象

做好处境不利学生的家校沟通，学校和教师首先需要选择合适的沟通对象。因为一旦沟通对象选错了，最终的沟通效果就将大打折扣。对于普通学生来说，家校沟通的对象通常是学生的父母，但是对于处境不利的学生来说，他们可能并没有和父母生活在一起。因此，很多学校和教师可能会把处境不利学生的照看人或者"代理父母"（通常是孩子的祖辈，如爷爷奶奶等，或者叔叔、舅舅等其他亲戚）当成主要的沟通对象。这么做也许是学校和教师的"无奈之举"，但是这些"代理父母"始终替代不了孩子的父母，教师和"代理父母"之间的沟通也没有办法取代教师和真实父母之间的沟通。

有时，教师容易"钻牛角尖"，将主要精力放在处境不利学生的祖辈、亲戚等"代理父母"身上，希望他们能够积极参与家校共育。如果从这些"代理父母"身上难以取得良好的沟通效果，不妨试着跟学生的父母沟通，虽然父母不在学生身边，但他们

才是影响学生最重要的因素，是学生的精神支柱，他们也一定希望能够最大程度地参与学生的成长。所以，教师可以帮助这些父母创造条件，参与到家校共育中来。

2. 选择合适的沟通内容

学校和教师需要根据沟通对象的不同，及其在文化水平、接受能力、教育期望等方面的差异提供差别化的沟通内容。

第一，学校和教师需要根据不同的沟通对象选择不同的沟通内容。对于处境不利学生的父母来说，教师沟通的内容既要包括学生的学业成绩方面，也要包括学生的品德、行为习惯、心理健康、人际交往等成长方面。此外，教师还需要将沟通的重点放在帮助学生和父母建立良好的情感联系，增进亲子感情上。对于处境不利学生的祖辈来说，教师则可以增加隔代养育的沟通内容。例如，教师可以告诉学生的爷爷奶奶，不要在学生面前破坏父母在孩子心目中的形象，告诉他们帮助学生和父母建立良好的联系有利于学生健康成长。

第二，学校和教师需要根据沟通对象的文化程度、接受能力、教育期待等提供不同的沟通内容。对于文化程度低、接受能力差的学生家长，教师要尽量使用简单、直白的语言，告诉他们具体应该怎么做，而不是讲太多的大道理。

3. 选择恰当的沟通频率

与普通学生家长相比，处境不利学生家长的时间、精力可能更有限。因此，为了适应这些家庭的特殊情况，不耽误家长的工作时间，又保证家校之间的有效交流，学校和教师还需要注意调整家校沟通的频率，以及家校活动的次数，不能太多也不能太少。太多，可能会引起家长的反感，太少，则可能达不到沟通效果。总体原则就是，在保证沟通效果的前提下，保证最低沟通频率。比如，一学期至少保证两次重要的家长会，一次家校活动，每个星期至少一次日常交流等。

4. 创新沟通形式

对于留守、流动和离异等处境不利学生来说，由于空间的阻隔及时间的限制，家长可能很少有时间与教师进行面对面的沟通。因此，传统的家长会、家访、校园开放日等家校沟通形式都会变得不实用。然而，随着时代的发展，网络和可视化通信技术在不断地成熟。这也为教师和处境不利学生家长的沟通创造了新的契机。因此，教师可以充分利用信息化的手段，打破时空隔离对家校沟通的限制，在传统家校沟通的基础上，拓宽与处境不利学生的沟通渠道。例如，通过"云端家长会"帮助留守学生建立与父母的情感沟通；通过学校新媒体账号保持与家长的日常沟通；通过主题式家长学校，帮助父母科学处理孩子不在身边的亲子关系；通过"给家长的一封信"等纸质沟通方式，增加沟通的仪式感，拉近家校距离。此外，我们还可以为处境不利学生和家长建立专门的"爱心信箱"，为他们的家校沟通开辟出一条"绿色通道"。

（三）巧借外力，丰富处境不利学生家校共育资源

做好处境不利学生的家校共育不应该单纯依靠某个学校或者某个教师的力量，而应该努力丌拓学校、家庭、社会等多方资源，集中力量解决问题。具体来说，学校可以开拓以下资源，做好处境不利学生的家校共育。

1. 开拓家长资源

如果能够利用好家长资源，学校和教师可以省很多力气。有时候，有些问题教师和家长之间很难达成一致，但是家长和家长之间却能达成共识。因此，学校和教师需要利用好家长，如学校可以成立"留守儿童家长委员会"，或者"关爱留守儿童家长委员会"，增加留守儿童家长参与学校活动的机会。学校还可以组织一些在家的、有能力、有热情、有时间的家长成立"家长义工组织"，或者"家长志愿者队伍"为留守儿童充当"代理家长"，走进留守儿童家庭，给予留守儿童爱与支持，关注留守儿童的成长问题，弥补留守儿童家庭教育的缺失。

同样，对于流动和离异家庭的学生来说，也可以充分利用家长志愿者的力量，给予这些学生更多的关爱，弥补其家庭教育的缺失；还可以利用家长志愿者与这些处境

不利学生的父母建立联系，交流家庭教育问题，给予处境不利学生家长更多改变的力量和信心。

2. 利用社区资源

目前，很多社区都成立了专门的"家庭教育指导工作站"，并有专门的工作人员定期为辖区内的学校和家庭提供家庭教育指导服务。对于学校和教师来说，这也是一种宝贵的家校共育资源。学校可以利用社区工作站和社区义工的力量，做好处境不利学生的家校共育工作。例如，针对留守、流动和离异家庭学生家校共育问题，学校可以从社区聘请有经验的"校外心理辅导员"，定期为这些处境不利学生开展心理健康团体辅导、个案辅导和讲座等，为这些学生的心理健康保驾护航；还可以邀请这些校外辅导员定期为这些学生的家长提供线上的经验交流或者心理辅导，帮助家长与孩子建立良好的亲子关系，营造良好的家庭氛围等。

此外，我们还可以与村委会或者居委会联手，成立"留守儿童之家"或者"流动儿童工作站"等，为处境不利学生的教育搭建一个合作的平台。

3. 整合社会资源

目前，处境不利学生的教育问题已经成为了社会广泛关注的问题。一些有社会责任感的爱心企业、爱心人士及一些社会公益组织，都会定期组织针对处境不利儿童的公益活动。因此，学校也可以充分挖掘这些社会力量，做好本校处境不利学生的家校共育工作。例如，为了帮助留守儿童家庭搭建顺畅的家校共育桥梁，让留守儿童可以更好地得到父母的关爱，云南沧源佤族自治县教育体育局与腾讯教育联手，依托企业微信与腾讯智慧校园的连接能力，推出了一次创新性尝试"云端家长会"，即通过企业微信在智慧校园一体机上开家长会。

4. 借力政府资源

处境不利儿童的教育一直是政府有关部门关注的一个重点。教育部门、妇联、关工委、民政部门等也在这方面做了很多工作。妇联、关工委等部门还组织教育学、心理学、社会学、法律等各领域的专家成立了专门的家庭教育讲师团，组织公益的家庭教育服务。因此，学校可以与这些部门建立合作关系，邀请这些部门的讲师团成员进校为留守、流动和离异家庭学生开展指导工作，或者给这些学生的家长普及相关的法律、政策知识等。

案例分享

"童心港湾"，留守儿童的心灵之家[①]

江西是外出务工大省。据统计，截至2023年，江西仅农村便有留守儿童26万余人。为了更好地呵护孩子们的成长，守护好他们的精神家园，从2019年开始，江西在全省整合利用公共空间、选强配齐工作队伍、统筹社会各界资源，先后建设了1857个常态化服务农村留守儿童的团属公益阵地——"童心港湾"，涵盖学习、阅览、运动、亲情沟通、心理辅导等多项功能，直接联系服务的留守儿童达到6万余名。

经过不断的实践探索，"童心港湾"建设初具成效，逐渐形成了以"一个童心小屋、一位童伴妈妈、一套工作机制、一系列关爱服务、一批帮扶资金"为主要内容的"五个一"模式。

（四）建立制度，为处境不利学生家校共育兜底

做好处境不利学生的家校共育这项工作并不是某个教师想干就干，不愿干就不干的，而应该成为家校共育的一项常规工作。为了保障处境不利学生家校共育工作长效、有序开展，而不是以某个教师或者领导的喜好、意愿变化而改变，学校就需要从顶层设计出发，将这项工作常规化、制度化。

[①] 朱磊. 在这里，孩子们感受家的温暖 [N]. 中国教育报，2023-03-30（13）.

首先，为了转变学校教师的家校共育观念，调动教师参与处境不利学生家校共育的积极性，学校可以制定"长效激励机制"。比如，学校可以针对处境不利学生家校共育建立《家校共育任务档案》，记录家校共育的过程与效果，学校要定期对这个档案进行专项评价，了解教师家校共育工作完成情况，并将评价结果作为教师绩效考核的标准之一。

其次，为了建立良好的家校沟通关系，促进处境不利学生家校共育工作深入开展，学校可以制定"长效沟通机制"。比如，单独制定处境不利学生的家访制度、家长会制度、日常沟通制度等家校联系制度，明确教师应该如何联系家长，以及多长时间联系一次。另外，为了保证家校沟通的灵活性和有效性，也可以对学校学生家庭情况进行摸底，建立学生家庭类型数据库，或者《学生家庭档案》，详细记录每位学生，尤其是处境不利学生的家庭情况（家庭类型、父母教育背景、工作状况等），学生在学校的发展状况（学生的学习成绩、个性、特长、培养方向等）。根据这些信息对学生的情况做分类总结，然后针对每一种类型的学生家庭制订有针对性的帮扶计划。

最后，为了提高教师在处境不利学生家校共育中的自我效能感，学校可以制定"长效教师培养制度"，为教师赋能。例如，学校可以集中校内外力量，编制符合本校特点的校本培训资料，对教师进行定期培训；可以与高校、研究机构等合作，依托科研课题研究提高教师对处境不利学生家校共育的理论认识；还可以制订校内教师互助交流计划，让教师在同伴互助的过程中学习、成长。总之，就是利用多种途径、多种形式，通过案例、实践、观摩、讨论等方式全面提升教师做好处境不利学生家校共育的能力。

第2节 不同类型特殊家庭家校共育的具体策略

近年来，随着我国社会经济的变革与观念的改变，留守学生、流动学生、离异和重组等特殊家庭的学生数量不断增加，为我们的家校共育提出了新的挑战。

尽管不同类型特殊家庭的学生存在许多共性问题，但是具体来说，他们面临的家庭教育问题以及家校共育的重点仍然有所差异。学校和教师只有把握好这些差异，才能更有针对性地做好不同类型特殊家庭学生的家校共育工作。

一、留守家庭家校共育的具体策略

由于存在空间隔离、时间隔离、家长文化素质和教育能力低下等多方面问题，留守学生的家校共育往往面临着监护人参与度低、家校沟通困难等困境。针对这些问题和困境，我们主要可以从以下两个方面入手，做好留守学生的家校共育。

（一）把握好留守学生家校共育需要重点关注的内容

为了提高留守学生家长参与家校共育的意识和能力，帮助留守学生家长做好家庭教育，为留守学生的健康成长打下坚实基础，教师首先要把握好留守学生家校共育的内容。具体来说，我们可以重点关注以下内容。

1. 指导留守学生父母履行好监护和教育职责

留守学生家庭存在父母缺位、家庭教育功能弱化的问题，导致其与一般学生的家校合作有很大区别。由于留守学生的父母一方或双方长期在外务工，参与家校合作的主体一般都是在家的父母或代理监护人，代理监护人一般都是爷爷奶奶等隔代亲属，父母的直接参与相对较少。但是，与留守学生"不在一起共同生活"的外出务工的父母才是留守学生的精神支柱。他们在学生心目中的地位，以及对学生的教育和影响，是爷爷奶奶等代理监护人所不能取代的。因此，做好留守学生家校共育的重点内容之一就是加强与留守学生父母的沟通交流，加强对留守学生父母的指导。

具体来说，可以从以下几个方面开展对父母的指导：一是可以指导留守学生父母意识到"父母是家庭教育和儿童监护的责任主体"，帮助家长积极主动履行自己的监护职责，做好家庭教育；二是可以指导留守学生父母尽可能增加积极陪伴孩子的时间，提高亲子沟通和交流的质量，如定期回家探望孩子，利用电话、微信等方式定期或不定期与孩子进行情感交流，在经济条件允许的情况下父母双方尽量留一方在家陪伴养育孩子等；三是可以指导留守学生父母除了关心孩子的安全和学习成绩之外，还需要关注孩子的心理、品德和个性发展等。

案例分享

西北地区一所学校的L老师所带的班级中有很多学生家长都在外面打工。这些家长非常希望从老师这里得到孩子的信息。于是，L老师通过微信群细心地将孩子领奖、开班会这些事情拍成照片发在群里。有空的时候，L老师就会在群里分享一些教育孩子的方法。这一做法，受到了家长们的好评。因为她的真诚，很多家长非常信任她，并主动给她发私信，告诉她一些家里的情况。比如，有位家长因自己的工作而觉得很自卑，不愿参加公开的家长会，甚至不愿意打电话，所以选择给老师发私信。

通过微信群，L老师和这些打工家长建立了很好的关系，也对班里学生的家庭情况有了更多的了解。通过这样的方式，L老师还成功地说服了两位妈妈放弃在外打工，回家照顾孩子。[1]

① 魏荣国. 农村留守儿童家校合作问题的研究［D］. 西北师范大学，2017.

2. 指导留守学生的祖辈（代理监护人）做好隔代养育

留守学生的养育状态以隔代抚养为主。然而，留守学生的爷爷奶奶等祖辈代理监护人由于年龄较大、知识文化水平有限等多种因素的影响，可能没有足够的能力参与家校共育，做好孩子的家庭教育。有些留守学生的代理监护人往往"重养育，轻教育"，即只关心孩子有没有吃好，穿好，是否生病等，很少关心孩子的心理需要。有些留守学生的代理监护人还可能因为陈旧的教育理念与学校教师出现沟通不良的情况。例如，有一位教师就经历了这样一件事："一个学生作业没写完，我让她留下来写会儿作业，争取把学习成绩提上去。但是，她的爷爷奶奶却抱怨说，'让俺孩子留下来干啥，该吃饭了也不让走，小孩得多饿啊'。我牺牲了自己的时间来给学生补习薄弱的功课，可这些爷爷奶奶既不理解也不领情，自己也感到挺寒心的。"[①]因此，做好留守学生代理监护人（主要是祖辈）的指导很有必要。

指导留守学生祖辈做好隔代养育，重点需要关注的一个内容就是"帮助祖辈正面增进孩子对其父母的情感体验"，即帮助爷爷奶奶正确处理孩子与其父母之间的关系，促进孩子与其父母建立积极的情感联系。

3. 指导留守学生父母处理好家庭与孩子教育的关系

留守学生父母常常为了改善家庭经济状况，不得不外出打工，从而忽视了家庭和孩子的教育问题。这也导致留守学生的家校共育与普通学生存在差异。教师需要正视这种差异，加强对留守学生父母的指导。

一方面，教师可以帮助留守学生的父母意识到"把握好外出工作和陪伴孩子的平衡很重要"，协调好工作和教育孩子之间的关系。比如，为了孩子的长远发展，尽量避免在孩子成长的关键时期外出打工。如果实在因为经济原因，不得不外出打工，可

---

① 贾勇宏，张晓云. 农村留守儿童家校合作的实践困境与突破——基于15位教师与10位家长的质性研究［J］. 现代教育论丛，2020（6）.

以考虑让母亲留在家或者在家附近工作，兼顾好家庭和孩子教育问题。

另一方面，教师可以指导留守学生父母做好外出打工期间孩子养育的委托工作，并定期保持与孩子、教师的良好沟通联系。有些留守学生父母外出打工后，将教育孩子的责任全部委托给了代理监护人或者学校，很少参与孩子的教育或者家校合作。因此，在家校共育中，教师经常会遇到"联系不上家长"或者"联系了也没用，家长赶不回来"等尴尬境况。

最后，教师还可以鼓励父母在外出打工期间，注意不断提高自己的素质，不断学习新的知识，为孩子树立一个积极向上的人生榜样，提高自己在孩子心中的形象。这样，即使父母在外打工，孩子依然可以表现出良好的自信心，有更好的学业成绩，更积极的家庭和同伴关系等。

（二）创新留守学生家校共育的方式

教师除了要把握好留守学生家校共育的重点内容之外，还需要创新留守学生家校共育的方式。以召开家长会为例，具体来说，我们可以主要采用以下几种形式。

1. 召开线上（云端）家长会

随着信息技术和可视化通信联络手段的不断发展，教师可以运用信息化手段弱化空间和时间隔离对留守学生家校共育的消极影响，加强与留守学生家长的沟通。比如，教师可以利用腾讯会议、钉钉、微信等方式定期或不定期开展线上家长会，或者云端家长会。

此外，教师还可以充分利用社交软件建立家校共育的虚拟社区，如班级微信群、QQ群等，邀请所有家长和教师进群，同时公布教师的电话、邮箱等多种联络方式，便于家校之间的日常沟通。教师可以在日常沟通中主动展示学生在校的一些成果和表现给家长，并以图片、影像资料等形式捕捉孩子的精彩瞬间或问题行为，使家长可以客观全面地了解孩子在校的日常表现。

一小学为留守儿童开网络家长会[①]

2017年1月22日晚6时，武汉市江夏区康宁路学校通过一个名为"明天会更好"的QQ群，为学校中近两成留守儿童的家长组织了一次特殊的家长会，一至六年级22名班主任与一百多名家长同时上线，展开了热烈的讨论。

会议开始，教师首先向各位留守儿童家长共享了寒假家访的心得，总结了外出务工家长、尤其是"隔代抚养"的长辈们对孩子教育存在的共性问题，并一一给出了解决办法，同时提醒留守儿童家长虽然不在孩子身边，但不能对孩子放松监管，要多跟孩子进行网络上或电话上的交流，让孩子感受到家长的关爱之心。随后，教师邀请家长自由提问或给学校提建议，并认真予以解答或记录。

由于家长常年在外，平常家长会时也总是缺席，学校特地组织了这次在线家长会。校办主任表示，这样的家长会日后还会不定期举行，以及时向在外打工的家长们反馈孩子的在校情况，保障留守儿童的健康发展。

2. 开展返乡家长会

寒假一般都是阖家团圆、庆祝春节，很少有学校会利用寒假召开家长会。然而对于留守学生来说，很多人只能在寒假期间才有短暂的时间与父母团聚，而如果平时召开家长会，父母大多无法到场，以祖辈等其他代理监护人为主，或者根本很难有家长参与。对于留守学生较多的学校，教师可以在寒假期间召开返乡家长会，将家长会安排在寒假父母集中返家的时间段，向家长介绍孩子的在校表现，与家长共同讨论留守青少年的教育问题。这时不仅要向家长介绍学生各方面的表现，还可以对家长进行教

---

① 占思柳，陈克茂. 一小学为留守儿童开网络家长会——22名老师与百多名家长同时在线热烈讨论 [N]. 长江日报，2017-01-24（10）.

育方法的指导，提升父母教育能力。例如，可以通过留守学生返乡家长会，向家长传达《中华人民共和国未成年人保护法》《中华人民共和国家庭教育促进法》等，引导家长认真履行监护人的责任。

案例分享

郑屯镇团结小学举行留守儿童返乡家长座谈会①

为促进留守儿童的健康成长，帮助留守儿童解决学习、生活中的困难，位于贵州省黔西南布依族苗族自治州兴义市郑屯镇团结小学于2018年1月12日在"留守儿童之家"举行留守儿童返乡家长座谈会。

学校负责人详细地向各位返乡家长分析了留守儿童目前在品德、学习、行为等方面所面临的问题，并提出了相应的建议。通过此次座谈会，进一步增进了学校与留守儿童家长间的沟通与交流，提高了留守儿童家长对家庭教育的认识，对于促进留守儿童身心积极发展具有重要作用。

3. 开展隔代教育家长会

留守学生中隔代教养的情况非常普遍，为了提高家长对隔代教养的认识，提高祖辈参与家校共育、家庭教育的能力，教师可以有针对性地开展隔代教育家长会。例如，针对隔代监护人知识水平有限，不熟悉现代通信工具的情况，可以帮助其学会使用手机和电脑，学会使用微信、QQ等现代通信手段，至少能够完成日常家校沟通；针对隔代监护人家校共育意识不够，参与积极性低的问题，可以帮助其了解家校共育的重要性，以及如何参与家校共育等。

① 罗朝成. 郑屯镇团结小学举行留守儿童返乡家长座谈会 [N]. 今日义龙，2018-01-15（3）.

此外，教师还可以通过家长课堂、家长学校和微信公众号推送等方式，设法帮助隔代监护人提高家庭教育素质，加深其对家校合作重要性的理解，提高其参与家校合作的意识和能力。

![案例分享图标] **案例分享**

隆回县关工委为十万留守儿童开启"育菁"行动[①]

2021年5月26日，湖南省邵阳市隆回县关工委开展隔代教育家长讲座，58位子女在外地工作，不得不扛起孙辈教育和生活重责的爷爷奶奶或外公外婆参加了座谈会。会上，老师深入浅出地讲解了什么是隔代教育，以及隔代教育的优势和弊端，并建议祖辈们要积极学习先进的教育观念，针对孙辈的特点，探索适合的教育新模式。

为了探索良性的隔代教育模式，帮助12万多留守儿童健康成长，隆回县关工委于2021年4月组建了一支由近30名"五老"干部组成的隔代教育讲师团，奔赴全县各乡镇(街道)学校陆续进行隔代教育授课。据统计，2021年累计完成授课211场次，6万余名（外）祖父母走进课堂，聆听隔代教育科学知识。

二、流动家庭家校共育的具体策略

流动儿童与城市儿童存在一定的差异，又不同于农村留守儿童，其在心理健康、社会适应、教育融入等方面都需要提供更多的帮助。相对而言，流动学生家长受教

[①] 隆回县人民政府，隆回县关工委为十万留守儿童开启"育菁"行动［EB/OL］.（2022-05-27）［2023-10-08］. https://www.longhui.gov.cn/longhui/gxxyd/202205/14d9153ecb9944918c106955e9e6d530.shtml

育程度低，教育水平有限，工作时间长，工作强度大，缺乏一定能力和时间精力兼顾孩子的教育问题。因此，总体来说目前流动学生的家校共育水平普遍低于一般学生。

（一）流动学生家校共育需要重点关注的内容

和一般学生相比，流动学生面临的主要问题有难以融入城市社会，难以充分享受教育资源等。为了解决流动学生及其家长面临的这些问题，教师在流动学生家校共育中需要重点关注以下内容。

1. 流动学生的城市融入问题

家校共育需要关注的第一个问题就是流动学生的城市适应问题。由于文化差异、生活习惯不同等因素的影响，很多流动学生都面临着难以融入城市生活，无法被城市接纳，无法对城市产生认同感、归属感等问题。

为了帮助流动学生更好地融入城市，拥有平等的教育机会，享受平等的教育资源，教师可以：（1）鼓励流动学生家长加强与孩子的亲子沟通，帮助孩子适应新环境，及时了解孩子的城市适应情况；（2）鼓励流动学生家长勇敢面对陌生环境和生活中的困难，以积极的态度对待生活和工作，为孩子树立积极的榜样；（3）鼓励流动学生家长妥善平衡工作和教育子女的关系，在空余时间安排丰富的活动，帮助孩子增长见识，开阔眼界，从而更好地了解城市，适应城市生活；（4）鼓励流动学生家长积极寻求社会支持，如通过向学校教师、社区工作人员等寻求帮助，做好孩子的城市适应。

2. 流动学生的学校适应问题

研究发现，相比普通城市学生而言，流动学生往往在学习、人际关系、情绪行为、独立性等方面存在更多的适应问题。为了帮助流动学生更好地适应学校生活，融入学校教育，教师可以：（1）指导流动学生家长尽可能选择合适的时间将孩子转入城市学校就读，如尽量不要在学期中转入，尽量在低年级转入等；（2）指导流动学生家长关注孩子的学校适应状况，如孩子在学校学习是否存在困难，是否会受到同学歧视，是否喜欢新学校等；（3）指导流动学生家长帮助孩子建立良好的师生关系、同伴关系，以便孩子更好地适应学校生活；（4）指导流动学生家长重视孩子自主学习能力和自主学习习惯的培养，以便在家长没有时间管理孩子的学习时孩子仍然可以很好地完成学习任务。

3. 流动学生的心理健康问题

由于难以融入城市和学校生活，无法跟上学校学习，家庭条件不好，家庭教养方式不当，父母受教育程度低，受到同伴歧视等众多因素的影响，流动学生很容易产生心理问题，比如产生孤独、失落、自卑、焦虑、抑郁等不良心理。因此，在家校共育中，我们还需要重点关注流动学生的心理健康问题。

为了尽可能避免流动学生出现心理健康问题，教师可以：（1）指导流动学生家长处理好家庭成员之间的关系，处理好自己的情绪等，为孩子的健康成长营造安全、和谐的心理环境；（2）指导流动学生家长采用民主的家庭教养方式，遇到问题多和孩子商量、讨论，避免使用严厉惩罚的方式教育孩子，或者忽视孩子的心理情感需要等；（3）指导流动学生家长对流动学生的学习设置合理的期待，在关注孩子学业成绩的同时也要兼顾孩子的心理健康。

4. 流动学生家长的心理健康问题

除了关注流动学生之外，教师还需要特别关注流动学生的家长的心理健康问题。流动学生家长通常会面临居无定所，工作压力大，工作不稳定或者工作条件艰苦等多种问题，因此他们往往会比一般学生家长面临更大的生活压力和心理压力。如果流动学生家长自身的心理压力无法疏解，那么他们就很有可能将这些压力传递给学生。因此，教师可以利用校内外资源，定期对流动学生家长进行心理疏导，帮助他们合理排解生活和工作中的压力，以及在教育子女方面的压力。

（二）流动学生家校共育可以采用的主要形式

在家庭教育方面，流动学生家长面临的主要问题是工作太累太忙，没有时间教育孩子或者不知道怎么教育孩子。在家校共育方面，流动学生家长也存在合作意识薄弱，参与水平低等问题。为了提高流动学生家长的素质及其参与家校共育的积极性，提高流动学生家校共育的效果，教师可以采取以下途径。

1. 合理利用现代科技

随着时代的发展和科技的进步，微信等媒介成为学校工作的新方式，这些媒介的使用不受时间和空间的限制，给人们的生活带来便捷。教师可以充分利用它们做好流动学生的家校共育工作。

例如，教师可以建立学校的微信公众号，邀请家长关注。利用微信公众号的方便快捷，让流动学生家长轻松了解学校的第一手消息，掌握学校的各项工作安排和活动要求。教师还可以利用微信公众号推送有关教育教学、流动儿童心理教育的知识，让家长利用空余时间获取教育信息，动态学习教育知识，提高自身教育水平，更好地教育自己的儿女。如果家长遇到问题需要咨询，或者需要向学校提出建议，也可以在公众号留言。

再如，教师还可以通过建立微信群，建立与流动学生家长的日常沟通。例如，在微信群中，我们可以发送学校通知，工作安排，布置作业，也可以利用微信这一媒介手段，督促学生学习打卡。

2. 分层召开流动学生家长会

家长会是一种常见的家校共育形式，也是家校沟通的重要渠道之一。为了提高流动学生家长会的针对性，教师可以根据学生的不同学习水平，或者流动学生家校共育中存在的不同问题，召开分层家长会。例如，根据学生的学习情况，可以把流动学生分为培优组、强化提高组、辅差组，分层次召开家长会，并对家长提出不同的建议。针对培优组可以布置难度高一点的学习要求；针对强化提高组可以号召家长配合学校，找准不足，早日跻身于培优组；而针对辅差组则可以共同探讨家庭和学校哪个环节出现了问题，分析学生的表现，寻求落后的原因，帮助其进步。

分组的好处显而易见，同一组的学生水平相近，问题明确，同时与会人员少，家长会可以更加深入并具有针对性。共同商讨问题的过程中，教师还可以改变一言堂的模式，让家长成为家长会的主体，分享成功经验，共同探讨，一起出谋划策。

3. 开展精准家访

针对班级中的流动学生开展精准家访可以迅速拉近教师与流动学生家长之间的距离，让家长感受到教师对他们的关心。

对流动学生进行精准家访有三个目的：一是全面掌握情况，包括学生的情况，也包括学生家长和家庭的情况；二是更深入地发现问题，找到影响流动学生教育效果的因素；三是有针对性地解决问题，结合家访中掌握的信息，为流动学生提供有针对性的解决方法。

需要注意的是，对流动学生进行家访要有选择性，要把握好家访的度，不能过于频繁，太打扰学生及其家长的正常生活。一般来说，流动学生家长工作都比较辛苦，工作时间也比较长。因此，教师在保证每学期一次或者每年一次的常规家访的基础上，可尽量减少非必要的家访次数，避免给家长带来负担。当学生确实出现了较明显的变化，如学习成绩波动较大，或者出现了心理行为等问题时，才需要额外增加家访的次数。

4. 合理利用家委会资源

家委会是家校共育的重要组织，在保障家长参与学校管理和决策方面发挥着重要作用。如果学校存在一定基数的流动学生，为了保障流动学生的教育权利，流动学生家长的家校共育参与权、决策权等，学校可以成立专门的"流动学生家长委员会"，或者在常规家委会中设置专门的"流动学生工作部门"，专门解决学校流动学生的家校共育问题。教师也可以在班级、年级或者学校选取积极负责、态度认真的流动学生家长作为家长委员会的代表，参与学校的各项教学管理工作。教师还可以充分发挥家委会在流动学生家校共育中的作用，如可以组织家委会志愿者参与流动学生家访、流动学生家长会、流动学生家长开放日等活动的组织和开展工作。

此外，教师还可以利用家长沙龙、家长夜校、夜间家长会、线上家长会等多种方式做好流动学生的家校共育工作。

三、离异家庭家校共育的具体策略

家庭，原本是孩子心灵的港湾，是可以为孩子遮风挡雨的地方。但是，随着社会的发展，人们的婚恋观在逐渐发生变化，离异家庭也越来越多。与留守、流动等特殊家庭相比，离异家庭最明显的特征就是家庭结构不再完整。对于留守学生来说，尽管父母外出打工了，不和孩子生活在一起，但是在孩子心中"父母"和"家"仍然是存在的。但是，对于离异和重组家庭的学生来说，父母离异则意味着家庭发生了解体。研究发现，家庭结构不完整可能会对学生的成长带来一些消极影响，如导致学生出现情绪不稳定、爱发脾气、抑郁等问题，孤僻、逆反、怯懦、粗暴等性格问题，成绩下降，厌学等学习问题，以及不善于处理同伴关系、亲子关系等人际交往问题……这些都给学校教育带来了新的挑战。

为了帮助离异家庭的学生走出困境，引导父母离异之后也能对孩子保持一定的关注和关心，教师有必要开展针对离异家庭学生的家校共育。

（一）帮助离异家长处理好离异与履行教育职责之间的关系

离异家庭在家校共育中容易出现真空地带，关于"离异后孩子到底应该由谁管"这个问题，容易出现相互踢皮球的现象。有的父母离异后直接把孩子丢给爷爷奶奶等祖辈或者亲戚抚养，父母则很少参与孩子的教育；有的父母离异后孩子一直由父亲或者母亲单独抚养，另一方则很少参与孩子的教育；还有的家庭离异后孩子没有固定的抚养人，而是在不同的亲戚之间像皮球一样被互相踢来踢去。

为了尽量避免或者减少这种"踢皮球"现象的出现，教师需要在家校共育过程中加强对离异学生家长的指导，帮助离异学生家长处理好离异和履行教育职责之间的关系，使离异学生家长不因夫妻关系的撤销而拒绝履行家庭教育职责。例如，教师可以通过家长会、家长讲座、家长学校等多种途径向离异学生家长宣传《中华人民共和国家庭教育促进法》，让家长意识到即使离异了自己依然对孩子有家庭教育的责任和义务。

（二）帮助离异家长提高家庭教育的能力

有的离异家庭父母虽然意识到自己在教育孩子方面的责任，但是不知道如何履行好自己的家庭教育职责，甚至可能使用一些错误的方法教育孩子。例如，有的离异家庭家长出于对孩子内疚的心理，无条件溺爱孩子，对孩子的一些不合理要求也不会拒绝；有的离异家庭家长因为不能正确看待离异，不能妥善处理好自己的情绪，甚至将对另一半的负面情绪传递给孩子……

为了避免以上不良后果的出现，教师可以从以下几个方面入手，提高离异家庭家长的家庭教育能力。

1. 指导家长正确看待离异，并调节好自己的情绪

有些离异家庭的家长因为不能正确看待"夫妻离异"这件事情，认为离异就意味着婚姻的失败，人生的失败，从而否定自己的价值，甚至埋怨离异对象等。家长如果无法正确处理这些问题，那么就可能将负能量带给孩子。为了避免这种情况的出现，教师可以通过家长会、家长学校、家长工作坊、个案心理辅导等途径，加强对离异家庭家长在婚姻、情感方面的指导，帮助这些学生家长正确看待离异和婚姻；指导家长掌握一些调节情绪的方法，避免流露出对离异配偶的不满，或者将婚姻失败的情感压力迁怒于孩子；指导家长通过提高自身素养给孩子树立一个良好的榜样，使孩子感受

到即使父母离异了，但爱自己的心并不会改变。

2. 指导家长帮助孩子正确看待父母离异，并调整好孩子的心态

父母离异后，大多数孩子都会对离婚事件持消极的态度，比如有的孩子会认为"父母离婚是一件很羞耻的事情"，因此变得郁郁寡欢，不爱与人交往；有的孩子会认为"父母离婚了，我就是最不幸的人""没人爱我了"，因此对父母怀有敌意或怨恨的心理。为了避免这些不良影响的发生，教师可以指导离异家庭的家长注意引导孩子正确看待父母离异，并帮助孩子调整好情绪。

教师可以指导家长加强与孩子的沟通，定期陪伴孩子，让孩子感受到虽然父母离异了但是他们的爱并没有消失。教师也可以鼓励非监护人一方定期探望、陪伴孩子，比如每个月至少抽一个周末陪伴孩子。

3. 指导家长适当弥补家庭功能的缺陷

由于家庭结构不完整，离异家庭孩子可能会出现人际交往不良，缺乏安全感，对异性缺乏信任感等问题，还可能会出现性别认知和性别角色发展方面的问题。为了避免这些问题的出现，教师可以指导家长鼓励孩子积极参加集体活动、社会实践活动等，在参与活动的过程中培养孩子的人际交往能力，以及积极向上的性格。教师还可以指导家长调动亲戚、朋友中的性别资源给孩子适当的影响，帮助其性别角色充分发展。此外，教师还可以充分利用学校中的性别资源给予离异学生合适的性别角色教育。

第3节 不同类型特殊学生家校共育的具体策略

特殊学生通常是指在智力、感官、情绪、行为、身体、言语等方面发育和发展低于普通儿童的学生，包括有一定智力障碍的学生、有部分生理缺陷的学生（听

力残障、视力残障、肢体残障等）、有学习困难的学生（有注意力缺陷、语言障碍、阅读障碍等）以及有情绪和行为问题的学生（抑郁情绪、攻击行为等）等多种类型。

随着融合教育理念的推广，特殊学生随班就读已经成为当今特殊教育发展的一个大方向。和普通学生相比，特殊学生接受知识的能力相对较差，容易受到同学的歧视、欺凌等，也容易出现心理行为等问题。因此，特殊学生的教育更加需要家庭和学校的相互配合。也就是说，家校共育对于特殊学生来说显得尤为重要。

一、生理缺陷学生家校共育的具体策略

生理缺陷学生，通常也被称为残疾学生，是指由于先天或者后天造成的，在听力、视力和肢体等身体方面有残疾或者障碍的学生，包括听力残障学生、视力残障学生和肢体残障学生。一般来说，地方教育行政部分会对残疾儿童的类别和严重程度进行评估，优先推荐残疾儿童接受普通学校的义务教育；对于严重的残疾儿童，推荐进入特殊学校，甚至上门教育。因此，普通学校不能因为孩子有生理残疾而拒绝招收，而应该在学校的硬件设施和软件支持上，做好对生理缺陷学生的教育帮扶。

做好生理缺陷学生的家校共育是一个互利共赢的过程，不仅可以为这些学生及其家庭带来好处，比如促进生理缺陷学生的学业发展，帮助他们更好地融入社会生活，扩大生理缺陷学生家庭的社会支持网络，降低学生家长的养育压力等；也可以使学校及其他师生受益，比如培养学生的同理心、包容心、乐于助人等优秀品质，促进教师更好地探索因材施教，促进教育公平等。

另外，做好生理缺陷学生的家校共育也是学校的一份教育责任。2020年6月，教育部发布的《教育部关于加强残疾儿童少年义务教育阶段随班就读工作的指导意见》明确提出要更加重视关爱残疾学生，坚持"应随尽随"的普特融合教育，促进残疾儿

童少年更好地融入社会生活；要"强化家校共育"，形成家校社合力，共同为残疾学生成长创造良好的教育环境。

⊙⊙ **知识链接**

《教育部关于加强残疾儿童少年义务教育阶段随班就读工作的指导意见》

第16条：强化家校共育。要密切与残疾学生家长联系与沟通，加强家庭教育工作与指导，引导家长树立科学育儿观念，履行家庭教育主体责任。加强宣传引导，积极争取普通学生家长的理解和支持。注重发挥康复、医学、特殊教育等专业人员和社区、社会相关团体的作用，形成学校、家庭、社会教育的合力，共同为残疾学生成长创造良好的教育环境。

（一）要加强与生理缺陷学生家长的沟通

与普通学生相比，生理缺陷学生的家校共育会遇到更多问题。比如，"如何评估学生的身体状况""学生是否适合随班就读""如果随班就读，应该如何安置学生""如何给学生配置合理的教学内容、教学计划"等。另外，生理缺陷学生也会遇到比普通学生更多的学习、学校适应和心理健康等方面的问题。因此，与普通学生相比，生理缺陷学生的家校共育可能需要更频繁、更有效的家校沟通。这样不仅有利于增进家校彼此的了解、信任，有利于学校正常教学工作的开展，有利于生理缺陷学生的健康发展，还有利于减少家校之间的冲突。

具体来说，教师可以建立与生理缺陷学生家长的定期沟通机制。一方面，教师可以通过电话、微信、QQ等日常的家校沟通方式，及时、主动与生理缺陷学生家长联系，告知学生在学校的表现，包括学习情况、情绪状况、行为表现、人际关系等多方面情况，方便家长及时了解和掌握学生的在校情况，保障家长的知情权，增进家校互信。另一方面，教师也可以通过邀约家长访校、定期家访或者送教上门等形式与家长进行面对面的深入沟通，更好地了解和掌握生理缺陷学生的基本信息、在家表现等，比如学生残疾的原因、目前的治疗情况、学生的兴趣爱好、性格特点等，以便根据生理缺陷学生的身心特点、残疾类别和程度等实际情况，制订出更有利于学生发展的教育对策，提高随班就读生理缺陷学生教育的适宜性和有效性。

最后，如果有需要，教师还可以借助第三方专业人员（社工、心理咨询师、物理治疗师和特殊教育专业人员等）的力量，做好与家长的沟通，或者解决家校之间的矛盾。例如，教师可以邀请专业的第三方人员同时为生理缺陷学生家长及其教师做培训，通过专业的知识和技能促使家校双方学会换位思考、共情等，从而更好地合作制订出彼此都能够接受的学生教育计划；教师还可以直接将这些专业人员吸纳进来，共同参与制订或者共同实施能够满足生理缺陷学生和家庭需要的计划和服务项目。

（二）要加强对生理缺陷学生家长的家庭教育指导

加强对生理缺陷学生家长的家庭教育指导，不仅能转变生理缺陷学生家长的教育观念，提升家长的教养能力，使家长可以更好地陪同生理缺陷学生一起成长，还有利于提高生理缺陷学生家长参与家校共育的积极性，使他们更好地与学校教育形成合力。

1. 指导生理缺陷学生家长做好自身心理调适

生理缺陷学生的家长往往比普通学生家长面临更多的精神和心理压力。比如，有的家长会因为自己没有照顾好孩子而产生自责、愧疚心理，无法接受孩子出现生理缺陷的残酷事实；有的家长会因为孩子康复效果不好，需要终身照顾孩子，而对未来充满了担忧、绝望；有的家长会因为身边人对孩子的不接纳、歧视等感到自卑、愤怒，或者产生退缩心理；有的家长会因为看不到孩子的改变感到挫败、焦虑；还有的家长会因为家庭成员之间的争吵、抱怨等感到孤立、无助……

家长的这些压力又会进一步对孩子产生影响，如给孩子造成潜在压力，使孩子的家庭成长环境恶化等，从而影响孩子的健康成长。因此，教师不能忽视对生理缺陷学生家长的心理疏导。只有帮助家长调整好心理状态，才能让他们做好孩子的家庭教育，让孩子有尊严、有保障地生活。

具体来说，教师可以邀请校内外专家，利用家长会、家长微课堂、家长讲座、家长沙龙等多种途径，针对生理缺陷学生家长开展心理减压活动，帮助家长正确看待孩子的生理缺陷，掌握一些正确的调节心理压力的方法，增强家长陪伴孩子康复成长的信心。

2. 指导生理缺陷学生家长关注孩子的心理健康

与普通学生相比，生理缺陷学生会遇到更多的学业、人际、情绪等方面的问题。教师除了需要在学校做好生理缺陷学生的心理辅导之外，还需要指导家长关注孩子的心理健康问题，协助做好孩子的心理健康教育。

首先，教师需要帮助家长了解生理缺陷孩子可能会出现哪些心理问题。例如，有的生理缺陷学生可能会因为身体上的不便，不能参与一些学校活动，与他人交流的机会少，从而产生孤独感；有的生理缺陷学生可能会因为自己在学习上跟不上其他同学而感到自卑；有的生理缺陷学生可能会因为身体原因，过多在意别人对自己的看法，对别人的态度和评价尤其敏感，容易出现情绪不稳定，甚至攻击行为。

其次，教师需要教给家长一些具体的知识和技能，让他们明白自己在日常生活和家庭中应该怎样做好孩子的心理健康教育。例如，教师可以指导家长营造和谐、温馨、有爱的家庭环境，使用民主的家庭教养方式，与孩子敞开心扉的交流学习和生活话题等。

最后，教师还需要指导家长发现问题时要及时与我们沟通联系，或者寻求专业人员的帮助，不要刻意隐瞒、撒谎或者回避，以免耽误最佳的心理干预时机。

3. 指导生理缺陷学生家长设置合理的教育期望

所谓家长的教育期望是指父母或监护人对孩子成长所持有的理想，包括对孩子的人格特征、学业成绩、受教育程度以及未来从事职业上的期望。有些生理缺陷学生的家长对孩子的教育期望脱离现实，过于理想化。比如，有的家长会无法接纳孩子存在身体缺陷的事实，想要"争口气"，因而给孩子设立过高的教育期望，给孩子造成很大的心理压力；有的生理缺陷学生家长则因为孩子存在身体缺陷，会表现得过于自卑，没有信心，因而对孩子设置较低的教育期望，或者不抱有任何期望，有点"破罐子破摔"。这两种极端教育期望都不利于生理缺陷学生的健康发展，也不利于良好家校关系的建立。因此，教师需要指导生理缺陷学生家长结合孩子的实际情况，设置合理的教育期望。

具体来说，可以根据生理缺陷学生的不同身体特点，结合他们的兴趣、爱好、个人特长、家庭背景等，制订个性化的教育方案，实现"一人一案"。例如，有的学生可以走普通中考、高考的道路，有的学生可以走职业教育的道路，有的学生则可以充分利用个人特长（手工制作、园艺制作、面点制作等）自主创业。总之，教师既要重视生理缺陷学生文化知识的学习，也要重视他们潜能的开发，代偿技能、生活自理能力、劳动能力等的训练，帮助每一位生理缺陷学生找到属于适合自己的人生道路。

4. 指导生理缺陷学生家长了解相关的政策法规，学会求助

如果生理缺陷学生家长能够了解特殊教育相关的政策法规等，知道自己享有哪些权利，明白自己在遇到困难时可以向哪些专业人员或者机构寻求帮助，那么则可以很大程度上缓解家长的养育焦虑，有利于家长合理维护自身的合法权益。但是，现实是很多家长都不太了解与残疾儿童相关的法律和政策，也不知道应该如何找到可以帮助自己的专业人员。一项调查发现，目前仅有5%的家庭非常了解特殊儿童相关的法律法规，54.3%的家庭有一些了解，40.3%的家庭则完全不了解。

教师在加大对特殊教育相关法律的宣传，指导生理缺陷学生家长主动了解相关的政策和法规，用法律维护自己的合法权益的同时，也可以指导家长通过家长委员会等家校共育组织主动提出建议，帮助完善相关的法律法规。具体来说，教师可以通过给

家长发放手册，用学校的微信公众号平台推送相关文章，或者与社区、医院合作，邀请校外专家进校开展专题讲座等不同形式，向家长普及相关的政策和法规。

（三）要提升普通学生及其家长对生理缺陷学生的接纳程度

要做好生理缺陷学生的家校共育，还需要转变普通学生及其家长的观念，减少他们对生理缺陷学生的误解、担忧和歧视，争取他们对生理缺陷学生的理解和支持。

第一，教师可以在学校定期举行"残疾人文化月"，并邀请普通学生家长参与，增加生理缺陷学生家庭和普通学生家庭之间的互动，让普通学生家长亲眼看到、亲耳听到生理缺陷学生及其家庭的经历、故事等，加深普通学生及其家长对生理缺陷学生的了解，从而减少他们对生理缺陷学生的误解。

第二，教师需要营造一个对生理缺陷学生友好的校园文化环境，促进生理缺陷学生与普通学生的融合。例如，教师要做好无障碍环境的建设，严禁任何歧视生理缺陷学生的行为，积极倡导尊重生命、包容接纳、平等友爱、互帮互助的良好校风、班风。对于随班就读学生，教师还要加大帮扶力度，鼓励班级学生通过"一对一"或者"多对一"的结对帮扶方式，给予生理缺陷学生学习和生活上的帮助。对于有5名以上生理缺陷学生随班就读的学校，还需要按照特殊教育资源教室的建设要求，为生理缺陷学生配备相应的教育教学、康复训练设施以及专业的教师。

（四）要给予生理缺陷学生家长参与学校教育和管理的机会

生理缺陷学生家长在家校共育中的参与程度往往比普通学生家长低很多，一方面可能是学校忽视了这些群体的家长也有平等的参与权，另一方面可能是这些群体的家长本身缺乏参与的意识。无论什么原因，这都不利于做好生理缺陷学生的家校共育。因此，教师需要给予生理缺陷学生家长平等的参与学校教育和管理的机会，引导这些学生的家长积极参与学校教育和管理。

对于只有部分学生随班就读的学校来说，教师可以赋予家长辅助教学的权利并提供一些渠道和方法。根据不同类型生理缺陷学生的需要，邀请家长参与到课堂中辅助孩子的学习，并在课后帮助孩子巩固课堂知识，完成课后作业等。

二、情绪行为问题学生家校共育的具体策略

情绪行为问题是在小学生中常见的心理健康问题之一，其发生率相对较高，且呈逐年上升的趋势。这里所说的"情绪行为问题学生"主要指的是在情绪和行为两个方面存在障碍，或者异于普通儿童的学生，包括有抑郁、焦虑、恐惧、羞怯等情绪障碍的学生，以及有攻击、偷窃、说谎、扰乱课堂秩序、离家出走、逃学、网瘾等行为问题的学生。

学生的情绪行为问题往往是学校、家庭和社会等多方面因素造成的，尤其是与学生的家庭密不可分。因此，要想转化情绪行为问题学生，学校和教师就必须要与这些学生的家庭合作。只有学生的家庭成长环境发生了变化，家长的心理素养提升了，学生的情绪行为问题才能得以改善。

（一）建立个性化档案，加强与情绪行为问题学生家长的沟通

良好的家校沟通在情绪行为问题学生的家校共育中非常重要。一方面，家校沟通有助于学校和家庭双方互通信息、及时发现学生存在的情绪行为问题，做到"早发现，早干预"，避免学生的"小毛病"演变为"大问题"。另一方面，良好的家校沟通也可以就"如何处置情绪行为问题学生"更好地达成家校一致，避免因为误会而发生家校冲突。具体来说，教师可以通过以下方式做好与情绪行为问题学生家长的家校沟通：

首先，教师可以为每一位情绪行为问题学生建立个性化的教育档案，如"心理健康档案"和"家校联系档案"等，做到一生一册，方便教师与教师、教师与家长之间

的沟通联系。班主任可以在专职心理健康教师的协助下，在专业的、科学的心理测试的基础上，建立情绪行为问题学生的心理档案。具体来说，心理档案可以包括学生的性格、兴趣爱好、情绪健康状况、人际关系状况以及心理风险因素等内容。在心理档案中，要对学生的心理健康状况进行全方位的评估，并及时进行动态更新，以确保班主任、心理健康教师能够掌握情绪行为问题学生的最新信息。需要注意的是，如果经过评估发现学生的情绪行为问题比较严重，超出了学校心理辅导工作的范畴，则需要在邀约家长访校，告知家长实际情况的基础上，做到及时转介。

其次，在情绪问题学生心理健康档案的基础上，教师可以进一步建立每一位情绪行为问题学生的家校联系档案。在家校联系档案中，需要包括学生的个人信息、家庭信息，以及每一次与学生家长沟通的记录（包括沟通过程、沟通的主要内容、沟通的结果、沟通后的注意事项等）等信息。总之，家校联系档案需要详细记录我们与情绪问题学生家长的每一次沟通内容。例如，什么时候打了电话，开了家长会，做了家访，约谈了家长等，以及主要内容是什么，有什么沟通结果等，都需要记录在家校联系档案中，即做到"工作留痕"。

最后，教师还需要定期向家长汇报情绪问题学生在学校的情况，以及最近的变化，包括有哪些进步或者有哪些新的问题等。具体来说，教师可以通过电话、微信、定期家访或者定期约谈家长等多种方式，与情绪行为问题学生家长沟通交流学生的近况。

（二）办好家长学校，加强对情绪行为问题学生家长的培训和指导

情绪行为问题学生的背后往往会有一个存在问题的家庭。家长的教育观念、教育方式等都会对学生的心理健康产生重要影响。例如，有的家长信奉"棍棒底下出孝子"，习惯采用简单粗暴的方式管教孩子；有的家长对孩子不管不问，过度放纵；有的家长喜欢溺爱孩子，凡事"护犊子"……因此，转化情绪行为问题学生的关键应该

是从根源上解决问题学生的成长"土壤"问题，即加强对情绪行为问题学生家长的培训和指导，帮助学生家长树立正确的教育观，掌握正确的家庭教育方法，为学生的健康成长营造一个良好的家庭环境。具体来说，教师可以从以下几个方面做好情绪行为问题学生家长的培训和指导。

1. 定期举办情绪行为问题学生家长的家庭教育讲座

为了帮助情绪行为问题学生家长及时了解儿童心理健康方面的知识，帮助家长树立正确的教育观念，掌握正确的教育方法，更好地关爱学生心理健康，促进学生身心健康成长，教师可以定期邀请校内外专家开展心理健康主题的家庭教育讲座，如"儿童情绪行为问题的识别与处理""如何做好自我情绪管理""如何守护儿童的情绪健康""情绪行为问题儿童行为背后的心理需求""儿童异常情绪问题的原因分析""儿童社交问题及其改善""如何与情绪行为问题儿童沟通""如何为情绪行为问题儿童创建良好的学习、生活、成长环境"等。

2. 开设专门针对情绪行为问题学生的家长课程

教师还可以针对不同年龄段情绪行为问题学生的特点，以及家长的真实需求，搭建线上、线下相结合的家长学习课程体系。从形式上来看，可以采用线下方式，邀请专家现场讲授；也可以开发线上课程，发放听课码或者二维码等，定期向家长推送线上课程，方便家长学习，提高学习效率；或者可以将线下课程录制成一系列视频传送到线上学习平台，让家长根据需要选择学习。

从内容上来看，教师可以针对小学低年级、小学中年级、小学高年级三个不同年龄段学生的特点，或者家长的不同需求，设计不同主题或者模块的家长课程。具体来说，可以围绕以下几个模块设计课程。

（1）情绪管理主题：包括家长如何帮助孩子管理好情绪，家长如何管理好自己的情绪，家长如何在家庭营造良好的情绪氛围，家长应该如何接纳孩子的负面情绪，孩子闹情绪时应该如何处理等。

（2）人际关系主题：包括家长如何与孩子建立良好的亲子沟通，家长如何帮助孩子建立良好的师生关系、同伴关系，如何避免孩子受到校园欺凌或者成为校园欺凌者等。

（3）学习主题：包括家长如何看待孩子的学习成绩，如何设置合理的教育期望，孩子考试失败后家长该怎么做，孩子逃学家长该怎么办，孩子注意力不集中怎么办，孩子学习磨蹭拖拉怎么办等。

（4）网络使用主题：包括孩子为什么会沉迷网络，孩子沉迷手机游戏怎么办，家长如何减少和控制孩子的屏幕时间等。

🔊 案例分享

北京市中芯学校每日家长作业改善学生注意力不良[①]

为了更好地帮助小学低年级学生改善注意力不良行为，北京市中芯学校从家庭入手，通过每日家长作业的方式指导父母修正教养方式。在实验中，学校选取了60名有注意力不良行为的学生，对其家长进行为期七周的作业指导。

干预过程： 由学校心理老师为家长设计七周49天的学习内容，包括学业管理、行为管理、时间管理、改善亲子关系、改善孩子的人际交往、家校沟通、提高孩子注意力等七个主题，主要通过手机微信向家长推送每日学习内容，并监督家长完成后打卡。

设计中，学校向家长传递了正向的向孩子表达指令的方法，并引导家长学习分配家庭角色，构架行为规则，及时的正负强化等方法，给家长提供了应对孩子不当行为的解决策略等。参加实验的父母还被要求每天发现孩子的闪光点并表达出欣赏和赞美。

干预结果： 教师和家长观察到的学生注意力不良等行为都有明显的减少。即通过学校指导父母的方式，明显改善了学生在校的注意力不良行为。实验结束后，在收集整理家长参加

[①] 温鸿洋. 家校共育，改变小学低年级学生注意力不集中的现象［J］. 华夏教师，2019（13）.

实验的感受时发现：在态度方面，家长意识到孩子的不良行为跟自己的行为及管理方式有很大的关系，开始反省自己的教养方式；在知识方面，家长表示学习到了更多关于时间管理、规则以及行为强化的技巧；在行为方面，家长学会了更好地管理自己的情绪，倾听孩子的反馈和建议，用言语和行为向孩子表达肯定、欣赏和鼓励。

3. 做好情绪行为问题学生家长的团体心理辅导

对于情绪和行为问题学生和家长存在的一些共性问题，我们还可以组建"同质性问题"学习小组，引入团体心理辅导，让家长和学生在专业人员的带领下同步提高。"同质性问题"学生家长团体心理辅导不仅可以很好地解决困扰家长的问题，还能提高我们的工作效率，帮助同类问题学生的家长群体成长。

在"同质性问题"学生家长团体中，家长有更多机会从其他成员身上发现与自己类似的经历。例如，参加以"提高注意力，提升学习力"为主题的团体心理辅导，家长会发现很多孩子与自家孩子一样存在注意力问题，这一发现能有效缓解家长的焦虑、紧张情绪。在团体交流中，家长诉说自己在教育孩子过程中遇到的问题，可以引起其他家长的共鸣，使他们的内心得到安慰，从而减轻心理压力。通过分享，家长获得认同，建立友谊，让他们更有归属感，也更有信心面对子女成长中出现的问题。

案例分享

"同质性问题"学生家长团体心理辅导的操作方法[①]

第一步：学习筹备，组建"同质性问题"学生家长团体心理辅导工作团队

在开展此项实践工作之前，组建"同质性问题"学生家长团体心理辅导工作团队。团队

---

① 耿振美，陈伟娟."同质性问题"学生家长团体心理辅导的实践研究 [J]．江苏教育，2019（11）.

成员必须是一线教师，具备心理学功底以及心理健康教育和咨询经验，充分了解团体心理辅导的理论与运用，具有善于学习、乐于奉献的精神。工作团队中，结合个人专长，针对不同专题，成立了6个专题小组，每个小组由1名导师和2名助理组成。

第二步：发放问卷，开展中小学生"同质性问题"的调查分析

课题组通过各校心理健康教师发放开放式问卷，并对问卷调查结果进行了分析归类，发现各个学段的学生都会出现一些"同质性问题"，如小学阶段的学生存在上课注意力不集中、好动、作业拖拉、人际交往不畅等问题。这些问题在同龄学生中普遍存在，相似度高，且对学生的人格发展和学习造成负面影响。同时这些问题与家庭教育存在密切关系，如果家长能调整教育理念，改变教育方式，就能在一定程度上使这些问题得到矫正。

第三步：由点到面，推进"同质性问题"学生家长团体心理辅导实施

1. 招募准备，唤醒家长参与意识。

2. 家长筛选，组建辅导团体。

3. 分类规划，制订辅导课程。

根据不同类型的"同质性问题"学生的特点制订团体辅导课程，由学校安排团体辅导场地，组织家长进行每周一次的团体心理辅导活动。一般每个成长团体围绕一个成长主题，活动周期为2个月，每月4次，每次2小时，时间为周五晚上6:30—8:30。这一安排既考虑到团体辅导的专业性，又避免了家长因工作繁忙没有时间参与的情况。

4. 提炼模式，探索辅导路径。

尽管"同质性问题"学生的问题类别不同，但是开展团体心理辅导的过程存在诸多共性的地方。

第四步：归纳总结，"同质性问题"学生家长团体心理辅导的案例推广

在团体辅导方案制订过程中，采用集体备课、现场磨课等方式，不断完善活动方案，最终由专家对方案进行现场评估，进一步修改完善，形成定稿。同时，在每次课程实施结束后，还会在原有方案中添加团体辅导过程中生成的精彩内容，完善每个主题的课程实施方案，使其更具有操作性和有效性，然后汇总整理，编制成"同质性问题"学生家长团体心理辅导课程。

除了以上途径之外，教师还可以通过发放家庭教育指导手册，组织各种亲子活动，时常和家长进行电话交流，召开家长会，进行家访等多种方式，为情绪行为问题学生家长提供合适的家庭教育内容指导。

（三）邀请情绪行为问题学生家长参与学校活动

教师还可以组织一系列增进亲子关系的家校活动，如亲子运动会、亲子生日会、邀请家长进课堂、邀请家长充当志愿者等，创造家长与孩子一同参与活动的机会，以便让情绪行为问题学生家长更多地看到自己孩子身上的闪光点，表达对孩子的肯定，从而增进家长和孩子之间的感情。

教师可以在家长开放日当天，邀请情绪行为问题学生家长参加心理班会课，让家长直观感受学生在学校的真实表现，同时也让家长在课堂上了解一些家庭教育、心理健康的知识。具体来说，教师可以针对学生的实际情况，设计不同主题的心理班会课。例如，有帮助学生改善人际关系，更好地融入班级、结交朋友的心理班会课；有针对情绪不稳定学生，帮助学生学会表达情绪，克服不良情绪的心理班会课。

心理班会课举例[①]

针对人际关系紧张的学生，设计以"快乐就在我身边"为主题的心理班会课。

1. 课堂目标

主要解决人际关系中对人冷漠，具有反抗倾向和有被压迫感的问题，运用积极心理学中的积极环境理论，通过游戏和小组合作活动，体验与人交流的乐趣，学会敞开心扉，融入班集体。逐步改善自卑心理，学会欣赏美，感受美，乐于结交朋友。

2. 课程内容

（1）活动一：游戏"我是小士兵"

首先在班级播放天安门阅兵仪式，说说英姿飒爽的军人身上有哪些值得我们学习的地方，引出军人以服从命令为主，玩一个"我来说，你来做"的游戏，让学生在指令下完成单脚站立，以及用身体摆出各种字母的造型或是简单的汉字。

活动目的：让学生们通过游戏感受当小士兵的骄傲和自豪，体验在指令下完成任务的快乐和满足感。特别是某些同学平时在班级经常跟老师"唱反调"，通过这个游戏，教师及时表扬他们在听到指令时反应最快，完成得最认真。这种被表扬、被认可的积极感受会使人感到幸福和快乐，同时也会改善师生关系，降低学生对老师的反抗倾向。

（2）活动二：小游戏"幸福在我身边"

两人一组，相对而坐，听"友情"和"友爱"这一对好朋友的故事。当听到"友情"时，双方击掌示意；听到"友爱"时，热烈拥抱对方。

活动目的：让学生们懂得人际交往是互动的，不能总是消极等待别人主动关心自己，而要主动跟周围同学沟通，开放自我让对方走进来，才能体会朋友在一起带来的幸福和快乐；让学生们懂得积极的人才更容易感受到幸福，敢于面对和表达自我，这些积极的做法是打开幸福之门的钥匙。

---

① 郝东. 心理班会对小学生问题行为的干预研究［D］. 延边大学，2018.

（3）活动三：真情驿站"有你真好"

小组交流，谁是班上你最喜欢的人，说说你和他之间的故事。

活动目的：通过真诚的表达，让同学们对自己和他人有更深刻的认识，清楚地认识到自身吸引别人的优势，要好地发挥这些优势来影响身边的人，这是一个良性循环，会让自己和身边的人都感到快乐和幸福。

（四）做好情绪行为问题学生家长的个性化心理辅导

教师还可以设立专门的家长咨询室，对有情绪行为问题的学生和家长进行一对一的个性化心理辅导。教师还可以通过家长会、家长讲座、家长课程、给家长的一封信等多种途径，鼓励情绪行为问题学生的家长们，在遇到无法解决的问题时，消除"病耻感"，主动寻求学校专业心理咨询教师的帮助，预约个性化心理辅导。通过个性化心理辅导，教师可以在专业教师的指导下，帮助情绪行为问题学生家庭制订个性化的解决方案。

具体来说，情绪行为问题学生和家长的个性化心理辅导包括以下几个步骤：

第一步，建立咨询关系。首先通过与情绪行为问题学生和家长的第一次沟通确定问题，初步建立咨访关系，共同制订咨询方案。

第二步，干预阶段。与学生和家长共同分析孩子目前的问题，并寻找引起问题的原因，探索可能的解决方法。在此阶段，咨询师需要充分调动家长的主观能动性，引导家长做出改变，比如改善原生家庭的沟通方式等。

第三步，结束咨询。与学生和家长一起回顾咨询过程，发现孩子和自己的改变，让家长掌握分析问题、解决问题的方法。

个案辅导与家长沙龙同步，关爱特需儿童家庭

不是所有孩子都能很好地适应学校集体生活，而孩子的情绪和行为问题很大程度上源于家长的情绪和家庭关系，需要家长有较高的自我觉察和修正的能力。还有的家长，学习了很多教育理论，却无法正确应用，反而因此对学校产生质疑和指责，不愿与学校合作。针对个案需求，北京史家教育集团"家长工作坊"通过开展6—8次连续性团体辅导，将有共性问题的家长组成共学互助小组，通过活动体验、案例分析、情绪疏导等多种方式，帮助家长缓解焦虑情绪。许多家长在反馈中提到，自己通过工作坊更加了解孩子行为背后的情绪表达，通过体验式学习更加明白如何安抚孩子的情绪，亲子关系在逐渐改善，而自己也有了当好一个家长的动力。小王是一个特别让妈妈头疼的孩子，注意力不集中，缺乏学习动力，作业永远拖延到夜里12点，他的妈妈每次来参加工作坊都眉头紧锁。参加了几次工作坊之后，他妈妈发来一段音频，是小王用语音的形式向老师表达感谢。原来是因为工作坊的辅导，小王妈妈认识到自己在教育孩子的问题上急功近利，忽略了孩子的发展节奏，于是改变了教育态度和方法，给孩子更多的欣赏和鼓励，孩子的学习也开始出现起色。小王得知是妈妈参加了工作坊，特地发来语音表示感谢。

在工作坊开展团体辅导的同时，史家教育集团也对学生进行个案干预，通过个案访谈、沙盘治疗等方式对学生进行有针对性的心理辅导。例如一位六年级的学生，患有医院诊断的心理疾病。他个性十分执拗，每天和同学发生矛盾，并恶语相向，与同学关系十分紧张。他的家长则因为长期被孩子的情况所困扰十分焦虑，处于崩溃的边缘，甚至时常对学校抱有怨言。心理老师采取了谈话和沙盘并用的方式对孩子进行帮助，经过近两年的个性辅导和90多次沙盘，他的个性发生了明显的变化，更加宽容明理，能够主动为同学服务，得到了同学们的认可，与同学们的关系也日渐融洽，学习成绩也有提高。每次和他进行一对一个案辅导之后，学校都会联系他的家长，告知孩子的进步和学校下一步的工作方向，家长的情绪得到安抚，有了依靠，与学校建立了信任配合的关系。个案干预不仅仅停留在咨询室里，心理老师还会组织全学科教研，针对某个学生的问题组织各学科教师共同研讨，制订辅导方案。有

需要注意的是，当班主任老师、学校心理老师遇到无法处理的个案时，应及时转介，通过学校心理危机干预机制，联系区域内的青少年心理门诊，帮助家长和学生寻求正规的心理行为治疗。

三、学困生家校共育的具体策略

学困生有时也被称作"学业不良学生"或者"学习障碍学生"，是指不存在智力落后，但是由于生理、心理、环境、教育等因素的影响，学习成绩长期而稳定地达不到国家规定的教学大纲要求水平，或者成绩明显低于其能力应该达到的水平，或者明显低于平均水平的学生。学困生往往会在听、说、读、写、算等方面的能力发展低于普通学生，且通常会表现出注意力不集中，学习兴趣偏低，学习动机不足，自我效能感差，学习坚毅程度较低和学习策略较差等一系列特征。

如何做好学困生的教育和转化工作一直是学校和教师教育工作中"最难啃的硬骨头"之一。由于影响学生学习困难的因素很多，既有来自学生自身的因素（自控力不够，缺乏学习动机，学习方法不恰当等），也有来自学校方面的因素（教师采用"填鸭式"的教学方式等），还有来自家庭方面的因素（家长很少参与孩子的教育，缺乏对孩子的监督和引导，缺少与教师的沟通交流等）。因此，要做好学困生的转化工作不能仅仅依靠学校和教师的努力，还需要学生家庭的配合，即家校共育。

（一）通过即时通信与学困生家长建立良好的日常沟通

随着信息技术的发展，教师可以借助微信、QQ、电话等多种沟通方式，与学困生家长建立及时有效的日常沟通，在互通有无中共同促进学困生的转化。一方面，通过微信、QQ等，我们可以及时向家长反馈学困生在学校的学习、成长情况，并指导家长如何关爱孩子，如何激发孩子的学习兴趣，增强孩子的学习自信心等；另一方面，通过微信、QQ等，教师也可以及时了解学困生在家的学习情况、家庭情况、家长存在哪些困难，需要哪些帮助等信息，以便更好地调整教育对策。

需要注意的是，通过微信、QQ等与学困生家长保持日常沟通的目的不是为了向家长"告状"，不是让家长帮忙批评、惩罚孩子。因此，在与学困生家长沟通时，应该将注意力更多地放在"如何做"上，多引导家长耐心、冷静地与孩子沟通，多使用赏识、鼓励等方式激发孩子的学习兴趣和自信心，等等。

除了与学困生家长交流学习之外，有时候教师也可以不谈学习，多交流一些孩子的兴趣爱好、成长趣事等，如孩子在班级做了哪些好人好事也可以告诉家长，一方面帮助学困生家长树立对孩子的信心，另一方面也可以拉近我们和学困生家长之间的距离，让家长卸下防备心。

还需要注意的是，微信群、QQ群等是公共交流空间。为了顾全学困生家长的面子、自尊，我们应该尽量使用"私聊"的方式与学困生家长交流。

除了使用微信、QQ、电话等日常沟通方式之外，教师还可以把家长接送学生的"空挡"变成家校沟通的黄金时间，与学困生家长沟通学生在校的学习和生活情况，分享家庭教育知识和经验等。

（二）开好学困生的小型家长会

为了有针对性地解决学困生的教育问题，教师还可以在定期召开常规家长会之外，单独召开针对学困生的"小型家长会"或"分层家长会"或"学困生家长座谈会"。那么，学困生的小型家长会应该怎么开呢？

第一，要学会换位思考，找到合适的切入点。和普通学生家长相比，学困生家长可能会对孩子的"问题"更敏感，更害怕开家长会。因此，为了打消家长的顾虑，召开学困生的家长会时教师可能需要更加注意氛围的营造，更加注意自己语言的艺术性，让学困生家长觉得"我不是来接受批评的"，"我是来解决孩子问题的"。因此，教师一定要站在学困生家长的角度思考问题，体会他们的心情，不要采用训斥、讽刺等口吻。

具体来说，教师可以在家长会开始之前，用真诚的口吻表达对家长的欢迎，说明召开本次家长会的目的。比如，家长会的开场白可以这样说："非常感谢各位家长的到来，我知道各位家长平时工作都非常忙。今天，我邀请各位家长来，主要是因为我们的孩子在学习上遇到了一些困难，我希望大家能够和我一起想想办法，共同帮助孩子成长、进步。"

为了缓和家长会的气氛，给家长一些希望和信心，教师可以在讲学生的问题，以及需要家长做什么之前，先组织一些表彰活动，或者热身活动。比如，可以用视频、照片等形式将学生在学校获得的荣誉、取得的成绩等展示出来。通过这样的环节，让家长发现学困生身上的优势，让家长们意识到学困生并不是"一无是处"的，而是"有药可救"的。

第二，要明确家长会的主题和内容。当家长会的气氛缓和之后，教师可以逐渐进入本次家长会的正题。根据学困生存在的主要问题，教师可以分别召开"如何帮助学困生培养良好的学习习惯""如何激发学困生的学习动机"等不同主题的家长会。具体来说，在学困生家长会上我们可以重点关注以下内容：

（1）帮助家长了解孩子学习困难的原因主要有哪些。在这个环节需要注意的是，切忌将所有原因都推给家长，使家长形成教师在推卸责任的印象。在分析原因时，除了分析家庭原因和孩子自身的原因之外，教师也需要适当反思自己的工作。

（2）帮助家长了解自己应该做什么、怎么做。分析完问题之后，更重要的是给出解决问题的方法。因此，这个环节应该是家长会的重点内容。教师需要根据学生存在的主要问题，给家长一些具体的建议，如如何帮助孩子养成良好的学习习惯，如何进行时间管理，如何制订学习计划，如何进行自主学习等，如何营造学习型家庭，如何关注孩子学习中的非智力因素（学习情绪、师生关系、同伴关系等）……在这个环节需要注意的是，教师不能只谈学习，而是要关注学生多方面的成长，包括孩子的心理健康，最终帮助每一位学困生找到适合自己的人生路。

为了保证家长会开得有效，教师还可以使用一些小技巧，如和学校、家长一起签订"学习帮扶合同"，明确学生、家长和教师各方的任务是什么。教师也可以让学生和家长签订"学习习惯契约书"，通过打卡、制订学习计划表等方式，让改变看得见。

知识链接

对学困生要做到"四少四多"

为了帮助学困生树立学习自信心，帮助他们提高学习成绩，我们可以遵循"四少四多"的原则：[①]

（1）少一点轻视，多一点赏识；

（2）少一些抱怨，多一些表扬；

（3）少一份急躁，多一份耐心；

（4）硬性规定少一点，具体方法指导多一点。

---

① 孔繁贞. 家校合作帮助学生走出"学困"［J］. 家庭教育，2002（11）.

（三）做好学困生的家访

俗话说，"一把钥匙开一把锁"。每一位学困生面临的实际情况都是不同的。对于一些在学困生小型家长会上无法解决，或者没有解决的特殊问题，教师可以采用家访、"一对一帮扶"的形式去解决。

如果实地家访存在困难，教师也可以使用腾讯会议等互联网软件针对学困生家长开展"云家访"，以便深入了解学困生的个人情况和家庭情况，和家长一起确定行之有效的转化对策。

案例分享

怎么进行学困生家访？[①]

班上学生王迪性格内向，沉默寡言，课上总爱趴在桌子上睡觉，还经常不完成作业。与她沟通原因，她也不愿意说，如果语气严厉点，她还会哭。为了帮助她改正不良的学习习惯，了解问题出现的原因，我决定对她进行家访。

家访当天，通过与王迪的父母交流我了解到，他们的工作很忙碌，几乎没时间照顾孩子，但平日里他们还是很注重孩子的教育，主张开放、民主、快乐教育，所以基本是放手的状态，由着孩子自由发展。爸爸也表示，王迪很早就有一些不好的学习习惯，但她听不进去父母的管教，他们也不知道该怎么办。

听到这些，我对王迪父母先说了她的一些闪光点，比如她在班里乐于助人、有礼貌、尊敬老师等。接着，我对她父母说，现在最需要做的是帮助孩子树立信心，让她自己发现学习的乐趣和成就感，从而主动学习，这要比责骂她、强迫她学习有效得多。

最后，我又提出了几点建议：一是希望父母还是能够尽量多地去陪伴孩子，多关注孩子在家的学习情况；二是父母要多和孩子沟通，及时了解孩子在学校的情况，有问题能够及时

① 张铁梁. 中小学教师家访指南［M］. 天津：天津大学出版社有限责任公司，2022.

解决；三是和孩子一起制订学习计划，合理安排时间，特别是约定好玩手机等电子产品的规矩，努力提高写作业的质量。

家访后，我惊喜地发现，王迪的作业本上经常出现父母对她晚上写作业情况的评语，这意味着他们认识到了以往教育方式的不足之处并在积极改正。王迪在课上走神的次数也明显减少，虽然回答问题的次数仍然较少，但我相信她一定能够成为一个积极主动学习的好孩子的。

这次家访让我明白：面对学困生，要尽早家访，并且要避免跟父母告状，而是多表扬孩子的优点和进步，用爱唤起学生的自信和成长的愿望。同时，共同寻找孩子问题出现的原因，耐心引导，确定孩子努力的方向，从而帮助孩子实现根本性的转变。

在对学困生进行家访的过程中，教师首先要弄清楚"为什么要进行此次家访""本次家访想要达到什么目的""本次家访想要了解哪些内容"等，并提前做好准备。教师可以提前准备好学困生家访提纲，这样做一方面可以避免因为慌乱在措辞上出现不恰当的地方，另一方面也可以聚焦关键问题，节约时间，提高家访的效率。

和召开学困生家长会一样，在家访过程中教师也需要注意保持耐心，不仅要关注学困生的学习本身，还要关注他们的情绪、行为习惯、心理健康、兴趣爱好等多方面内容，同时还要注意做好家长的指导。

在家访结束后，教师还需要及时做好学困生的家访记录，以便总结经验教训，也方便后续对学生的追踪。在学困生的家访记录中，教师需要重点记录的内容是家访过程、家访处置建议以及家访后的反思。

第 12 章

妾**善**处理
家校**冲突**

教师和学校的困惑

教师1 教师现在就是个"高危职业"，家长动不动就要投诉我们，我们能怎么办？只能"多一事不如少一事"地做好"维稳"了。

教师2 现在越是负责任的老师越容易和家长产生冲突，搞不好就是一场"校闹"。要不要管学生？管到什么程度？这是一个问题。

教师3 每次出了事，学校就乱成一锅粥，老师也不知道该怎么办，全凭自己的经验去处理。

教师4 我明明是出于好心说的一句话，本意是为了孩子好，结果却被家长误会成了在推卸责任，真是冤枉啊！

　　围绕着学生，教师和家长建立了密切、频繁的沟通联系。有沟通就容易有摩擦、有意见分歧。而教师的教育立场有时与家长也不一样，教师需要面向全体学生，家长往往只关注自家孩子；教师需要传达学校的教育理念，家长有时候对自己的教养方式又太过自信……总之，双方同样是为了学生好，但矛盾和冲突却也在所难免。例如，江苏一位家长因为不满教师要求家长批改作业，在网络上发视频控诉"我就退出家长群怎么了"；浙江十几名家长因为学校换班主任太频繁而围堵了校长四天；湖北两名学生家长因为学校放学耽误了十来分钟，与校长发生了争执，并打伤了三人……

　　目前，由于家长权利意识的觉醒，家长教育焦虑的增加，家校之间有一定的信任危机。家校双方在教育立场、教育观念等方面存在差异，而舆论发酵又如此之快，学校和家庭之间的冲突、矛盾往往会进一步被放大。这容易使教师在工作中变得畏首畏尾，谨小慎微，从而影响家校共育工作的开展。如果学校能够恰当处理这些问题，就可以促进家校共育的优化升级；反之，如果处理不好，则可能使家校冲突升级恶化演变成"校闹"，透支家长对学校的信任，阻碍家校共育工作的开展。因此，学校要重视家校冲突问题，建立相应的处理措施和应急预案。

第1节　家校冲突及其原因分析

家校冲突是一种客观存在于学校和家庭之间的敌对、排斥行为或者心理。家校冲突的原因是复杂的，既有家庭和家长方面的原因，也有学校和教师自身的原因，还有社会因素的影响。

一、什么是家校冲突

家校冲突，顾名思义就是发生于家庭和学校之间的冲突，即家庭和学校两个系统在教育孩子过程中，由于双方在文化、背景、观念和价值观等方面存在差异，而出现的一种对抗的心理和行为过程。[1]从家校冲突的概念可以看出，家校冲突主要是发生在家庭和学校两个教育主体之间的，其主要表现是相互排斥、敌对的行为或心理状态。

从家校冲突的主体来看，家校冲突包括发生在家长个体和教师个体之间，或者家

---

[1] 边玉芳，刘小琪，王凌飞. 当代我国中小学家校冲突的原因分析与应对建议［J］. 中国电化教育，2021（5）.

长群体与教师个体之间的冲突；也包括家长和学校之间的冲突，即发生在家长个体与学校之间，或者家长群体与学校之间的冲突。因此，家校冲突其实也包含了家师冲突。

（一）家校冲突的种类

按照不同的分类标准，家校冲突可以分为不同的类型。对家校冲突进行归纳分类，可以帮助我们更深刻地认识家校冲突，把握家校冲突的本质。

从家校冲突的激烈程度来看，它大致可以分为两种类型：一种是争吵类型的较温和的家校冲突，一种是产生暴力伤害的比较强烈的家校冲突。从家校冲突的形成原因来看，它大致可以分为四种类型：信任危机型家校冲突、责任推诿型家校冲突、利益对弈型家校冲突与观念差异型家校冲突。[①]

从家校冲突涉及的范畴或者内容来看，它大致可以分为以下三种类型。

一是教育教学类家校冲突。这类冲突通常表现为家长对于教师在教育教学中的理念、价值观或具体方法等不满。例如，某学校安排学生自愿参与一项周末活动，"帮助父母做一顿饭的社会实践"，这项活动旨在引导学生在学习之余，学做一些力所能及的家务活，掌握一定的生活技能，体会父母的辛劳，是对学生综合能力的关注，对学生生命成长的关注。这原本是一个很有教育意义的实践活动，家长却因为安排在临近期末，就到区人民政府网站进行了投诉："距离期末考试不到三周了，学校为何不好好组织学生进行复习，还让他们玩过家家、做炒菜游戏等与学习无关的活动？"[②]

二是教育管理类家校冲突。表现为父母对于学校管理、奖励与惩罚方式、学生安

---

① 邓冰清. 家校冲突问题及对策研究［D］. 华中师范大学，2018.

② 尤健. 一个家长投诉件带来的思考［J］. 中国民族教育，2016（10）.

全、伙食、生活条件、收费、政策、人员更替、家校合作中双方的责任分配等工作的不满。这一点在家校冲突中是最为常见的，如班级管理中的排座位、选干部、评优，学校管理中的更换教师、收取各项费用、营养午餐等都是经常出现家校冲突的领域。

三是质疑教师专业能力引发的冲突。这是一种比较新型的冲突，随着当代家长自身文化水平的提升和对于子女教育投入更多的时间精力，一些家长会对教师的个人能力产生质疑，包括教师的年龄、经验、学历、授课与管理技巧等方面，进而产生了家长联名要求撤换某位教师之类的事件。

（二）正确看待家校冲突

家校冲突是一种社会现象，其爆发有一定的必然性，也具有一定的时代性。在我国当前社会背景下，家校冲突主要表现出以下几个特点。

1. 家校冲突是客观存在的

根据社会冲突理论，冲突是普遍存在的。在我国现代社会背景下，随着社会的发展，以及教育改革的深入，家校冲突似乎是客观存在的，不可避免的。尽管学校和教师从主观意愿上都想避免家校冲突，但是现实中由于家庭和学校在性质、价值取向等方面存在差异，家长和教师在教育立场、教育期待、教育理念等方面存在差异，家长权利意识觉醒，教师能力有限等众多因素的存在，家校互动过程中总是会或多或少地出现一些冲突。在现实生活中，家庭和学校之间完全没有摩擦几乎是一种奢望。学校和教师需要清醒地认识这一点。

2. 家校冲突是复杂的

家校冲突的复杂性体现在：第一，家校冲突的原因是复杂的、多样化的，既有客观原因也有主观因素，既有内部原因也有外部因素，既有家庭的原因也有学校的因素等。第二，家校冲突具有一定的可变性。在家校冲突发展变化的过程中，充满了各种可能性。如果处理不好，家校冲突就可能不断升级，从隐约的"不满"演变成暴力的

"校闹"；如果及时发现、妥善解决，家校冲突就可能出现好转。有时候，家校冲突还可能呈现出时而好转时而恶化的波浪式发展态势。

3. 家校冲突具有两面性

说起家校冲突，人们联想到的都是"矛盾""对立""斗争"等消极负面的情况。然而现实却是，家校冲突具有两面性。第一，家校冲突具有破坏性。家校冲突会带来一系列的负面影响和消极结果，如扰乱学校的正常教育教学秩序，损害学校和教师的公信力，甚至威胁社会的和谐与稳定。第二，家校冲突具有建设性。家校冲突也会带来一些正面影响和积极结果，如充当家校之间的"减压阀"，释放家庭和学校被压抑的情绪，缓解对立情绪和紧张状态，避免矛盾激化。家校冲突还有可能帮助学校和教师发现自己在教育理念、教育方式上的不足，从而做出改进。

二、为什么会产生家校冲突

了解家校冲突的原因，对于教师和学校找到解决冲突的策略具有重要意义。目前，家校冲突产生的原因主要有以下几个方面。

（一）家校之间在教育立场、教育观念等方面客观上存在差异

家庭和学校在孩子的教育中发挥着不同的作用。家长和教师也在孩子的教育中扮演着不的角色，有不同的立场，不同的目标。这些家校之间客观存在的差异都为家校之间的冲突埋下了"导火索"。

1. 家长与教师在教育立场上的差异

由于家长和教师在儿童教育中的角色有着天然的不同，两者在处理教育问题上的立场上自然而然存在着差异。对于家长来说，对于学校教育的期待和参与家校共育最核心、最本质的目的，就是保证自己子女的利益。相比关心群体，家长更关心自己子

女这个个体，考虑问题的首要出发点是子女利益的最大化。而对于教师而言，教育目的的达成是通过群体进行的。教师首先需要考虑的是全班、全年级甚至全校学生的整体利益，在保证学生集体利益的基础上，才能尽己所能去进一步服务学生个体，当个体利益与集体利益可能存在冲突时，会优先保证集体的利益。于是，处理同一个问题，家长和教师的角度必然是存在差异的，教师考虑的是如何通过保证全体学生的受益最大化使每名个体学生都尽可能获益。而不同家长会对如何实现自身子女利益最大化有个性化的期待和认识。且随着社会发展，个性化越来越强，教师难以完全满足不同家长的期待。于是常常稍有不慎，就使得小分歧逐步升级，造成家校间的矛盾，有时还可能演化为激烈的冲突。

2. 家长与教师在教育观念上的差异

改革开放的以来，我国的教育事业也在飞速发展，教育改革进行得如火如荼，素质教育硕果累累，各种国内国际的教育新理念被逐渐引入并遍地开花。教育的飞速发展甚至让部分观念保守、缺乏主动学习意识和能力的教师都感到应接不暇。在这种情况下，家长的综合素质虽然也在不断提升，但仍然有部分家长保留着传统的教育理念，对于教育改革持不了解或不认同的态度。例如，很多家长仍然坚持应试教育的观念，只关心学生的成绩，认为学校推动学生全面发展的举措是浪费时间。还有一些家长无法理解营造开放、自由、合作氛围的教学方式，认为是教师缺乏管理能力导致课堂纪律混乱。

在当今的家长中，还有另外一类有着良好教育背景，自身素质较高，对于教育非常关心的家长，学习了大量的教育学、心理学知识，了解很多国内国际的优秀教育理念和教育经验，尤其是曾在国外学习工作过的家长，这样的家长对于教育有着自己的见解，可能会认为学校和教师采取的教育方式过于传统，不够与时俱进，在教育界对这个现象有个调侃的说法是"高知家长言必称西方"。在教学管理方面，部分家长非常在意学生自主性的培养，希望教师采用更为民主的教学方式，认为学校的管理过于严格，限制了学生的自由和个性发展，进而引发冲突。

（二）家校之间存在"信任缺失"

信任是家校合作共育的基础，也是建立良好家校关系的关键。如果家校之间建立了良好的信任关系，那么家校之间就可以真正做到心往一处想，劲往一处使，教育中的很多问题都可以轻松解决，减少冲突的发生。反之，如果家校之间缺乏信任，那么家校之间就会存在博弈的空间，哪怕一件再正常不过的小事也会引起家长的误会，引发家校矛盾和冲突。

例如，一个男生在体育课上和同学打架了。下课时，体育老师让这个学生站在操场上"自我反省"。家长来接孩子的时候，看见老师还在批评教育学生。这位妈妈第二天找到了校长，让那位体育老师为"体罚"孩子而向自己道歉，这位妈妈还找了好几个家长来见证这个过程。体育老师虽然也觉得委屈，不过还是在那位妈妈的强烈要求下，道了歉。后来这位妈妈把当天发生的事情放到了家长的QQ群中，很多家长向学校提出希望更换体育老师。

在这个案例中，如果家校之间有信任的话，那么这位家长在看见老师批评教育孩子时，可能就不会有太多的消极情绪，进而演变成到校长那里"告状"，要求换老师。他会向孩子和老师求证这件事发生经过，从而判断是否需要干预体育老师的教育行为。但是，现实中像这样的案例还有很多。

信任的缺失还体现在老师不信任家长。有老师曾在文章中描述过这样一个真实的例子：有一天，学校收到了一封家长信。几位老师都很担心，纷纷推测是一封投诉信，拆开的时候冒着冷汗，打开后却意外的发现是一封感谢信。因为不信任家长，导致教师不愿意与家长沟通，这又进一步致使家校之间因为缺乏有效的互动与合作，不够了解彼此，产生许多误会，最终导致家校之间陷入"信任缺失"的恶性循环。

（三）学校自身缺乏有效的冲突应对管理机制

从学校的层面来看，引起家校冲突的主要原因是缺乏宏观的家校冲突应对管理机制，导致教师应对和预防冲突的能力不足。这主要有以下两个表现。

1. 学校缺乏相关的家校冲突应对机制

家校冲突是几乎每一所学校、每一位教师在家校共育过程中都会遇到的问题。但是，很少有学校提前建立好有效的冲突应对机制。很多学校和教师都是在冲突发生后，匆忙上阵，凭着自己的经验去解决。这可能导致学校无法快速响应，也无法正确、科学地处理家校冲突，甚至可能在慌乱中出错，导致将小冲突变成大冲突。

2. 学校缺乏相应的安全监管制度

学生安全是家长最关心的问题。因此，一旦学校在安全上出现了问题，就很容易演化成家校冲突，如下课撞伤了，在食堂就餐后出现呕吐等。如果学校可以完善安全监管制度，则可以在很大程度上减少安全事故的发生，从而减少家校冲突的发生。

另外，由于家长权利意识的觉醒，家长教育焦虑的增加，家校之间存在一定的信任危机，家校双方在教育立场、教育观念等方面存在差异等多种因素的影响，以及社会舆论在网络发酵往往迅猛又不受控制，也容易导致家校冲突被进一步放大。

第2节　做好家校冲突的应急处理

最好的处理当然是防患于未然。但在现实中，家校冲突、家校矛盾都难以避免，如果家校冲突发生了，第一时间做好应急处理，就能将危害压制在最小范围之内，避免事态扩大化，甚至形成舆情。否则，学校的后续处理就会非常吃力且被动。

一、化解家校冲突的基本原则

了解处理家校冲突的基本原则，可以帮助学校和教师更好地把握方向，妥善处理冲突。对于学校和教师来说，处理家校冲突主要需注意以下几个原则。

（一）"及时响应"的原则

在家校冲突处理过程中，及时很有必要。当家校冲突已经发生，学校和教师应该把握好时机，尽快进入冲突处理的流程。只有及时做出响应，在时机上抢得先机，才能够在第一时间稳住局面，防止事态蔓延扩大，降低冲突事件的影响力和破坏性。反之，如果处理不及时，会让家长觉得学校和教师有故意隐瞒或逃避责任的嫌疑，从而激怒家长，使小冲突恶化成大冲突。

第一，要做好应急处置。要把学生的安全、健康放在第一位，积极做好当事学生的情绪安抚、心理疏导或者物理救治工作。家校冲突往往都是因学生而起的。当学生的情绪得以安抚，问题得以解决时，家校冲突自然而然就能够减轻甚至消失。这也是一种"曲线救国"的策略，即借助学生来影响家长，从而达到转变家长态度的目的。

第二，组建应急队伍。如果学校已经提前建立好相关队伍，则可以在第一时间"唤醒"队伍，展开工作。此时，可以及时调配家委会、教育行政及其他部门的资源。

第三，要做好应急沟通，舆情掌控。一方面，学校和教师要及时通知当事学生家长，确保孩子的监护人在第一时间有"知情权"。当涉及对学生的治疗时，也必须第一时间通知家长，因为家长对孩子情况的处理有"决定权"。另一方面，学校和教师要及时对外公布信息，避免因为信息不透明而引发谣言，影响冲突的化解。

"掌控舆情"是新媒体时代处理家校冲突的重要环节，因为舆情一旦处理不好，家校冲突就会升级，使学校陷入被动。因此，在家校冲突发生时，我们需要积极主动地向社会公众说明事情真相，回应舆论质疑，对舆论进行正面引导。应指定具有一定法律素养、较高理论水平和较强语言表达能力的人员作为新闻发言人，代表学校接受媒体采访。

应急沟通的对象还应该包括学校内部教职工、校内学生、校外相关政府部门等。总之，及时响应的目的就是尽量把损失或者危害控制和降低到最小程度。

（二）"尊重优先"的原则

在家校冲突处理的过程中，尊重是第一位的。"尊重"不仅意味着学校和教师要尊重涉事学生家长，还意味着学校领导要尊重涉事教师。

1. 尊重涉事学生家长

尊重涉事学生家长至少有三层含义。第一，要尊重涉事学生家长的情绪。当家校双方发生冲突或矛盾时，学校和教师必须清醒地认识到，家长是学生的亲生父母，他们有生命传承的血缘关系。相比其他人而言，家长更担心孩子的情况。关心则乱，此时家长可能会有一些情绪，如愤怒，甚至可能有一些过激的言语和行为。此时，学校和教师要理解家长的情绪和行为。第二，要尊重涉事学生家长的知情权和处置权。家长是孩子的监护人，对于孩子的情况，他们有知情权；对于如何处置，他们有决定权。因此，不管发生什么问题，学校和教师都应该第一时间告知家长，向家长清楚说明情况。第三，要尊重涉事学生家长的表达权。在处理冲突的过程中，学校和教师要懂得倾听，允许家长表达自己的想法和意见。

2. 尊重涉事教师

学校在处理家校冲突的过程中要尊重涉事学生家长，但是这并不意味着学校就可以牺牲教师的利益。相反，学校应该要保护好自己的教师，维护好教师的专业地位。如果学校为了息事宁人，一味向家长妥协，可能虽然暂时解决了问题，但是长远来看并不利于减少家校冲突，反而可能导致家长对教师信任的缺失，也会让教师对学校感到"寒心"。因此，学校在处理涉事教师时一定要从"尊重"出发，慎重处理。例如，在教育教学类家校冲突中，在涉及对教师专业胜任力的评价时，为了保障公平、权威，学校可以聘请相关领域的专家制定专门的评价工具，或者邀请领域内的同行进行同行评估。

总之，在处理家校冲突过程中，学校既应该维护好家长的利益，也要维护好学校和教师自己的声誉，保护好自己。

（三）"正面面对"的原则

要想化解家校冲突和矛盾，就要先正视它，切不可采取盲目回避的态度。如果学校和教师不正面面对问题，可能会让家长产生教师在推卸责任的感觉，进一步激化矛盾。

1. 学校和教师要勇于承担责任

真诚是沟通的基石。如果确实是教师和校方在教育教学工作中有失误和疏忽，在处理冲突的过程中，就不能隐瞒，而是要勇于承担责任，真诚地赔礼道歉，以求得家长和学生的谅解。人无完人，失误在所难免，一般情况下家长能够理解。但隐瞒错误或过失，推脱责任，家长就不能理解和原谅了。学校、当事人认真检讨认识错误，诚恳赔礼道歉，公平处理，大部分家长都不会提出什么无理要求，有时还会降低要求，对教师和学校的疏忽给予理解和宽容，和校方一起寻找恰当的解决方案。

2. 校领导要在第一线面对家长和处理问题

当家校冲突程度较为严重时，校领导要积极出面，更有利于矛盾的解决。首先，家长需要明确知道校方的态度，希望马上看到处理结果，不希望耗时间，绕弯子。其次，校领导的态度直接影响家长的态度。校领导态度好，家长的态度通常也会逐渐转好；校领导态度不好，家长的态度则会更差。最后，校领导出面会给家长校方重视尊重的印象，获得家长好感。

（四）"灵活处理"的原则

处理家校冲突是一件需要智慧和艺术的事情，需要讲究一定的策略和方法。在解决冲突时，最重要的是"求同存异"，尽量寻找一种"双赢"的结果。因此，学校和教师需要有一定"随机应变"的能力，灵活处理问题。

1. 可以先处理好情绪，再去处理事情

家校冲突的典型表现之一就是情绪上的对立。然而，当人被情绪控制的时候，大脑是无法理性思考的。因此，在处理冲突的过程中，灵活处理家长的情绪是第一步，也是一个难点。面对不同的情景，不同性格、不同情绪状态的家长，学校和教师需要使用的方法是不一样的。如果冲突的双方或者其中一方情绪比较激动，互动性低时，教师切忌据理力争，与家长针锋相对，而需要暂时采取"回避"策略，帮助自己和家长稳定情绪。此时，可以选择女教师或者平时和家长关系比较亲近的教师去做好迎接、接待家长的工作。

2. 可以合理使用电子监控系统还原事件真相

家校冲突常常是因为家长对于学生在校情况的不了解，进而容易对一些本身模棱两可的情况进行负面推想。因此，当家校冲突发生时，如有必要，学校和教师可以合理利用校园内的电子监控系统，还原事实真相。这样做的效果往往比学校的千万句辩解更有效果，也更能够让家长信服。

二、化解家校冲突的一般方法

由于家校冲突的复杂性，其化解方法也并不是单一的。尽管如此，我们还是可以总结出一些化解家校冲突的基本策略。一般来说，学校和教师可以根据冲突事件的严重程度和双方解决的意愿，采取"自愿协商解决→调解→走司法诉讼"三个等级的解

决策略。我们在此将其简单地总结为化解家校冲突的"三级"策略。[①]

（一）"一级"策略：自愿协商

家校冲突刚发生时，提倡学校和家长在合理合法、互相理解、平等对话的原则下，自愿进行协商解决，充分发挥冲突对增进家校关系的建设性作用。这也是大部分家长最愿意采取的方式。2016年教育部政策法规司的调查结果显示，家长最希望用协商方式来解决安全事故纠纷，比例达到69.1%。双方围绕着冲突的焦点问题各抒己见，寻找解决方法，发挥冲突的建设性作用，增进家校关系的深度发展。

学校在协商解决冲突事件时，一是按照学校应急处理方案，按照制度化、规范化的程序实行；二是了解事实情况，正确归因，勇于承担校方责任。首先，校方需安抚家长和学生，缓和其情绪，避免事态扩大。了解冲突的原因后，耐心听取家长、教师、当事学生及其他相关人员的事实描述，搜集证据证词，客观地对冲突进行归因。这样处理，确保责任划分有理有据，合情合理合法。需要注意的是，在事件调查处理的过程中，最好是家长全程参与，保持透明度，增加信任度，加大协商处理的可能性。

另外，学校也需要充分发挥家委会、教职工代表大会等校内组织在家校冲突中的协调作用。

（二）"二级"策略：调解

经过协商无法解决的家校冲突，学校可以成立校级"家校冲突人民调解委员会"。成员可以邀请教育局、法院、高校专家和街道社区干部组成。该类调解委员会

---

① 边玉芳，刘小琪，王凌飞. 当代我国中小学家校冲突的原因分析与应对建议［J］. 中国电化教育，2021（5）.

既是稳定的组织，也是灵活机动的。稳定是指其性质、职能、程序、人员构成等方面保持不变；灵活机动是指，根据处理的具体事件特点和家长的意愿与建议进行相应的变更。为了体现公正公平，维护双方利益，在调解前，需向家长介绍调解委员会的组成情况。如果调解不成功，会终止调解，并告知当事人可以依法通过仲裁、行政、司法等途径维护自己的权利。家长可以就成员构成的合理性，调解程序的规范性，调解结果的可接受性等方面提出建议，在双方达成一致，充分信任的前提下启动调解程序。

家校冲突人民调解委员会是第三方调解机构，它在解决家校冲突中的优势有：第一，调解委员会依托于司法行政部门，作为第三方，具有相当的公信力；第二，调解委员会的调解员拥有不同的专业能力，在处理不同的家校纠纷中发挥各自的优势，既有效防止矛盾激化，又能加速冲突的解决；第三，人民调解协议书一旦经过司法确认后就具有一定的法律效力，不可反悔，因此可以大大提高可执行性和效率。

🔴 知识链接

家校冲突人民调解委员会，是家校双方的第三方调解机构，主要职责是维护双方的合法权益，构建和谐的家校关系，为学生们的健康成长提供和谐美好的环境。家校冲突人民调解委员会一般由政府牵头，由各级教育部门、教育领域专家、法律专家、心理专家以及街道社区干部组成。

目前，我国已有一些省市成立了该类组织。例如，2018年11月，吉林省成立全国首个省级"校园纠纷人民调解委员会"；2020年5月，重庆市沙坪坝区成立校园纠纷人民调解委员会。

（三）"三级"策略：司法诉讼

如果家校双方未能形成调解协议，则需通过司法诉讼予以解决。学校应长期聘请法律顾问或法律名誉校长，帮助教师依法依规化解家校冲突。平时，他们可以对学生、家长和教师进行法制宣传教育，提升其法律素养，这在一定程度上也能避免家校冲突事件的发生。在解决司法诉讼时，他们也可以发挥专业作用，依法判断冲突事件的性质及校方应承担的责任和维护的权利，积极配合司法人员取证。在司法诉讼过程中，学校尤其要注意互联网时代公众舆情的控制，舆情控制不当会使家校矛盾升级，学校陷入被动。校方需及时发布公告，积极主动向社会公众说明真相，回应社会舆论的质疑，正面引导公众舆论，增强学校的公信力。学校可以指派一名或多名具有一定法律基础，综合素养较高，语言表达能力强的教师作为校方的官方发言人，接受媒体采访，负责外联工作。

三、做好家校冲突的事后反思

当家校冲突发生之后，不管结果如何，学校都应该积极做好家校冲突的事后反思和善后工作。这有利于将家校冲突转化为家校关系发展的契机，促进教师、学生、家长和学校在危机中成长，从而减少家校冲突再次发生的几率。

（一）家校冲突事后反思的内容

从内容上来看，我们主要可以从教师和学校两个维度来进行反思。

教师层面的事后反思可以主要聚焦在以下三个方面：一是经验总结。在此次家校冲突处理的整个过程中，教师有哪些做得好的地方，如"及时通知了学生家长，取得了家长的理解和支持"或者"充分发挥了家委会的调节作用"等。二是寻找不足在整个家校冲突处理的过程中，教师有哪些地方做得还不够，能力上有哪些欠缺，是"心理准备不足""处理事情过于草率、简单"，还是"家校沟通技能不足""缺乏对学生家长心理的安抚"。三是对涉事学生和家长的跟进，即家校冲突处理结束后，要通过家访、日常沟通等方式定期回访，持续跟进，加强对涉事学生和家长情绪的关注，观察他们是否对学校有抵触情绪，或者是否因此对学校有仇视心理，努力修复与他们之间的关系。

学校层面的事后反思可以主要聚焦在制度层面。在预防和处理家校冲突的过程中，学校有哪些制度方面的漏洞或者缺失。因此，学校制度层面的事后反思应该包含两个方面：一是反思已有的应对家校冲突的制度是否能够有效运行，是否真正发挥了作用，未来应该如何进一步完善已有制度。二是反思在应对家校冲突过程中，学校还缺少哪些制度，包括预防和应急处理两方面的制度。例如，对于心理危机类事件引发的家校冲突，学校是否提前建立了心理动态评估机制、危机干预校园网络、校园心理危机识别与干预培训制度等，做到提前关注，及时发现，科学处理；对于校园安全类等事件引发的家校冲突，学校是否提前建立了校园安全风险预防性评估制度，调动多方力量做好校园风险的识别、评估和处理工作，不放过任何安全隐患。

（二）家校冲突事后反思的形式

从形式上来看，我们可以通过让教师填写家校冲突事后反思记录表，撰写家校冲突事后反思报告、反思心得，或者召开不同层次、不同对象的家校冲突事后总结会、经验分享会、方法研讨会等多种形式进行事后反思。

以反思记录表为例，我们可以在家校冲突处理结束后，请相关教师填写表格，并将填写好的表格统一归档整理，与后续追踪记录一起形成家校冲突处理档案，方便后续查阅和学习。

家校冲突事后反思记录表

冲突发生时间		记录人	
涉事对象 （包含教师、家长、学生等）			
冲突起因			
冲突处理经过			
冲突处理结果			
可借鉴的经验			
可改进的地方			
希望得到哪些支持			

　　以召开家校冲突事后反思会为例，学校可以先针对相关教师、班级和年级召开小范围的复盘会，然后根据需要在学校层面召开针对所有教师（尤其是班主任）的经验分享会、方法研讨会等。在反思会上，学校可以先邀请事件相关的教师分享自己处理冲突的经过、经验以及存在的不足等，然后进行头脑风暴，让参会教师自由发表意见。在一些研讨会上，除了讨论本校的事件之外，学校还可以将其它学校发生的一些典型事件拿出来作为案例，供大家讨论、学习。讨论问题包括："是什么将一场本来与学校关系不大的危机事件发酵成了一场关于家师关系的社会舆论？""教师哪句话说

得不太合适？""如果是你，你会怎么做？""遇到类似的事情，我们应该怎么做？"

最后，需要注意的是，家校冲突的事后反思不应该只是一位或者某几位涉事教师、领导的事情，而应该在全校范围内进行事后反思。

第3节　做好家校冲突的事前预防

最好的化解是预防。尽管家校冲突是客观存在的、不可避免的，但是学校仍然可以采取一些预防措施，减少家校冲突的发生。

一、学校层面建立家校冲突应对管理机制

学校层面的家校冲突预防策略主要是指从学校管理者（校长、副校长等）的角度来看，有哪些管理体制和机制可以有效减少家校冲突的发生。相对教师层面的家校冲突预防策略来说，这个层面的策略更具宏观性。

由于家校冲突具有普遍性，学校应该提前建立专门的家校冲突应对管理机制，以便在家校冲突发生时迅速、准确地做出反应，避免冲突扩大化。

（一）成立家校冲突应对管理小组

在冲突发生时，容易出现混乱局面，涉事教师不知道怎么处理，向谁求助，向谁汇报，涉事家长不知道应该找谁负责解决问题，最终导致冲突不断升级演变成"校闹"。为了预防这种局面的出现，学校可以提前成立"家校冲突应对管理小组"。

从人员构成上来看，可以由学校校长担任冲突应对管理小组的组长；由分管德

育、教学等的副校长担任副组长；由德育主任、教务主任、后勤主任等中层领导，以及一线骨干教师（班主任、心理教师、校医等）等担任组员。如果学校成立了家委会，还可以根据校情邀请家委会主任或者家委会骨干成员加入家校冲突应对管理小组。在挑选家委会成员的时候，可以综合考虑家长的职业背景，专业特长等，比如可以优先邀请具备法律、医学、教育、谈判、外交等经验的家长，以便更好地在冲突应对管理小组中发挥作用。

（二）加强家校冲突应对管理小组的建设

成立了家校冲突应对管理小组之后，就需要让这个组织顺利运转起来，以便在需要的时候真正发挥作用。因此，冲突小组组长需要带领所有组员一起加强冲突应对管理小组的建设，制定相关的规章制度。第一，需要制定"岗位职责制度"，明确小组内每个人的职责与分工，即在冲突发生后每个人应该做些什么，以及具体应该怎么做。例如，哪些人负责对外联络，发布相关信息；哪些人负责涉事人员身体安全，做好应急处置；哪些人负责涉事人员心理疏导，情绪安抚；哪些人负责资料的整理、存档等。第二，需要制定"例会制度"，明确冲突应对管理小组多久开一次会，多久组织一次培训等，确保小组可以正常运行。此外，还可以制定"培训制度""人员准入和退出制度"等相关制度。

另外，学校还可以建立舆情监控系统，及时发现潜在和处于初期的家校冲突，以便及时干预。对于社会上引发舆情的家校冲突案例，管理小组也可以组织相关教师进行学习、反思，对案例中学校、教师的正确做法与不恰当的做法进行分析，讨论如果案例发生在自己学校，学校和教师应当怎么办。家校冲突不适合"实际操练"，因此可以通过对同行的案例进行分析，来帮助教师直观感受家校冲突引发的连锁反应，强化家校沟通中的"能与不能"，避免重蹈覆辙，也能积累一定的冲突处理经验。

二、教师层面普及家校冲突预防策略

教师层面的家校冲突预防策略主要是指从学校一线教师（班主任、科任教师等）的角度来看，有哪些具体的方法可以有效减少家校冲突的发生。

（一）树立正确的家校合作共育和家校冲突观念

第一，教师要正确认识家校合作共育，树立正确的合作共育观念。只有在思想上建立了正确的认识，教师才能够在行动中真正履行好自己的教育职责。目前，家校合作共育是教育改革领域的一大趋势。短期来看，家校合作共育会在一定程度上耗费教师的时间，分散教师的精力。另外，在家校合作共育的过程中，不可避免地会出现一些家校冲突。这些家校冲突可能会为教师的工作带来更多的麻烦和挑战，甚至让教师遭受一些委屈。但是，教师不能因为有这些困难的存在就放弃家校合作共育。反而，教师需要努力提升自己开展家校合作共育的能力，因为长远来看家校共育不仅可以提高教师的工作效率，让教师可以更轻松地做好教育教学工作，还可以增进家校彼此了解，减少家校冲突。

第二，教师要树立正确的家校冲突观念。既然在家校合作共育的过程中，家校冲突不可避免，那么教师就需要理性看待家校冲突。教师应该认识到，尽管家校冲突具有一定的破坏性，但是它也有建设性。冲突的出现，对于教师来说也是一次改变和提升自己的机会。因为通过冲突，教师可以发现自己身上以及工作中可能存在的问题。

（二）建立和维系良好的师生关系

对于教师来说，建立和维系良好的师生关系不仅是开展有效的教育教学工作的需要，也是建立良好家校关系的基础，是减少家校冲突的关键。对于学生来说，他们往往往会因为喜欢某个老师而爱上某个学科，即所谓的"亲其师信其道"。因此，当良好的师生关系建立起来之后，学生将会获得更好的发展。当家长看到自己的孩子在教师的教育下变得越来越好，也会在内心对教师产生信任感、认同感。这种信任感则可以有效减少家校之间的冲突。可见，在家校关系中其实"学生的发展"才是关键。只要学生发展好了，家校之间的关系就会好，家校之间的冲突、矛盾也会变少。

"尊重"是师生关系的核心。建立良好的师生关系，教师需要做到：第一，尊重每一位学生的人格，把学生当作独立的个体对待；第二，尊重学生之间的发展差异，多一把"尺子"衡量不同的学生；第三，不拿"放大镜"来看学生，总是盯着学生的缺点和问题，而是要用发展的眼光来看待学生。

（三）主动提升自身素质

教师自身素质，如师德、家校沟通能力、情绪控制能力以及冲突管理能力等都会影响家校冲突的产生。如果教师能够在教育实践中，积极主动学习，努力丰富和提升自己，那么也有助于减少家校冲突的发生。教师可以从以下几个方面提升自己。

1. 与不同类型家长沟通的能力

家长是一个复杂的群体，有着不同的教育背景、职业经历、生活阅历、性格特点等，他们与教师的沟通方式也各有特点。因此，教师需要根据不同类型家长的特点，有针对性地开展家校沟通。例如，与文化程度较高的家长沟通时，需要保持"空杯心态"，多倾听；与性格脾气比较急躁的家长沟通时，需要注意控制好自己的情绪，保持冷静等。

2. 教育相关法律法规的知识

对于教师来说，了解和掌握一些与教育相关的法律法规是必不可少的。这不仅有助于教师更好地遵守师德，减少家校冲突的发生，还有助于教师在家校冲突发生时保护自己，做好冲突处置。

教师需要了解的教育相关法律文件有《中华人民共和国教育法》《中华人民共和国职业教育法》《中华人民共和国预防未成年人犯罪法》《中华人民共和国未成年人保护法》以及一些地方性的教师日常行为规范。

例如，《中华人民共和国未成年人保护法》第二十七条就明确提出：**"学校、幼儿园的教职员工应当尊重未成年人人格尊严，不得对未成年人实施体罚、变相体罚或者其他侮辱人格尊严的行为。"**

3. 家校冲突管理相关的知识和能力

为了在家校冲突发生时做出及时、妥当的反应，教师还需要丰富自己家校冲突应对的知识，提升自己对家校冲突的应对管理能力。首先，教师可以主动学习一些相关理论知识，如托马斯冲突管理方格理论，通过理论来指导实践工作。其次，教师也可以在实践工作中积极反思，及时总结家校冲突管理的经验。另外，教师也可以通过对社会典型家校冲突案例的分析，来丰富自己的相关知识，或与其他教师共同探讨冲突管理方法。最后，教师还应该积极参加学校组织的外出培训，借助宝贵的学习机会丰富自己的知识。

托马斯"冲突管理方格理论"[①]

托马斯在布莱克和穆顿的方格模型基础上，提出了"冲突管理方格理论"。他从"关注自身利益"和"关注他人利益"两个维度出发，归纳了五种冲突解决方式。教师面临冲突问题时，也可以根据家长诉求、性格特征、事件特征等进行选择：

---

① 邓冰清. 家校冲突问题及对策研究［D］. 华中师范大学，2018.

（1）回避（avoiding）：既不在乎自己的利益，也不在乎对方的利益，先不和他人争论，与他人保持距离，划清界限，只求息事宁人。

（2）竞争（competition）：个体完全不考虑对对方的影响，只注意到自己的目标和利益。

（3）妥协（compromise）：个体自认必须放弃部分利益，也能顾及对方部分利益。是一种折中，互相让步的结果，谋求和平共存。

（4）忍让（accommodation）：个体不顾自己的利益并努力满足对方的需求。忍让的情形常常发生在对方权势在自己之上，对方拥有的资源比自己多，在衡量自己无法与之抗衡的情况下做出的退让。

（5）合作（collaboration）：个体希望冲突解决结果完全符合冲突双方的需求，能让冲突双方同时获利并满意。

托马斯认为，解决冲突并没有固定的方式，要根据冲突的情境与原因不同加以灵活运用。可以多种方式一起综合运用，找出最适合的策略有效解决问题。

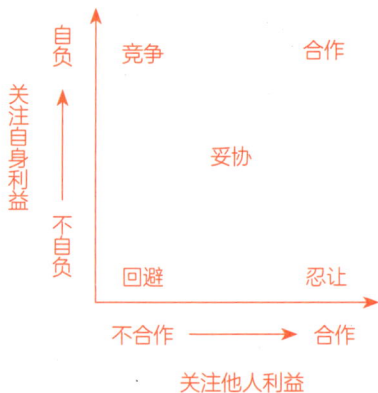

图12-1　冲突管理方法